人文社科

高校学术研究论著丛刊

新时期国际贸易与市场营销研究

李志远 赵少华 刘超 著

图书在版编目(CIP)数据

新时期国际贸易与市场营销研究 / 李志远，赵少华，刘超著. — 北京：中国书籍出版社，2019.6
ISBN 978-7-5068-7299-7

Ⅰ. ①新… Ⅱ. ①李… ②赵… ③刘… Ⅲ. ①国际营销－研究 Ⅳ. ① F740.2

中国版本图书馆 CIP 数据核字（2019）第 106783 号

新时期国际贸易与市场营销研究

李志远 赵少华 刘 超 著

丛书策划 谭 鹏 武 斌
责任编辑 邹 浩
责任印制 孙马飞 马 芝
封面设计 东方美迪
出版发行 中国书籍出版社
地 址 北京市丰台区三路居路 97 号（邮编：100073）
电 话 （010）52257143（总编室）（010）52257140（发行部）
电子邮箱 eo@chinabp.com.cn
经 销 全国新华书店
印 刷 三河市铭浩彩色印装有限公司
开 本 710 毫米 ×1000 毫米 1/16
印 张 16
字 数 207 千字
版 次 2019 年 9 月第 1 版 2019 年 9 月第 1 次印刷
书 号 ISBN 978-7-5068-7299-7
定 价 72.00 元

版权所有 翻印必究

目 录

第一章　国际贸易的基础理论 ………………………… 1

第一节　国际贸易的含义与历史发展 ………………… 1

第二节　国际贸易的作用 ……………………………… 22

第二章　国际贸易的理论基础 ………………………… 31

第一节　古典国际贸易理论 …………………………… 31

第二节　新古典国际贸易理论 ………………………… 43

第三节　当代国际贸易理论 …………………………… 53

第三章　国际贸易政策研究 …………………………… 68

第一节　国际贸易政策的发展演变 …………………… 68

第二节　国际贸易政策措施 …………………………… 82

第三节　国际贸易政策的经济效应研究 ……………… 94

第四章　区域经济一体化 …………………………… 100

第一节　区域经济一体化的含义和主要类型 ……… 100

第二节　区域经济一体化的理论 …………………… 105

第三节　区域经济一体化的发展实践 ……………… 115

第五章　国际贸易的发展运行 ……………………… 132

第一节　国际货物贸易的发展运行 ………………… 132

第二节　国际服务贸易的发展运行 ………………… 142

第三节　跨国公司的发展运行 ……………………… 154

第六章　国际市场营销的环境分析 ………………… 160

第一节　国际市场营销的经济环境分析 …………… 160

第二节　国际市场营销的文化环境分析……………… 173
第三节　国际市场营销的政治环境分析……………… 184
第四节　国际市场营销的法律环境分析……………… 193
第七章　国际市场营销的策略研究……………………… 202
第一节　国际目标市场策略…………………………… 202
第二节　国际市场营销产品策略……………………… 211
第三节　国际市场定价策略…………………………… 219
第四节　国际市场分销渠道策略……………………… 231
第五节　国际市场促销决策…………………………… 239
参考文献………………………………………………… 246

第一章　国际贸易的基础理论

20世纪90年代以来，经济全球化浪潮席卷全世界，时至今日，已没有哪一个国家和地区能够置身事外。在经济全球化的冲击下，国际贸易，这一国际分工的纽带，无疑使各国在经济、科学、技术、文化等方面相互依存的关系变得越来越密切。研究国际贸易的基础理论，有助于我们加深对国际贸易的理解，为之后深入研究打下基础。

第一节　国际贸易的含义与历史发展

国际贸易总是与一定的风险和刺激分不开的，它布满着异国风情，有时候会带着一些浪漫色彩，而且它能够带来高额利润。所以也就不难理解为什么国际贸易历来对那么多人产生巨大的吸引力。在历史上，欧洲商人怀揣着一个与物产富饶的东方国家进行贸易的美好梦想，推动西欧各个国家在14世纪之后就相继从事各种海上探险活动乃至殖民扩张。因此，国际贸易事实上属于历史范畴，是在某一特定的历史条件下产生及发展起来的。

一、国际贸易的含义

（一）国际贸易的内涵

所谓国际贸易（International Trade），指各个独立的国家（区域）或者政府之间所从事的商品、服务和技术等一系列交换活动的总和。国际贸易是基于国际分工，属于国际分工的具体表现形式。各个国家（区域）之所以从事国际贸易活动其主要在于借助世界市场使商品、资本、劳动、技术和服务等诸多生产要素分配得更加合理，进而推动本国经济的快速发展，而且从国际贸易中取得利润。

如果从一个国家或者一个区域的角度进行分析，那么一个国家同世界上其他国家之间从事的交换活动就可以称作对外贸易（Foreign Trade）；但是如果从国际范围进行分析，那么世界上各个国家（区域）所从事的对外贸易活动之和就组成了国际贸易，也称作世界贸易（World Trade）。

由此可见，国际贸易与对外贸易之间属于一般与个别的关系，它们不仅有着密切的联系，而且有着不同之处。假如从国际范围进行分析，国际贸易则属于一种在世界范围内从事的商品与服务的交换活动，等同于各个国家和区域从事对外贸易活动的总和。不过，国际贸易毕竟是一个客观存在的整体，它不仅有着自身的矛盾性，也有着非常独特的运动规律。对于部分国际范围内的综合性问题来讲，诸如国际分工、商品的国际价值、国际市场问题等均无法从单个国家或者区域的角度进行说明。通常情况下，国际贸易更多地用在理论分析、研究方面，但是对外贸易则通常情况下用在有关政策和实务分析、研究方面。所以，国际贸易与对外贸易有着各不相同的含义，两者无法彼此替代，更不能混为一谈。

如果从包含的领域和范围进行分析，那么国际贸易则有着广义和狭义的区分。所谓狭义上的国际贸易则指各个国家之间从事的商品交易活动，而广义上的国际贸易则包含了各个国家在商品、资本、劳务、技术、服务等诸多领域的交易活动以及海外的经济活动。

（二）国际贸易与传统贸易的对比特点

国际贸易与国内贸易都是商品与劳务的交换活动，前者是在国与国之间进行的,而后者则是在一国内部开展的;前者是后者的延伸和扩大,后者是前者的基础和起点。虽然两者并不存在本质上的不同,只不过是范围和程度上的差异,但在传统的贸易方式下,跨国交易比国内贸易更具复杂性,难度也更大。

1. 跨国交易具有复杂性

国际贸易交易双方分别属于不同的国家或地区,在交易过程中涉及的语言文字、货币制度、度量衡制度、法规管理、地理环境、风俗习惯、商业惯例等方面的差异均比国内贸易复杂得多。

交易双方在贸易交谈、电信联系、合同签订和单证处理上,如果不采用一种共同的语言,国际之间的交易往来就无法顺利进行。当今国际贸易中最通行的、最基本的商业语言是英文。在东欧、北欧常用德文、法文,中西非通行法文,西班牙及中南美采用西班牙文;另外日文、俄文及汉语等也是在一定地区通行的语言。作为贸易商,必须通晓交易双方使用的语言。近年来,有些国家法规规定,进口商的包装商标及说明书等必须用两种甚至三种文字进行对照说明,否则不准进口,这就增加了交易过程中语言文字的复杂性。

国际贸易中,由于各国货币制度与度量衡制度的不同,交易双方结算货币的选择、支付工具与支付方式的选择以及度量衡制度的选择与换算均比国内贸易复杂得多。

各国对外贸易政策措施、商业法律、法规管理与商业管理都不完全一致,有的差异较大,如配额与许可证管理、海关与商检管理等,因而国际贸易工作者必须熟悉两国的规定与习惯,并在合同条款中明确达成一致,以避免不必要的麻烦与纠纷。

另外,地理环境、气候与风俗习惯的不同,对各国进口商品结构、销售季节、运输方式、商品包装的禁忌与爱好等方面均有很大影响,也使国际贸易显得更为复杂。

2. 业务处理方面具有困难性

国际贸易的复杂性同时也产生国际贸易交易活动的困难性。

具体表现在：市场调研更困难，因交易技术更新快、贸易障碍多、法规惯例理解的不一致以及贸易纠纷处理方式不同带来的贸易难度大等。

国际贸易的市场调研比国内贸易要困难得多。因其市场大且多变，交易对方资信的收集不容易。此外，开拓国外新市场、选择何种销售渠道进入、定价及贸易伙伴的选择都有一定的难度。贸易双方的交易手段，从信函到电报、电传、传真以至EDI（电子数据交换）的采用，交易技术与业务处理方式日新月异，进出口企业都要及时适应。合同签订后，在履约过程中，由于情况复杂多变，容易引起各种贸易纠纷，如果通过调解、仲裁或诉讼来处理贸易纠纷，从处理到裁决执行均比国内贸易困难。

3. 商业活动方面具有风险性

国际贸易中商业活动面临的风险比国内贸易大得多。一方面表现在信用风险、商业风险、运输风险、价格风险、外汇风险、政治风险等方面。由于交易双方分别属于不同国家，双方相互了解的程度是有一定限制的，这样，信用风险、商业风险就明显增加了；长途运输增加了货物运输风险；国际商务价格变幻莫测，外汇汇率的急剧变化也增加了国际贸易的风险性。另一方面由于国际贸易的复杂性与困难性，交易双方分属不同的国家，从交易洽谈到签约、履约，时间长，风险也相对较大。因此，对新客户来说，尤其要注意防范各种风险。

国际贸易的上述特点，要求从事国际贸易的企业不断树立良好的商业信誉和资信。国际贸易经营者必须具备优秀的外语和专业知识水平，以适应本专业的需要。

以上说明国际贸易在世界经济发展中已居于十分重要的地位，随着生产国际化的发展，各国在发展经济中相互依赖，进一步发展对外贸易是发展各国经济乃至发展世界经济所必需的，国际贸易已成为世界经济的重要组成部分。

二、国际贸易的历史发展

(一)国际贸易的产生

国际贸易属于历史范畴,早在公元前3500年左右,跨区域的贸易就开始出现。

国际贸易是人类的一种基本经济活动的外在表现形式,其产生并不与人类社会的产生同步,它不是人类社会产生时就出现的,而是具有一定的历史范畴,是在人类社会发展到了一定的历史水平、生产力有了进一步提升、商品不断进行交换、社会分工逐步明确等条件下产生的,并随着社会生产力和社会分工、国家的发展而发展。从根本上来看,社会生产力的发展和社会分工的扩大是国际贸易产生和发展的基础。

原始社会初期,生产力水平极度低下,人类分工尚不明确,是一种最自然的分工状态,生产资料也都是共有且极其匮乏的,除了基本的生活所需几乎没有什么产品是多余的,是可以用来交换的,因此也就不可能存在贸易活动。而且,这一时期亦不存在私有制、阶级和国家,对外贸易更是无从谈起。原始社会后期,由于人类社会的第一次分工(游牧部落从其他部落分离出来),社会生产力得到了较大发展,人们的劳动产品开始除了用于消费之外还有了一部分的剩余,并开始在氏族公社、部落等社会实体间(并不是真正意义上的国家和阶级)相互交换起来,即所谓的初级的对外贸易——物物交换产生。随着生产力的继续发展,手工业从农业中逐步分离出来,促成了第二次人类社会的大分工,一时有了畜牧业、农业、手工业等几个部门并存的局面。而手工业则是一种目的性很强的生产行业,其生产的产品主要是用来交换的,而随着商品生产与商品交换的不断相互促进与发展,又促使了商品交换的媒介——货币的产生,商品交换因此也由最初的贸易模式——物物交换逐渐演变为商品流通。随着商品流通规模和范围的日益扩大，为了缩短商品的交换时间，专门从事这一商品买卖工作的人员——商人出现，人类社会第三次的大分工也开始进行。商人的出现，是人类社会第一次出现的非生产性的行业，也使远距离的交换和海外贸易成为可能。

总的来看，三次社会大分工，每一次都促进了生产力的发展和剩余产品的增加。剩余产品关系的扩大又促进了私有制的发展和奴隶制的产生，从而使原始社会被彻底瓦解。作为阶级统治工具的国家代替了过去的氏族制度，而商品交换则超越国界成为最初形式的国际贸易。

（二）国际贸易的发展

1. 资本主义之前的国际贸易

资本主义之前的国际贸易主要是指奴隶社会、封建社会的国际贸易。

（1）奴隶社会的国际贸易

奴隶社会是以奴隶主占有生产资料和奴隶为基础的社会。古埃及是最先进入奴隶制社会的国家，紧随其后的是印度、中国、和古希腊，随着跨国界剩余产品的频繁交换，国际贸易有了较大的发展。但是这一时期占主导统治地位的仍是自然经济，这一自然经济以奴隶主占有生产资料和奴隶为基础，其生产目的也主要是消费，供奴隶主和一些王室享乐，真正进入流通领域的商品少之又少，加之交通工具的简陋、交通条件的限制，使得进行贸易的范围受到相当大的限制，贸易规模增长也较缓慢。我国进入奴隶社会是在夏商时代，贸易进行的范围主要集中在黄河流域，贸易的主体也仅仅局限于各诸侯国之间，流通的商品主要以奴隶主阶级所追求的奢侈品如宝石、装饰品、织物、丝料为主。虽然这一时期国际贸易在社会经济中的地位并不十分重要，范围和规模也不是很大，但有限的国际贸易还是对商品经济的发展起着一定的推动作用，尤其促进了手工业的发展和商品经济的扩大。

（2）封建社会的国际贸易

封建社会的经济仍然是自然经济。农业在各国经济中占有优势，商品生产仍处于从属地位，因而当时的国际贸易规模有限，但和奴隶社会相比，对外贸易有了较大的发展。11世纪后，随着意大利和波罗的海沿海流域一些城市的兴起，国际贸易的范围不断在扩大，已从地中海东部逐步扩展到地中海、北海和黑海等沿岸。尤其是在封建社会后期，城市和城市手工业的发展，使得商品经济和对外贸易都有了更进一步的发展，贸易商品虽仍以奢侈品为主，但其在国际上的种类却有所扩大，如呢绒、葡萄酒、羊绒等。我国封建社会历经的时间较长，西汉之时，著名的"丝绸之路"就已经被开辟。而唐朝、宋朝、元朝，海上贸易发展也是较快的，中国的丝、茶、瓷器等贸易商品通过"丝绸之路"以及海路运往欧洲各国，为中国与欧洲各国的政治、经济、文化、贸易、宗教等方面的往来奠定了基础。唐朝的首都长安城、元朝的元大都，以及广州、扬州等城市都曾是当时世界上著名的国际贸易中心。明初郑和曾亲自率领船队7次下西洋，使得陶瓷、丝绸被运往国外，香料、染料、宝石、象皮、珍禽异兽等中国所缺之物被输入国内，这大大促进了中国同世界各国在经济、贸易、文化等方面的交流以及友好关系的发展。

在封建社会，对外贸易相比奴隶社会虽有进一步的发展，但受自给自足的自然经济统治地位的影响，国际贸易仍是经济生活中的一个补充，未具备真正的世界市场形成的条件，更谈不上名副其实的世界贸易。

2. 国际贸易在资本主义社会的发展状况

国际贸易虽然有着悠久的历史，但真正意义上的国际贸易及其获得巨大的发展是从资本主义制度的建立开始的，这是由资本主义社会的基本经济规律、社会形态以及特征决定的。资本主义制度本身的扩张性必须以大规模的生产、销售为前提，只有这样才能实现其资本的不断扩张。在资本主义形成和发展过程中，由于生产技术和手段的改善,交通运输工具以及通信联络方式的飞跃式发展,商品种类变得越来越繁多,国际贸易额不断扩大,国际贸易活动范围遍及全球,国际贸易地位与作用有了显著提高,并由于世界性商品交换的迅速发展使得世界货币的出现。国际贸易在资本主义社会的发展大致有以下几个阶段。

(1)资本主义生产方式准备时期的国际贸易

16 世纪至 18 世纪中叶,是国际贸易范围迅速扩大的时期,也是资本主义生产方式的准备时期。这一时期工厂手工业的发展使劳动生产率得到了很大提高,对国际贸易的进一步发展也起着促进作用。但是相较而言,开始于 15 世纪末的"地理大发现"及因此产生的欧洲各个国家的殖民扩张对这一时期的国际贸易产生的影响更大也更直接。

①地理大发现使欧洲的经济(商业性质、经商技术及商业组织)出现了巨大的变化。

哥伦布在 1492 年发现美洲大陆,1498 年,各大洲国家被新航线的开辟连接在一起,从而产生了以西欧为中心的世界市场。世界市场的产生使得商品生产出现了专业性的分工,因此也使得各个国家生产的商品出现了价格差,而这一价格差所带来的利润对这一时期以牟利为目的的国际贸易的发展起着很大的促进作用,并使得欧洲很多国家建立起新型的合股公司,旨在全世界从事专门的贸易活动。新型合股公司的产生也标志着一个以营利为目的巨大产业的诞生,从此,国际贸易也不再仅仅是少部分商人所从事的商业活动了。

地理大发现使得充满血腥暴力的殖民扩张和殖民贸易延续了两个世纪之久。欧洲国家不断推行殖民政策,通过暴力、掠夺和欺骗等方式,将广大殖民地国家变成宗主国的原料产地和销售市场,从中攫取暴利,这一方面体现了原始资本积累的暴力血腥的掠夺特征,另一方面也客观地促进了国际贸易的发展。

②资本的原始积累为贸易的发展提供了劳动力、资本与市场。

第一，随着国际贸易的发展，刺激了工场手工业的发展，增加了资本对劳动力和原材料的需求，从而加速了对农民和小生产者的剥夺过程。例如，英国自 15 世纪末开始的“圈地运动”，其重要原因就是羊毛和毛织品是当时英国的主要出口商品。国外销路旺盛，价格不断上涨，于是英国新兴贵族加紧圈占农民土地，把耕地变为牧场，以便为迅速发展的毛纺织业提供羊毛原料。剥夺农民土地的过程实际上就是为工业资产阶级提供雇佣劳动力的过程。

第二，国际贸易又是最初的货币资本积累的重要来源。“货币天然就是金银”，地理大发现后，欧洲商业资产阶级通过对外贸易和其他暴力手段，从世界各地掠夺了巨额的货币财富，运回了大量的金银，大部分转化成了货币资本。

第三，国际贸易的发展还为资本的扩张开辟了广阔的国外市场。从 16 世纪到 18 世纪，欧洲殖民主义者先后发动了一系列商业战争，不仅扩大了殖民统治，而且扩大了国外市场。大片的殖民地国家既成为资本主义国家的商品销售市场，又成为其原料产地。

总的来看，这一时期的国际贸易是西欧各国同广大殖民地国家之间进行的一种掠夺性的贸易，是暴力控制下的贸易，广大殖民地国家是被迫卷入国际贸易的。国际贸易已从单纯的互通有无变成了以牟利为主的商业行为，贸易的范围和规模较之封建社会得到空前的扩大。国际贸易欧洲贸易中心已扩展到大西洋沿岸，其贸易范围已达亚洲、非洲、美洲。但是由于资本主义机器大工业尚未建立，交通工具尚不完善，国际贸易的商品类别和交易范围、规模、额度等仍具有一定的限制性。

（2）资本主义自由竞争时期的竞争贸易

资本主义自由竞争时期是指 18 世纪中叶至 19 世纪 70 年代，在政治上是资本主义制度的上升、发展并确立统治地位的时期，在经济上是机器大工业建立时期。

18 世纪后半期至 19 世纪前半期，由工场手工业向机器大工业过渡首先开始于英国，以后逐步普及欧洲其他国家，这一时期在历史上称之为产业革命，即第一次技术革命。革命的主要标志是纺织机、蒸汽机的发明和使用，从而使组织、拥有大量机器和大量工人的大工厂成为可能，于是揭开了机器生产的时代。机器被普遍应用于各个生产部门：纺织、冶金、化工、采煤、机器制造和交通运输部门，等等。机器大工业的建立引起商品的大量生产和劳动生产率的大幅度提高。“资产阶级在它不到 100 年的阶级统治中创造的生产力，比过去一切时代创造的全部生产力还要多，还要大。”[①] 在这个基础上，生产范围和世界市场范围进一步扩大，商品种类增加和数量增多，同时，也降低了商品的价格，提高了商品的竞争力，使各国之间的相互联系和贸易关系进一步发展，国际分工开始形成。为了输入大量商品，交通运输工具和通信联络工具发生巨大变革，轮船的行驶，铁路、公路的兴建，电报、电话的应用，缩短了国际的距离，进一步推动了国际贸易的发展。列宁曾经说过：“1789—1877 年间的时代特征，是进步的资本主义时代。资本主义开始普遍于全世界，使旧的生产方式服从于它。它消灭了封建的民族孤立性，形成了国际的劳动分工及其表现形式——国际贸易的发展和扩大。”

这一时期国际贸易发展的特点是：

①国际贸易额空前增长。从 1800—1870 年，70 年间国际贸易额增长 6 倍多，国际贸易量则增加 10 倍多，其增长速度超过了工业生产的增长速度。由于这一时期的商品价格趋于下降，国际贸易价值额的增长速度要慢于数量的增长速度。

②少数大国垄断了国际贸易。几个主要资本主义国家——英国、法国、德国、美国、俄国等在国际贸易中占绝对优势的地位，见表 1–1。

① 马克思．共产党宣言[M]．北京：人民出版社，1972，第 256 页．

表 1–1 主要资本主义国家在国际贸易额中比重(%)

	1800 年	1850 年	1880 年
英国	22.3	20.3	20.8
法国	7.8	8.9	11.1
德国	11.9	8.4	9.2
美国	5.6	7.5	10.0
俄国	3.7	3.6	3.8
总计	51.3	48.7	54.9

从表中可以看出,5 个资本主义国家的贸易额占整个国际贸易额的一半以上,特别是英国占全部贸易额的 1/5 还要多,是世界上最大的贸易国。英国依仗工业革命所造成的雄厚技术基础,成为世界工业霸主,在钢、铁、棉织品、羊毛等工业生产上均占世界第一位,工业上的霸权带来贸易上的霸权,其贸易额占世界贸易额的 20%以上,几乎相当于法国、德国、美国的贸易总和;其商船吨位占世界第一,超过荷兰、法国、美国、德国、俄国的商船吨位总和;伦敦成为国际贸易中心;英格兰银行成为各国银行的银行;英镑成为国际货币;英国成为世界头号工业、贸易、金融、航运大国,成为世界政治、经济中心。

③国际贸易商品结构发生新的变化,出现了许多新商品。如织布机、纺织机、机械、船舶、机床等各种机器和运输工具,粮食、油类、肉、糖、咖啡等各种食品,以及棉花、棉纱、羊毛、煤炭、钢铁、石油等制品和原料成为国际贸易中重要商品,不仅商品种类不断增多,数量亦不断增长。

④欧洲国家进一步推行殖民政策,加紧对殖民地的掠夺和扩张。英国在这一方面尤为突出,1867 年英国的殖民地面积就已达 2 250 万平方千米,但其本土面积却不过 24.4 万平方千米。美国独立后也实行了对外侵略政策,开始在中、南美洲占领殖民地和向亚洲扩展市场。海外殖民地为宗主国的机器大工业提供了广阔的市场和原料产地,日益成为他们的经济附庸,并形成了依附于宗主国的工业国、农业国、矿业国的国际分工。

⑤贸易条约得到广泛发展。为了稳定获得市场，保持在世界市场上的地位，调整各国间的贸易关系，协调移民和其他待遇等方面的问题，国家与国家之间普遍开始签订贸易条约。这是立法权及行政干涉到国际贸易领域内的表现，贸易条约的内容主要是在移民、贸易、航海、商品进出口、转口和关税等问题上规定缔约国双方公民的权利。贸易条约最早出现于 17 世纪，在当时不过是偶然出现的现象，目的也只是单纯地保证更好的贸易条件，直到 19 世纪下半期，贸易条约才广泛地发展起来并具有重要的意义。通过贸易条约，各个国家的资本在其他国家的安全不仅可以得到保障，对外经济贸易关系更可以得到加强。

⑥国际贸易的组织形式和贸易方式发生变化。经营国际贸易的机构日益专业化，成立了许多专门经营某一种或某一类商品的贸易企业，如 1848 年在芝加哥成立第一个谷物交易所；1862 年在伦敦成立了有色金属交易所；19 世纪末在纽约成立了棉花交易所等，并出现了许多为国际贸易服务的专门性组织，如运输公司、证券交易所、银行等。同时，贸易方式由定期集市的现场看货转变为样品展览会和商品交易所的售样品交易，买卖双方凭货样或凭证进行交易并签订销售合同。

⑦国际贸易政策发生变化。由于经济发展水平的不同差异，不同的资本主义国家主张的贸易政策有所不同。英国工业发达，商品竞争优势比较突出，为扩大商品销售，占领国外的大市场，其放弃了原有的保护关税政策，进而推行自由贸易政策；而德国和美国等国家，其国内工业处于刚刚起步阶段，其商品竞争能力比较弱，为了保护本国稚嫩的工业、摆脱自由竞争的威胁，它们主张贸易保护政策。

（3）资本主义垄断时期的国际贸易

19 世纪 70 年代以后，自由竞争的资本主义逐渐向垄断阶段过渡，到 19 世纪末 20 世纪初，垄断代替了自由竞争，资本主义变成了帝国主义。

由于生产和资本的高度集中,垄断组织和财政资本控制了国际贸易。在这一时期,生产和资本高度集中使得卡特尔、辛迪加、康采恩等垄断组织出现。这些垄断组织既控制着国内的生产和流通,又控制了各国的对外贸易。他们通过建立各种专门机构直接操纵进出口贸易,垄断商品销售市场,控制原料产地,瓜分投资场所,操纵市场价格,特别是对殖民地、附属国的贸易,垄断组织通过垄断价格,高价出售自己的产品,从中获取了大量利润。

资本输出在帝国主义时期急剧增加。1862 年资本主义国家海外投资总额仅 20 亿美元,1900 年就增至 200 亿美元,1913 年又增至 440 亿美元,资本输出不仅成为垄断组织掠夺控制原料和奴役殖民地的重要工具,也是垄断组织扩大商品输出、争夺国际市场的有力手段。例如,垄断资本在对外贷款时,往往规定必须用一部分贷款来购买它的商品,或强迫借款国以廉价原料来偿还等,这样,通过资本输出促进了商品输出。

第二次技术革命带动了资本主义工业和交通运输业的发展。世界工业产量在 1870—1900 年的 30 年间增长了 3.2 倍,在 1900—1913 年又增长 60%。1870—1913 年,世界铁路长度由 21 万公里增至 110.4 万公里。世界商船吨位由 1 680 万吨增至 3 460 万吨。

这一时期,国际贸易的发展主要有以下方面的特征:

①国际贸易继续增长,但增长速度较自由竞争时期却相对下降。1840—1870 年,国际贸易量增长 3.4 倍;1870—1900 年只增长 1.7 倍;1900—1913 年仅增长 62%;而在 1913—1938 年两次世界大战期间,国际贸易的增长几乎完全停止,国际贸易量年平均增长率仅有 0.7%,而且国际贸易的增长速度远远落后于世界工业生产的增长速度,见表 1-2。

表 1-2 世界贸易与世界生产年平均增长率(%)

年份	世界贸易	世界生产
1870—1900	3.2	3.7
1900—1913	3.8	4.2
1913—1938	0.7	2.5

上述变化表明,世界市场容量在缩小,资本主义生产与市场之间的矛盾日益尖锐,资本主义各国争夺市场的斗争日趋加剧。

②国际贸易地区流向发生重大变化。从洲别分布情况看:欧洲在国际贸易中比重下降,由 1870 年的 72%下降到 1913 年的 64%,到 1937 年仅占 50%。而北美、亚洲、非洲和拉丁美洲所占比重提高,1913—1937 年,北美在国际贸易中比重由 13.2%上升到 15.5%;亚洲、非洲和拉丁美洲所占比重由 20%上升到 24%。此外,日本和大洋洲所占比重亦有所增加,但欧洲仍处于国际贸易的垄断地位。从国别分布情况来看,英国、法国、德国在国际贸易中地位下降,美国在国际贸易中的比重迅速提高(表 1-3)。但在第二次世界大战前,世界贸易还主要由英国控制,到第二次世界大战后,美国则取代了英国取得世界贸易霸权。

表 1-3 主要国家在世界贸易中的比重(%)

年份	英国	美国	德国	法国
1870	22	8	13	10
1900	19	12	13	9
1913	15	11	13	8
1925	15	14	8	7
1927	14	12	10	7
1930	14	12	9	5

③在国际商品构成中,初级产品比重超过制成品。初级产品占世界贸易的 55% ~ 60%。在初级产品中,橡胶、燃料、石油、有色金属及其他矿产品比重增加,而食品和农业原料比重下降。制成品中,纺织品和其他轻工业品所占比重下降,机械产品、金属制

品和化工产品比重上升。这些变化反映了重工业在世界工业中开始占主导地位,制成品生产在国际分工中有着潜在优势。

④各国贸易政策发生变化。进入 20 世纪以后,帝国主义国家之间发展不平衡日益加剧,使社会主义可能在帝国主义的最薄弱环节取得一个或几个的国家首先胜利。列宁领导苏联人民通过暴力取得了社会主义革命的胜利,建立了世界上第一个社会主义国家,从而在世界贸易中出现了社会主义对外贸易,打破了资本主义对外贸易一统世界市场的局面。

各国政治经济实力的变化也反映在各国对外贸易政策的改变上。一向鼓吹自由贸易的英国,由于经济实力衰落,为保护国内市场,防止外国商品侵入,从 1932 年起彻底放弃了自由贸易,全面推行保护贸易政策。美国则由于经济实力大增而由保护贸易转向"贸易自由化"政策。此后,由于整个世界经济不景气,发达资本主义国家都相继实行了以保护垄断资本为目的的超保护贸易政策。这种侵略性的超保护贸易政策成为帝国主义国家瓜分市场、划分势力范围的重要工具。它的实施进一步加剧了帝国主义之间的矛盾和斗争,阻碍了社会生产力和国际贸易的发展。

(4)第二次世界大战后至今世界贸易的发展

①战后初期国际贸易虽迅速发展但不稳定

这主要表现在三个阶段:

第一个阶段:本阶段主要是指第二次世界大战结束初期到 1973 年。此阶段为国际贸易迅速发展的阶段,其增长速度之快在历史上是空前的。主要表现为第二次世界大战后世界出口贸易量的增长速度大大超过战前,世界出口贸易量的增长速度超过工业生产的增长速度,工业制成品在国际贸易中所占的比重从 1953 年起一直超过初级产品所占的比重。此阶段国际贸易的迅速发展是与科技革命、生产增长、国际分工和国际金融贸易组织的建立以及经济一体化等因素所发生的作用密切相关的。

第二个阶段:本阶段主要是指 1973—1985 年,国际贸易由迅速发展转向缓慢发展,甚至出现停滞现象。主要表现为世界出口贸易量的增长速度放慢,甚至停滞,如1981年世界出口贸易量增长停滞,1982年世界出口贸易量不仅没有增长,据关税与贸易总协定估计,反而下降2%;出口贸易量的增长速度低于工业生产的增长速度,如1973年到1985年世界工业生产的平均增长率为2.9%,高于同期世界出口贸易量的增长率;出口贸易值增长起伏较大,如世界出口贸易值在1973年以后仍有较大的增长,并于1980年达到最高点20 014亿美元。但在该年以后世界出口贸易值便连年下降,1983年降到最低点为18 066亿美元。

这主要是由经济危机、能源危机、货币危机的爆发使贸易条件和国际收支状况变得更加恶化造成的。

一是经济危机。经济危机在1974年到1975年间资本主义世界爆发,标志着战后资本主义世界经济已进入了“滞胀”时期,快速发展阶段已结束。经济危机主要表现为高失业率、高通货膨胀率和低经济增长率。在这次经济危机之后,许多国家的经济一直回升无力,大量工人失业已成为经常的现象。与此同时,严重的通货膨胀更是一直困扰着这些国家。20世纪80年代初,资本主义世界又爆发了战后最严重的经济危机。由于经济危机的爆发,投资和生产长期不振,市场萎缩,贸易保护主义抬头,各资本主义国家为了转嫁危机、缓和国内的失业都高筑关税和非关税壁垒,限制外国商品的进口,这样,就直接影响了对外贸易的发展。

二是能源危机。1973年以来,能源危机爆发,石油资源短缺,供不应求,价格猛涨。如1973年开始的第一次石油冲击使油价猛增3倍多,1979年油价又提高1倍。原料和其他产品成本由于石油价格的上涨也不断提升,使得制成品的价格也不得不上涨,从而失去了在国外市场的优势竞争力,影响了销售,对贸易的发展极为不利。

三是货币危机。20世纪70年代初,资本主义国际货币体制(美元为中心和以固定汇率制度为基础)已宣告彻底瓦解,货币危机爆发。固定汇率制被浮动汇率制取而代之,美元不再是中心货币,但其仍是很多国家的主要储存货币,在国际结算中也主要以美元为支付手段,美元的稍加变动,还是会对国际货币金融市场产生不小的影响,因此浮动汇率制的改革并没有改变资本主义金融市场日益加剧的不稳定状况,这对20世纪70年代以来国际贸易的发展是很不利的。

第三个阶段:本阶段主要是指20世纪80年代后半期至今,这一阶段是国际贸易的回升期,主要表现为世界出口贸易量的增长速度开始回升,如发达市场经济国家的商品和服务贸易的出口贸易量年均增长率从1983—1992年的58%提高到1993—2002年的63%,2004年世界商品贸易量进一步增长,达9%;出口贸易值增长迅速,如1995年高达50 200亿美元,2000年世界贸易值达76 000亿美元,2004年世界出口贸易值为112 235亿美元;世界出口贸易量的增长速度超过世界经济增长速度,如据世贸组织《2001年度报告》,1990—2000年间世界货物出口量年均增长率为68%,而世界国内生产总值年均增长率为2.3%。

这一阶段国际贸易发展速度回升的主要原因有以下几个方面。

第一,科技革命成为促进国际贸易发展的关键因素。科技革命提高了劳动生产率,优化了产业结构,使国际贸易商品结构向高级、优化方向发展,并促进了国际服务贸易和技术贸易的发展。

第二,国际贸易集团化趋势不断加强。欧共体扩大并建立统一大市场;美国与加拿大签订自由贸易协定以及美国、加拿大和墨西哥建立北美自由贸易区;澳大利亚与新西兰签订密切经贸关系协定。

第三,资本的国际化,跨国公司大量出现,国与国之间的相互投资加强。

第四,贸易方式多样化。贸易手段现代化,国际电子商务作用加强。

第五,西方主要国家货币汇率的大幅度升降,特别是美元大幅度贬值和日元、欧元大幅度升值直接影响贸易的回升。

②国际贸易集团化的趋势不断加强

国际贸易集团化在第二次世界大战后就已出现,并在20世纪50年代和60年代开始大量形成,80年代后半期达到鼎盛时期。1985年6月,欧共体委员会发表白皮书。1986年2月,欧洲经济共同体各国签署了《欧洲一体化文件》。至此,一切有形的、技术的和税务边界的障碍便被消除,市场各要素可以在国际上进行自由流动,促进着欧洲一体化的进程和统一大市场的目标的实现,为国际贸易的发展创造了有利条件。

1994年1月1日,北美自由贸易区正式建立。自《美加自由贸易协定》被签订生效后,自由贸易区发展迅速,货物和服务贸易以及资本流动的所有关税和非关税壁垒更是被打破。1989年,由18个国家参加的"亚太地区经济合作组织"部长会议的召开更进一步为区域自由化、国际贸易的发展消除了障碍,促进了国际贸易的发展。

③国际贸易结构向高科技产品、服务业发展

以信息技术为核心的科技革命蓬勃发展使得国际货物贸易的传统产品结构发生转变,高新技术产品,包括自动数据处理设备、半导体和电子元件等的出口量迅速增长。据国际电讯联盟发表的《1996—1997年世界电讯事业发展年度报告》,20世纪90年代初,国际电讯产品年贸易额为500亿美元,到1996年则超过了1 000亿美元。

随着人们生活水平的不断提升,对服务需求的加大,服务贸易在国际贸易中的地位得到不断提高,成为国际贸易的重要组成部分,国际服务贸易在整个世界贸易中的比重也日益加大,如1985年,服务贸易出口额占整个世界出口贸易额的比重为16.1%,2002年提高到19.3%。

④世界贸易组织多边贸易体制加强

顺应世界经济发展趋势,于20世纪90年代成立的世界贸易组织取代了关贸总协定,其使贸易自由化的纵深发展有了制度性的保证并取得了实质性进展。第一,世界贸易组织是个永久性的正式的国际组织,具有国际法人的地位;第二,世界贸易组织负责实施管理的贸易协定与协议,从货物延伸到投资、服务贸易和知识产权,把货物、服务、投资与知识产权有机地结合了起来;第三,世界贸易组织对其成员的约束力和贸易争端解决能力均超过1947年的关税与贸易总协定;第四,世界贸易组织更为关注世界可持续发展和发展中国家,尤其是不发达国家的贸易发展问题。多边体制的优越性促使越来越多的国家,尤其是发展中国家加入以世界贸易组织为代表的多边贸易体制。

⑤跨国公司成为世界贸易的主要力量

20世纪90年代,跨国公司的数量不断增长,其在世界生产、贸易和投资中占主要地位,且技术贸易的比重呈现逐步加大的趋势。如跨国公司在1993年为35 000家,到2001年增长为65 000家,并且在全球的子公司达850 000家;跨国公司国外子公司生产总值为34 950亿美元,销售额为185 170亿美元,相当于当年世界出口贸易额的两倍多,而在90年代末期,据统计世界上最大的422家跨国公司掌握和控制了资本主义国家技术生产的90%和技术贸易的3/4。

⑥发达国家在国际贸易中居主体地位

发达市场经济国家在世界贸易中仍占主体地位,但呈现出发展很不平衡的特点。发达国家在世界贸易中占主体地位,这是世界贸易的主要特征之一。这种特征是在19世纪形成的,并在20世纪上半叶保持下来,在当代仍然未变。

第二次世界大战前,1938年,发达国家在世界出口总额中所占的比重为65.9%,在世界进口总额中所占的比重为76.5%。第二次世界大战后,这两个比重经短期的下降以后即逐步上升。20世纪70年代初期,这两个数字均达到最高峰,1970年发达国家在世界出口中所占的比重为70.9%,在世界进口中所占的比重为71.6%。1973年以后,世界贸易的格局发生了与70年代初以前不同的变化,发达国家在世界贸易中所占的比重逐渐下降,直到1989年才见回升。2002年发达国家在世界出口中所占比重63.6%,在世界货物进口中所占比重为67.3%,均占世界货物进出口总额的2/3左右。可见,发达国家作为一个整体,在世界贸易中仍占主体地位。

⑦电子商务在国际贸易中发挥的作用越来越重要

随着经济全球化的深入发展，科学技术的进步，产业结构的不断调整，资源在全世界的优化配置，电子商务在国际贸易中发挥的作用越来越重要。一方面，它改变了企业传统的生产、管理和营销模式以及人们的消费方式；另一方面，电子商务促进了世界产业结构的调整，推动了国际分工的深化和国际合作的开展，扩大并丰富了国际贸易的内容和形式，促使国际贸易更加便利和快捷，由此形成一套更新的贸易活动框架，从而为国际贸易降低了成本、增加了价值、创造了商机。

当前国际贸易还有许多特点，如高新技术的发展，继续推动商品结构的高级化和多样化；国际竞争不断加强，竞争越来越表现为综合实力的较量；国际资本流动与国际贸易相互结合的趋势不断加强，国际产业转移与国际贸易发展相互促进；服务贸易继续快速发展，增速高于同期的世界经济和商品贸易的增速；国际贸易协调的范围和重点开始向以服务业、电信业、知识产权为代表的知识经济领域转移。

三、国际贸易的发展趋势

（一）国际贸易内涵提高，贸易商品结构趋向高档化、软性化

传统贸易商品以大批量、低附加值为主体，不能满足不同层次消费群体的特殊要求。随着世界经济的迅速繁荣，人们消费需求水平不断提高并向多元化发展，国际贸易商品结构必然会逐步向高档次转化。为了满足不同消费群体的需要，商品结构在高档化的同时，也会进一步柔性化或软性化，从而使得同样的产品以个性化的加工或包装，实现小批量、高附加值的销售，以满足市场发展的需要。

(二)国际贸易实务操作进一步规范化

世界贸易组织的建立,使得国际商品交易过程进一步走向规范化。不仅如此,世界贸易组织的规范还覆盖了过去关税与贸易总协定所不包括的农产品与纺织品贸易。同时,对于技术贸易、服务贸易和与贸易有关的投资问题也做出了具体的规范。在世界贸易组织的协调管理下,国际贸易业务及手段将进一步趋向规范。

(三)贸易集团化趋势加强,国际保护主义手段更加隐蔽

在经济全球化进程中,区域经济一体化也有了巨大的发展。区域经济一体化对于加强区域经济合作、促进区域内贸易自由化有着非常积极的作用,一定程度上也推动了世界贸易的增长。但区域一体化的强化形成了贸易集团,对于非集团成员而言,则处于一种非常不利的地位。某些贸易集团的贸易政策或措施的影响远比单个国家的影响要大得多。例如,欧盟解除对华军售的问题,尽管有许多成员国要求解除对华军售,但成员国没有达成一致,个别国家也难有作为。

随着世界贸易的发展,关税壁垒和传统的非关税壁垒逐步削弱,但更为隐蔽的保护措施纷纷出现。一些发达国家或贸易集团为了保护自身的经济利益,提出了技术、环保、卫生、生态等方面的苛刻要求,形成所谓的“绿色壁垒”等新型的非关税壁垒,以促成比关税壁垒和传统非关税壁垒更为隐蔽、更具有针对性、更为灵活的贸易壁垒。

(四)国际贸易交易方式趋向电子化

信息革命是推动新时期生产力迅速发展的最主要因素。建立在信息革命基础上的电子商务是国际贸易交易方式的一次重大变革。作为互联网环境下的商业化运用,电子商务把国内外的生产厂家、消费者、银行、物流体系以及社会管理服务部门在网络

平台上结合起来,大大提高了国际贸易交易的效率,必将进一步推动国际贸易方式的创新和国际贸易规模的扩大。

(五)国际贸易的外延扩展,货物贸易、技术贸易、服务贸易呈鼎足之势

传统国际贸易实际上主要是有形的商品货物贸易。随着商品贸易的发展和世界经济一体化的推进,技术、劳务等要素和金融、保险等领域也逐步加入国际贸易中,而且技术贸易、服务贸易以更快的速度在发展。进入21世纪后,技术贸易和服务贸易在整个国际贸易体系中所占份额不断提高。尤其是发达国家,技术贸易和服务贸易发展得更快,三者之间大有三足鼎立之势。

第二节 国际贸易的作用

一、国际贸易的主要统计指标

(一)贸易额

所谓贸易额则指采用货币的形式表示的贸易数值,它有着两个密切相关的指标,即对外贸易额和国际贸易额。其中,对外贸易额则指一定时期内一个国家跨越国界进口和出口货物、供应和需求服务、引入和输出技术等的所有价值,也称作进出口总额。为了反映一个国家对外贸易规模的关键指标,通常采取本国货币进行表示,同样可以采取国际通用货币进行表示,一般情况下美元使用得相对较多。使用美元的一个重要原因是美元属于当代国际贸易中非常重要的结算货币,同时是国际储备货币,有助于在世界范围内进行统计和对比。

所谓国际贸易额(Value of International Trade)则指世界上各个国家在某一特定时期内的出口贸易总额。国际贸易额并非

简单地将各个国家的对外贸易额加在一起,究其原因是一个国家的出口其实就是另一个国家的进口,假如将世界上各个国家的进口额和出口额纯粹地加在一起构成国际贸易额,那么就会出现重复计算的情况。但如果从世界领域进行分析,那么各个国家的出口总额和进口总额也存在不一致性。究其原因是各个国家通常情况下均是根据 FOB 价格计算得出出口额,根据 CIF 价格计算得出进口额,但是在 CIF 价格中,不仅包含货价(FOB 价),同样包含运费和保险费,从而造成世界上出口总额始终不及进口总额。从上述分析中可以发现,采取世界出口总额进行计算国际贸易额相对比较合理。

通过货币表示的贸易额往往受到价格变化因素的影响,不过,各个时期的贸易额是无法直接进行比较的。在具体工作过程中,常常采取固定年份为基期计算得出的进出口价格指数与当时情况下的进出口额的比值方法,然后根据不变价格所计算出的进出口额其实就是贸易量。

(二)贸易量

所谓贸易量则指去除了价格变动因素之后,采取不变价格进行表示的贸易规模。其中计算公式如下:

$$贸易量=\frac{贸易额}{价格指数}$$

贸易量包含两个指标,分别是对外贸易量和国际贸易量。所谓对外贸易量(Quantum of Foreign Merchandise Trade)指一个国家一定时期内从事的进口贸易量与出口贸易量之和;然而国际贸易量(Quantum of International Trade)则指某一特定时期内世界上各个国家出口贸易量的总和。使用公式可以表示为:

$$对外贸易量=\frac{对外贸易额}{进出口价格指数}$$

$$国际贸易量=\frac{国际贸易额}{出口价格指数}$$

贸易量指标不但能够相对较确切地彰显贸易的规模大小,从而方便各个时期的贸易额给予比较,同时能够基于此计算出每个时期约定的期限或者环比的物量指数。

(三)贸易差额

所谓贸易差额(Balance of Trade)指一个国家在某一特定时期内出口贸易总额与进口贸易总额之间的差值。如果出口贸易总值高于进口贸易总额的时候,则称作贸易顺差(Trade Surplus),或者称作贸易盈余或出超;如果贸易进口总额高于出口总额的时候,则称作贸易逆差(Trade Deficit),或者称作贸易赤字或入超;如果出口贸易总额与进口贸易总额是相等的,则称作贸易平衡。

贸易差额是衡量一个国家甚至国民经济状况的一个重要指标。因为进出口贸易收支成为一个国家国际收支中最关键的成组成部分,所以贸易差额情况对于一个国家的国际收支来讲有着重要的作用。通常情况下,一个国家的出口贸易总额应当同进口贸易总值相等,也就是一个国家的贸易差额应当维持平衡,既不要出现非常大的贸易顺差也不要出现过多的贸易逆差。如果一个国家的贸易顺差非常大,或者维持的时间比较长,则不可避免地会遭受到贸易伙伴国家的贸易攻击乃至贸易制裁。除此之外,贸易顺差的长时间存在还会引起大量的国内资源采取出口的方式流出的事情发生,对于本国资源在国内的优化配置带来负面影响,非常容易引起资源的浪费或者过度使用。而且还会引起环境污染,进而对一个国家的发展带来十分大的压力。一个国家长时间的贸易逆差对于国内经济同样会产生负面作用。究其原因是贸易逆差势必会减少一个国家的国际储备,这在一定程度上对一个国家在国际市场上的购买力会带来负面影响,进而影响到许多重要设施和技术的进口,最后对国内经济的发展带来负面作用。不过,在现实生活中,因为每个国家有着各不相同的发展阶段或经济状况,所以维持适当的顺差或逆差通常很常见。比如,我国在实行改革开放政策早期，大力提倡出口创汇，该措施事实上目的在于创造贸易顺差，加大外汇储备量，然后用于我国国际市场方面引入高技术设施。

（四）对外贸易商品结构

所谓对外贸易商品结构（Composition of Foreign Merchandise Trade）指各个类型商品的贸易额所占据总贸易额的比值。而国际贸易商品结构则指各个类型产品的贸易额所占据国际贸易总额的比值。伴随着世界生产力的持续发展和科技的持续进步，国际贸易商品结构同样也在持续地发生变化，其中初级产品所占据国际贸易总额的比值急剧下降，然而工业制成品所占据国际贸易总额的比值却持续上升，尤其是那些资本密集型和技术密集型产品所占据国际贸易总额的比值有着明显的增加。而零部件等诸多中间产品同样伴随着跨国公司的对外投资活动而所占据国际贸易总额的比重越来越高。而对外贸易商品结构则成为各种类型产品的贸易额所占据对外贸易总额的比值。它是衡量一个国家经济和科学技术发展水平乃至资源禀赋的关键指标。比如，在发达国家的出口贸易中，那些资本和技术密集型的机器设施等诸多制成品所占据的比值最大，而在众多发展中国家的出口贸易中，那些初级产品和劳动密集型产品所占据的比值比较大。如果从广义的国际贸易进行分析，那么贸易的商品结构并非只涉及货物贸易的结构，同样涉及服务、技术等诸多无形贸易所占据国际贸易总额的比值。对外贸易商品结构能够彰显一个国家或者世界有着怎样的经济发展水平、怎样的产业结构状况以及怎样的第三产业发展水平等。

（五）对外贸易地理方向

对外贸易地理方向包含着两个方面，其一是一个国家对外贸易地理方向，其二是国际贸易地理方向。

对外贸易地理方向同样称作对外贸易区域分布或者国别构成,指某一特定时期内所有国家或者国家企业在该国家对外贸易活动中所占据的地位,往往采取其所占据该国家进出口总额以及进出口总额中的比值进行表示。一个国家对外贸易地理方向彰显了该国家同世界其他国家或区域有着怎样的经济贸易联系程度。假如某个国家或者某几个国家所占据对外贸易总额的比值非常大,则意味着对外贸易有着相对集中的地理方向;反之,则意味着该国家的对外贸易有着较为分散的地理方向。无论是对外贸易有着相对集中的地理方向还是有着较为分散的地理方向均各有有利的一面与不利的一面。在出口贸易活动中,假如对外贸易有着相对较集中的地理方向,则可以节省开拓新市场的成本,节省交易费用,进而提升出口国商品在整个进口国市场的名声。不过,如果出口市场太过集中,有时候也会引起一些出口商之间出现恶性循环、恶性竞争情况,进而减少整个出口国的福利,除此之外,还会增大出口产品对于整个进口国市场的依赖程度,非常容易出现出口受制于人的情况。对外贸易活动如果有着太过分散的地理方向,虽然能够减少几个国家在对外贸易活动中所出现的经济、政治风险以及恶性循环的价格竞争,但是这又必然会带来交易成本的增加。

国际贸易地理方向同样称作国际贸易区域分布,指世界上各个大洲、各个国家或者各个国家企业在国际贸易市场中所占据的地位,它常常采取各个国家的对外贸易额所占据国际贸易总额的比值进行表示。必须注意的是,国际贸易地理方向并非固定不变的,它会伴随着国际政治经济关系的持续调整和变动以及各个国家的经济状况的变动而持续发生变动。

(六)贸易条件

贸易条件(Terms of Trade),同样称作贸易比价,指一个国家对外贸易活动中出口商品同进口商品的交换比值。它往往采取两种表示方法，其一是采取物物交换进行表示，也就是采取实物形态进行表示的贸易条件，它同货币因素和物价水平的改变没有关系。如果某一特定量的出口产品可以换取到更多的进口产品，则意味着贸易条件出现改善；反之，则意味着贸易条件出现恶化。另外一种同样是非常常用的表示方法，也就是采取计算贸易商品指数的比值进行表示，换句话是出口商品价格指数同进口商品价格指数的比值，使用以下公式：

$$贸易条件=\frac{出口商品价格指数}{进口商品价格指数}$$

对贸易条件造成影响的重要因素为各种类型商品价格的上涨下降幅度和其在指数中所占据的权重。贸易条件成为衡量一个国家（区域）对外贸易经济效益的一个重要的综合性指标。通过出口产品或者进口产品价格上涨下降幅度，我们能够看到贸易条件对于国民经济有着非常大的影响。如果贸易条件指数不及 1 时，则意味着贸易条件对于国民经济有着不利的作用；如果贸易条件指数高于 1 时，则意味着贸易条件对于国民经济产生正面作用。贸易条件同样能够彰显南北关系中不等价交换中的价格剪刀差关系。

（七）对外贸易依存度

对外贸易依存度，英文译作 Ratio of Dependence on Foreign Trade，同样称作外贸依存度，外贸系数、外贸率、外贸贡献度或者经济开放度，它采取一个国家对外贸易额所占据国内生产总值（GDP）或者国民生产总值（GNP）的比值进行表示，彰显一个国家国民经济对于进口贸易、出口贸易有着怎样的贡献度。它表明了一个国家的对外贸易活动在国民经济中占据怎样的地位、与其他国家经济贸易之间有着怎样的联系程度以及该国家所参与国际分工、国际市场有着怎样的广度和深度。通常情况下，对于横向比较来讲，一个国家外贸依存度如果越高，则意味着对外贸易在国民经济中所发挥的作用就越大，同外部的经济贸易联系就越频繁，经济开放度同样也就越高、越深；对于纵向比较来讲，如果一个国家外贸依存度提升，不但意味着其外贸增长率大于国民生产总值增长率，同样表明对外贸易对于经济增长所发挥的作用更大，而且其经济开放程度也更高。

外贸依存度可以分成两部分，分别是出口依存度和进口依存度。其中，出口依存度，英文译作 Ratio of Dependence on Export，指一个国家出口额所占据国内生产总值中的比值；而进口依存度，英文译作 Ratio of Dependence on Import，指一个国家进口额所占据国内生产总值的比值。

二、国际贸易的地位

（一）国际贸易是国际经济“传递”中的重要渠道

经济传递是指一个国家经济的盛衰对另一国产生的积极和消极的影响。世界各国在经济上是相互联系和相互依赖的，各国经济的繁荣或衰退会通过各种渠道影响其他国家，国际贸易则是各国经济活动相互传递的重要渠道。

（二）国际贸易是各国进行政治斗争的重要手段

国际贸易是各国对外经济活动的重要内容，各国经济外交与政治外交日益融合为一体，对外贸易政策已成为各国对外政策的重要组成部分。通过对外贸易，维护本国的社会制度，建立经济贸易集团，扩大内部市场，促进经济相互发展，增强谈判的能力，维护世界和平，坚持正义。通过对外贸易制裁那些违背联合国宪章的行为，制裁违反人权、实行种族歧视的国家。通过对外贸易，能够促进各国间相互的经济合作，改善国际环境，为经济发展创造良好的外部条件。

三、国际贸易的作用

（一）可以使各国的商品和劳务互通有无

由于受自然条件以及其他方面条件的制约，任何一个国家不可能独立生产所有商品，某些产品只能由少数国家生产出来，或者少数国家对某些商品的生产具有优势。国际贸易可以使各国互通有无，满足各国生产和经济发展对各种资源的需要。国际贸易可以调剂余缺，出口贸易为国内剩余的资源和商品解决“出路”问题，进口贸易可以补救一国或一时资源匮乏的困难，解决社会生产与社会需求的供需矛盾，保证本国社会生产顺利进行。

（二）有利于扩大规模经济

不断扩大出口贸易，利用世界市场，就可以扩大商品生产的规模，因而可以降低产品生产要素各个方面分摊给单位产品的成本，提高经济效益，获得规模经济利益。

（三）有利于提高劳动生产率

扩大出口贸易，占领世界市场的首要条件是发挥本国产品的优势，生产出具有国际竞争力的产品。因此在产品其他条件相同时，要不断提高劳动生产率，使本国产品价格低于国际市场价格，以获得价格竞争力。提高出口产品的劳动生产率不仅有利于出口产品降低成本、增加生产，而且可以带动整个国民经济各部门提高劳动生产率。

（四）有利于提高利润率

通过国际贸易可以从国外获得廉价的原料、燃料、辅助材料、机器、设备等，降低生产成本；通过国际贸易可以占领甚至垄断国外市场，以较高的价格出售产品或劳务；通过对外直接投资可以在全球范围内有效配置资源，通过国际贸易提高利润率。

（五）有利于增加就业

人口也是一种资源，劳动力得不到充分利用也是一种资源的浪费。扩大对外贸易，无论是增加劳动密集型产品的出口，还是增加资本密集型产品、技术密集型产品的出口，都会增加各种类型的工作岗位。劳动者的充分就业，对外贸易的扩大，会引起整个国民生产总值的增长和国民收入的增加。

（六）能够带动相关经济部门的发展

国民经济的各个部门是相互联系和相互影响的。对外经济部门的扩大会对其他经济部门产生后连锁和前连锁的效应。前连锁效应是指以其产品供应别的部门的需要。后连锁效应是指由别的部门来供应本部门在生产中所投入的要素。一个国家出口部门越发展，对国民经济中其他经济部门的带动作用越大。

（七）有利于提高本国科技水平和生产力水平

通过国际贸易可以引进别国的先进技术和管理经验，消化吸收外国的新知识、新技术、新技能和新方法，并使之逐步国产化，可以有效地、迅速地提高本国的科技水平和生产力水平。

（八）有利于促进世界经济的发展

国际贸易是世界经济不可缺少的组成部分。尤其是第二次世界大战后，国际贸易成为推动世界经济发展的重要力量之一。世界经济的发展对国际贸易的规模、速度、结构等有决定作用，而国际贸易的发展对世界经济的发展也有一定的促进作用。国际贸易能够密切各国的经济联系，促进生产、资本及经营的国际化，即整个世界经济的国际化。

第二章　国际贸易的理论基础

国际贸易理论是影响国际贸易活动的重要因素之一。人们对国际贸易的认识往往都是建立在国际贸易相关理论的基础上。关于国际贸易理论的研究已经有400多年。历代的经济学家在自己认识的基础上积极探索适宜于各国情况的贸易发展理论。

第一节　古典国际贸易理论

一、绝对优势理论

亚当·斯密是英国古典政治经济学的杰出代表，他总结了始于17世纪中叶的由威廉·配第（William Petty）开创的古典政治经济学思想，以代表作《国民财富的性质和原因的研究》（*An Inquiry into the Nature and Causes of the Wealth of Nations*）（又称《国富论》）构建了古典政治经济学的理论体系。他的地域分工原理和以此为基础的国际贸易理论，是古典政治经济学理论的重要组成部分。

（一）绝对优势理论的产生背景

亚当·斯密（Adam Smith，1723—1790年），英国著名的经济学家，资产阶级古典经济学派的主要奠基人之一，国际分工及国际贸易理论的创始者。

在亚当·斯密所处的时代，英国资本主义迅速发展，新兴的资产阶级希望通过对外贸易寻找新的市场,但当时比较流行的重商主义和贸易保护主义制约了对外贸易的扩大,乡间的行会制度制约了生产者和商人的活动,新兴资产阶级从海外获得廉价原料和广阔市场的愿望难以实现。亚当·斯密站在产业资产阶级的立场上,反驳了重商主义、贸易保护主义等思想和理论,主张自由贸易,创立了自由放任的自由主义经济理论,在国际分工、国际贸易方面,提出了主张自由贸易的绝对优势理论。

(二)绝对优势理论的基本假设

(1)理论分析模型:2×2×1 静态模型,即两个国家、两种产品、一种生产要素(劳动)。

(2)生产技术特征:投入的边际产量固定,平均成本不变;规模报酬不变。

(3)交易成本:不存在,主要是假定没有运输费用,没有关税或其他贸易限制。

(4)要素流动性:每个国家拥有固定的劳动,且劳动是充分就业的和同质的,可以在国内不同部门之间流动,但不能在国际流动。

(5)市场结构特征:完全竞争的商品和要素市场。

(6)生产函数:两国不同。

(7)消费者偏好:两国相同。

(8)理论基础:劳动价值论。

(三)绝对优势理论的主要论点

亚当·斯密从一个简单事实入手,那就是两个国家若自愿进行贸易,它们一定都能够从贸易中获利。如果一个国家无利可得或者只有损失,就会拒绝进行贸易。斯密指出,当两国都拥有各自的绝对劳动生产率优势时,这种互利贸易就产生了。贸易模式是两国各自专业化生产并出口自己具有绝对优势的产品,进口不具有绝对优势的产品。贸易得利来源于国际分工和专业化生产提高了的劳动生产率。这就是绝对优势理论的基本原理。

1. 分工可以提高劳动生产率

亚当·斯密认为,人类有一种天然的倾向,就是交换。交换是人类出于利己心并为达到利己的目的而进行的活动。人们为了追求私利,便乐于进行这种交换,而通过市场这只无形的手会给社会带来利益。他认为,人们为了交换获得自己所需要的产品,就应根据自己的特点进行社会分工,然后出售彼此在优势条件下生产的产品,这样双方都会获利。

亚当·斯密非常重视分工,他认为分工可以提高劳动生产率,因而能增加国家财富。他以手工制扣针的工厂为例,在没有分工的情况下,一个粗工每天至多只能制造 20 枚针,有的甚至连 1 枚针也制造不出来。而在分工之后,平均每人每天可制针 4 800 枚,每个工人的劳动生产率提高了几百倍,从而论证了分工对提高劳动效率、增加物质财富的积极作用。因此,亚当·斯密主张分工,认为在生产要素不变的情况下,分工可以提高劳动生产率。分工促进劳动生产率的提高主要通过以下三个途径来实现:第一,分工可以提高劳动者的熟练程度;第二,分工使每个人专门从事某项生产,从而节省与生产没有直接关系的时间;第三,分工有利于发明创造和改进工具。

2. 分工的原则是绝对优势

亚当·斯密认为,为提高劳动生产率,每个人都应该从事他最有优势产品的生产,然后再通过彼此之间的交换,使双方共同获利。在亚当·斯密看来,国际之间同样适用分工原则,因为不同的国家有不同的有利的生产条件,在某些商品上生产成本低,具有绝对优势。若每个国家都按照其绝对有利的生产条件去生产某种商品,然后彼此再进行交换,则所有参加交换的国家都可以从中获利。因此一种商品在别国生产相对廉价的情况下,最好是通过交换获得,而不是自己生产。

3. 绝对优势来源于有利的自然禀赋或后天的有利条件

亚当·斯密认为,各国的绝对优势可能来源于两个方面:一是各国固有的自然资源,二是各国后来通过自身努力而具备的有利条件。自然资源和有利条件可以使得本国生产某一种产品的成本低于别国而效率高于别国。因而在这种产品上该国相对于国际上其他国家具有绝对的有利地位,其条件也就是绝对优势。如果这些具备优势条件的国家生产出的产品能够进行彼此交换,从而将提高各国在其他条件方面的使用效率,并推进该国这一产品的生产效率。由于各国的分工是按照各国在各个领域内的绝对优势进行的,因此这个理论的名称可以称为绝对优势理论。

(四)绝对优势理论的内容

亚当·斯密认为如果各国都能够按照绝对优势理论的要求进行国际分工和国际贸易,那么世界各国的自然资源、劳动力和资本就都会得到充分的利用,各国的劳动生产率也会得到普遍提高,物质财富将大大增加。这一原理我们可以用一个两国两商品模型加以说明。

现假设两国具有相同的劳动人数 100 人,由于两国的劳动生产率不同,同样的劳动人数每年生产的产品产量也不同。如果两国都生产小麦和玉米,假设美国每人每年生产小麦 6 吨,生产玉米 4 吨;英国每人每年生产小麦 1 吨,生产玉米 5 吨,如表 2-1 所示,则两国每年拥有的产品状况如表 2-2 所示。

表 2-1 美国和英国的劳动生产率

商品 \ 国家	美国	英国
小麦(吨 / 年人)	6	1
玉米(吨 / 年人)	4	5

表 2-2　美国和英国每年拥有的产品状况

商品＼国家	美国	英国
小麦(吨)	600	100
玉米(吨)	400	500

一方面,美国每人每年可生产小麦 6 吨,而英国每人每年只能生产小麦 1 吨,因此,美国人在生产小麦上的劳动生产率高于英国,因而具有绝对优势;另一方面,英国每人每年可生产玉米 5 吨,而美国每人每年只能生产玉米 4 吨,英国人在生产玉米上的劳动生产率高于美国,因而具有绝对优势。这样美国人可专门生产小麦,通过贸易交换所需的玉米,而英国则相反。

为了进一步说明专业化分工与国际贸易的好处,我们可以用一个假设的例子来说明。如果两国都实行闭关锁国,不与别国进行贸易,为了满足自己的需要,两国都必须同时生产两种产品。为了理解上的方便,我们假设每个国家都将劳动力资源平分到两种生产商品上,那么在这种状况下,两国的生产状况如表 2-3 所示。在没有贸易的条件下,各国的生产量也就是其消费量。

表 2-3　美国和英国每年生产(消费)的产品状况(分工前)

商品＼国家	美国	英国
小麦(吨)	300	50
玉米(吨)	200	250

在两国实行专业化分工以后,按照绝对优势原理,美国专门去生产小麦,英国专门去生产玉米。在这种情况下进行分工,则两国的生产状况如表 2-4 所示。

表 2-4　美国和英国每年生产的产品状况(分工后)

商品＼国家	美国	英国
小麦(吨)	600	
玉米(吨)		500

假定分工后,按照 1∶1 的交换比例,美国拿出 220 吨小麦与英国交换 220 吨玉米,这样美国比自给自足时多消费了 80 吨小麦和 20 吨玉米。而英国则比自给自足时多消费了 170 吨小麦和 30 吨玉米,如表 2–5 所示。两国比贸易前都增加了消费,都超过了自给自足时的消费水平。这就是贸易带来的“双赢”。

表 2–5　美国和英国每年生产的产品状况(贸易后)

国家 商品	美国	英国
小麦(吨) 玉米(吨)	380 220	220 280

在上面这个例子中,我们假设美国与英国的交换比例是 1∶1,而实际的交换并不一定按照 1∶1 进行交换。究竟按照什么样的比例进行交换取决于国际市场的供需状况。但是,有一点是可以肯定的,那就是美国 3 吨小麦换取的玉米量一定要多于 2 吨,否则美国就会自己去生产玉米;同样英国 1 吨玉米换取的小麦不能小于 0.2 吨,否则就无利可图。至于英国获利比美国大这个事实并不重要,重要的是两国通过相互分工与贸易均获得了利益。

(五)对绝对优势理论的评价

1. 贡献

第一,开创了对国际贸易进行经济分析的先河。亚当·斯密把国际贸易理论纳入了市场经济的理论体系,第一次从生产领域阐述了国际贸易的基本原因;首次论证了国际贸易不是“零和博弈”,而是一种“双赢博弈”,揭示了国际分工和专业化生产能使资源得到更有效的利用,从而提高劳动生产率的规律。

第二,推动了历史进步。绝对优势理论反映了当时社会经济中已成熟了的要求,成为英国新兴产业资产阶级反对贵族地主和重商主义者,发展资本主义的有力理论工具,在历史上起过进步作用。

第三,具有重大的现实意义。亚当·斯密在其《国富论》中运用分工理论对自由贸易的合理性进行了论证,指出只要两个国家各自出口生产成本绝对低或者具有绝对优势的产品,进口生产成本绝对高或者具有绝对劣势的产品,就可以使两个国家都有利可图或者说获得贸易利益。这一理论虽然已有200多年的历史,仍具有重大的现实意义。"双赢博弈"理念至今仍然是各国扩大开放、积极参与国际分工贸易的指导思想。

2. 局限性

绝对优势理论没有揭示国际贸易产生的一般原因,不能解释国际贸易的全部,而只说明了国际贸易中的一种特殊情形,即具有绝对优势的国家参加国际分工和国际贸易能够获益,而对一个国家在所有贸易产品的生产上都不具有绝对优势时的贸易基础则没有论述,因而它只能解释经济发展水平相近国家之间的贸易,无法解释绝对先进和绝对落后国家之间的贸易,带有极大的局限性,还不是一种具有普遍指导意义的贸易理论。其后,大卫·李嘉图用比较优势理论,回答了绝对优势理论回答不了的问题,更好地解释了贸易基础和贸易所得。

二、比较优势理论

大卫·李嘉图是古典政治经济学的集大成者。他在1817年出版的主要代表作《政治经济学及赋税原理》(*On the Principles of Political Economy and Taxation*)中继承和发展了斯密的学说,提出了比较优势理论,迄今为止比较优势思想一直是主流贸易理论的核心思想。

(一)比较优势理论的产生背景

李嘉图所处的时代,英国工业革命迅速发展,资本主义不断上升。到19世纪初,英国成了"世界工厂",工业资产阶级的力量得到进一步加强。但是,地主贵族阶级在政治生活中还起着重要作用。新兴工业资产阶级同地主贵族阶级之间的矛盾是当时英国社会的主要矛盾。这一矛盾由于工业革命的发展而达到异常尖锐的程度。在经济方面,他们的斗争主要表现在《谷物法》的存废问题上。

《谷物法》是1815年英国政府为维护地主贵族阶级的利益而限制谷物进口的法令。该法令规定,必须在国内谷物价格上涨到限额以上时才准进口,而且这个价格限额还要不断地提高。由此引起英国粮价上涨、地租猛增,地主贵族阶级获利巨大,工业资产阶级的利益却严重受损。因为一方面,国内居民对工业品的消费因购粮开支增加而相应减少;另一方面,工业品成本因粮价上涨而提高,削弱了工业品的竞争力。《谷物法》的实施还使外国以高关税来阻止英国工业品对它们的出口。于是,英国工业资产阶级同地主贵族阶级围绕《谷物法》的存废展开了激烈的斗争。

李嘉图在这场斗争中站在工业资产阶级一边,他继承和发展了斯密的理论,在其代表作《政治经济学与赋税原理》一书中,提出了以自由贸易为前提的"比较优势理论",为工业资产阶级提供了有力的理论武器。李嘉图认为,英国不仅要从国外进口粮食,而且要大量进口,因为英国在纺织品生产上所占的优势比在粮食生产上所占的优势更大,所以英国应放弃粮食生产,专门发展纺织品生产。

(二)比较优势理论的基本假设

大卫·李嘉图的比较优势理论建立在一系列的假设条件下,主要为以下几个方面。

(1)假定贸易中只有两个国家和两种商品(X商品与Y商品),这一个假设的目的是用一个二维的平面图来说明这一理论。

(2)两国在生产中使用相同的技术。如果要素价格在两国间是相同的,两国在生产同一商品时,就会使用相同数量的劳动。由于要素价格通常是不同的,因此,各国的生产者都将使用更多的低价格要素,以降低生产成本。

（3）模型只假定在物物交换条件下进行，没有考虑复杂的商品流通，而且假定1个单位的X产品和1个单位的Y产品等价（不过它们的生产成本不等）。

（4）在两个国家中，商品与要素市场都是完全竞争的。

（5）在一国内要素可以自由流动，但是在国际上不流动。

（6）分工前后生产成本不变。

（7）不考虑交易费用和运输费用，没有关税或影响国际贸易自由进行的其他壁垒。但是，在贸易存在的条件下，当两国的相对商品价格完全相等时，两国的生产分工才会停止。如果存在运输成本和关税，当两国的相对价格差小于每单位贸易商品的关税和运输成本时，两国的生产分工才会停止。

（8）价值规律在市场上得到完全贯彻，自由竞争，自由贸易。

（9）假定国际经济处于静态之中，不存在其他影响分工和经济变化的因素。

（10）两国资源都得到了充分利用，均不存在未被利用的资源和要素。

（11）两国的贸易是平衡的，即总的进口额等于总的出口额。

（三）比较优势理论的主要论点

比较优势理论认为，在两国间，劳动生产率的差距并非在任何商品上都相等。对于处于绝对优势的国家，应集中力量生产优势较大的商品，处于绝对劣势的国家，应集中力量生产劣势较小的商品，然后通过国际贸易，互相交换，彼此都节省了劳动，都得到了益处。

1. 分工的原则是比较优势

比较优势的定义是：如果一个国家在本国生产一种产品的机会成本（用其他产品来衡量）低于在其他国家生产该产品的机会成本的话，则这个国家在生产该种产品上就拥有比较优势。

2. 比较优势的核心内容是"两优取其重，两劣择其轻"

李嘉图举例说：如果两个人都能制造鞋和帽，其中一个人在制鞋时强 1/3，在制帽时强 1/5，那么这个较强的人专门制鞋，而那个较差的人专门制帽，然后进行交换，则对双方都有利。

他采用了由个人之间的经济关系推及国家之间的经济联系这种实证的方法。一国与另一国相比，如果其劳动生产率在任何商品的生产中均高于另一国，处于绝对优势；或如果其劳动生产率在任何商品的生产中均低于另一国，处于绝对劣势。但只要本国集中生产那些绝对优势最大或绝对劣势最小的产品，即按照"两优取其重，两劣择其轻"的原则进行国际分工与国际贸易，同样交易双方不仅都可以从中获益和实现社会劳动的节约，而且会增加社会财富。

这样的两国进行贸易从而获得利益是由比较成本低—比较优势—比较利益这一结构链决定的。比较利益是发生国际分工和国际贸易的基础，而产生比较利益的原因则是各国间劳动生产率的差异及由此产生的劳动成本的差别。

（四）比较优势理论的例证分析

现假设世界上只有甲、乙两个国家，它们均生产 *X*、*Y* 两种产品，其实行分工前后的情况如表 2–6 所示。

表 2–6 比较优势理论下的国际分工

国家	国际分工前				国际分工后			
	X 产品		*Y* 产品		*X* 产品		*Y* 产品	
	劳动量	产量	劳动量	产量	劳动量	产量	劳动量	产量
甲国	1	1	2	1	3	3	0	0
乙国	6	1	4	1	0	0	10	2.5
世界	7	2	6	2	3	3	10	2.5

分工前，甲国生产 1 单位 *X* 产品需要 1 个单位劳动，而生产 1 个单位的 *Y* 产品需要 2 个单位的劳动。相比之下，乙国生产 1

个单位 X 产品和 1 个单位 Y 产品分别需要 6 个单位和 4 个单位的劳动。显然,甲国劳动生产率在 X 和 Y 产品的生产上均高于乙国。世界全部产出为 4 个单位,每一个国家分别获得 1 个单位的 X 产品和 1 个单位的 Y 产品。世界劳动总支出为 13 个单位,即甲国为 3 个单位,乙国为 10 个单位。根据两优取强和两劣取弱的原则进行分工后,由于甲国的比较优势在于生产 X 产品,因而应集中生产 X 产品,放弃生产 Y 产品;乙国的比较优势在于生产 Y 产品,因而应集中生产 Y 产品,而放弃生产 X 产品。

分工后,甲国用原来全部 3 个单位的劳动去生产 X 产品,这时得到 3 个单位的 X 产品(3/1);乙国用原来全部 10 个单位的劳动去生产 Y 产品,这时可得到 2.5 个单位的 Y 产品(10/4)。甲国在保持专业化分工前 1 个单位 X 产品消费的同时,还可以用 2 个单位的 X 产品来换取乙国生产的 Y 产品进行消费;乙国则在保持专业化分工前 1 个单位 Y 产品消费的同时,还可以用 1.5 个单位的 Y 产品来换取甲国生产的 X 产品进行消费。贸易的基础在于利益的比较:以 X 产品为 Y 产品的价值衡量标准,乙国 Y 产品的劳动成本 4/6 小于甲国的 2/1;而以 Y 产品为 X 产品的价值衡量标准,乙国 X 产品的劳动成本 6/4 大于甲国的 1/2。这就决定了交换的基础,即甲国的优势在于 X 产品的生产,而乙国的优势在于 Y 产品的生产。

(五)对比较优势理论的评价

大卫·李嘉图的比较优势理论具有合理的、科学的成分和历史的进步意义。其主要贡献就在于,他证明了无论各国是否具有绝对优势,都存在着使双方获益的贸易基础。但同时李嘉图的比较优势理论也存在着一定的局限性。

1. 贡献

诺贝尔经济学奖获得者保罗·萨缪尔森认为,经济学中有许多不可否认的正确原理,但对许多人来说并非显而易见,比较优势就是一个最好的例子。

第一,比绝对优势理论更全面、更深刻。从理论分析的角度考察,比较优势理论分析研究的经济现象涵盖了绝对优势理论分析研究的经济现象,这说明了斯密所论及的绝对优势贸易模型不过是李嘉图讨论的比较优势贸易模型的一种特殊形态。将只适用于某种特例的贸易模型推广至对普遍存在的一般经济现象的理论分析,正是李嘉图在发展古典国际贸易理论方面的一大贡献。该理论为具有比较优势的国家参与国际分工和国际贸易提供了理论依据,因而具有划时代的意义,成为国际贸易理论的一大基石。

第二,具有普遍适用性。“两优取其重,两劣择其轻”的比较优势原则不仅是指导国际贸易的基本原则,也成为合理进行社会分工,以取得最大社会福利与劳动效率的原则。因而比较优势的思想除了可以用于对国际贸易问题的分析以外,还在社会生活的其他诸多方面有着较为广泛的一般适用性。

第三,在历史上起过重大的进步作用。李嘉图继承了亚当·斯密的经济自由主义思想,极力主张推行自由贸易的政策,认为对外贸易可以使一国的产品销售市场得以迅速扩张,因而十分强调对外贸易对促进一国增加生产、扩大出口供给的重要作用。斯密和李嘉图站在当时新兴产业资产阶级的立场上,为了给产业资本所掌握的超强的工业生产能力以及由此产生的大量剩余产品寻找出路,从供给的角度论证了推行自由贸易政策的必要性和合理性。从这个意义上说来,可以将斯密和李嘉图的贸易思想归于贸易理论研究上的“供给派”(School of Supply),它曾为英国产业资产阶级争取自由贸易提供了有力的理论武器,而自由贸易政策又促进了英国生产力的迅速发展。

2. 局限性

第一,李嘉图劳动价值论的不完全和不彻底。比较优势理论以劳动价值论为基础,但根据李嘉图的劳动价值论,劳动是唯一的生产要素或劳动在所有的商品生产中均按相同的固定比例使用,而且所有的劳动都是同质的,因此,任何一种商品的价值都取决于它的劳动成本。显然这些假设和观点是不切实际的,甚至是错误的,所以,仅用劳动成本的差异来解释比较利益是不完整和不完全的。

第二,静态分析的局限性。李嘉图和斯密一样,研究问题的出发点是一个永恒的世界,在方法论上是属于形而上学的。他的比较优势理论建立在一系列简单的假设前提基础上,把多变的经济世界抽象成静止的均衡的世界,因而所揭示的贸易中各国获得的利益是静态的短期利益,这种利益是否符合一国经济发展的长远利益则不得而知。李嘉图虽然偶尔也承认,当各国的生产技术及生产成本发生变化之后,国际贸易的格局也会发生变化,但遗憾的是,他并没有进一步阐述这一思想,更没有用来修正他的谈论。

第三,对国际贸易中深层次问题的研究不够深入。李嘉图模型忽略了引起各国劳动成本差异的原因、互利贸易的范围以及贸易利得的分配等问题,因而对国际贸易问题的研究不够系统。

第四,李嘉图模型对国际贸易产生原因的剖析不全面。李嘉图模型忽略了各国资源禀赋的差异、规模经济等都是贸易产生的原因,因此漏掉了贸易体系的一个重要方面,这使得它无法解释明显相似的国家之间大量的贸易往来。

第二节　新古典国际贸易理论

一、马歇尔的国际贸易理论

阿尔弗雷德·马歇尔受约翰·穆勒的思想影响,引入了对国际贸易的数学分析,用供给曲线描述了国际贸易条件的决定与变动。

(一)需求与供给共同决定国际贸易条件

1. 对外贸易需求和供给的一般关系

马歇尔重新分析了约翰·穆勒的相互需求方程后认为,"两个国家做交易时,哪一方都不能专与需求或专与供给有关。每个国家的需求的起因是其人们想从国外获得某些商品的愿望,而其供给的起因是它便于生产别国人们想要的东西。但一般来说,一国的需求只有得到对其供给的支持才引起贸易,只有当它需要外国货物时,其供给才有活力。所以每个国家的需求刺激另一个国家的供给,每个国家的供给使自己的需求有效。因此,尽管国际贸易问题一直被说成是'国际需求'问题,但也可以说它是'国际供给'问题"①。最后,马歇尔总结国际贸易的供给与需求问题时认为,国际贸易是由供给和需求共同决定的,供给与需求相互依存。

2. 国际贸易条件一般取决于需求弹性和需求强度

马歇尔认为贸易条件的确定不利于需求强度高、需求弹性小的国家,而有利于需求强度低、需求弹性大的国家。马歇尔通过一个案例假设说明了这个理论。他假设 E 国和 G 国具有相互需求,并处于均衡状态。如果 E 国对 G 国的需求增加,而 G 国对 E 国商品的需求却没有相应增加,E 国和 G 国之间的供需均衡状态就会打破,"国际贸易条件将有利于 G 国",而其具体程度则取决于两国之间需求的相对弹性。

但一般条件下,贸易条件将按照这样的理论进行变动:"两国之中随便哪一国的需求越有弹性,如果另一国的需求弹性不变,则它的输出和输入的数量就越大,但其输出也就比其输入增加得越多,换句话说,贸易条件就对它越不利。"②

① 马歇尔.货币、信用与商业[M].北京:商务印书馆,1986,第192页.
② 马歇尔.货币、信用与商业[M].北京:商务印书馆,1986,第244页.

（二）提供曲线及其特征

1. 提供曲线

提供曲线又称相互需求曲线，是指在不同价格条件下，一国愿意出口和进口的数量之交点的轨迹。提供曲线本身是由一个国家的供给（出口）、需求（进口）曲线合成的，即对应某一进口量愿意提供出口量的轨迹。

提供曲线的生成是通过企业生产可能性曲线、商品无差异曲线，以及可发生贸易的各种不同相对价格推导出来的，如图 2–1 所示。

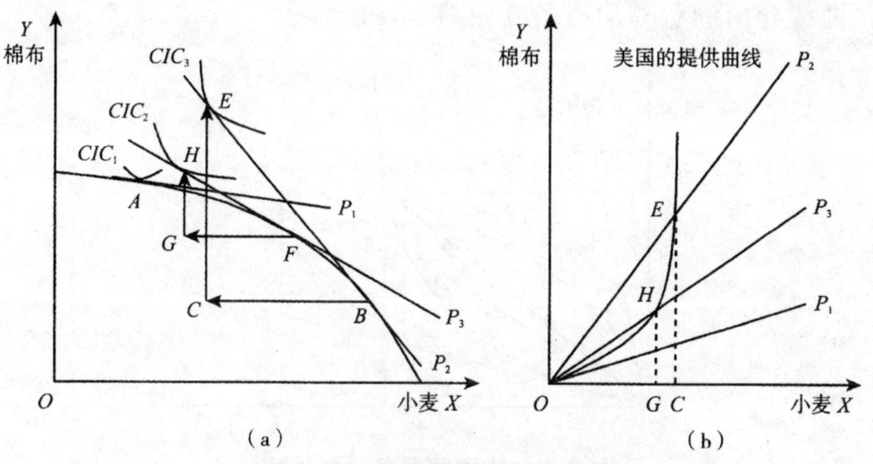

图 2–1　美国提供曲线的导出

分析美国提供曲线的特点可以发现，一国的提供曲线凸向代表本国具有比较优势产品的坐标轴，表示相对价格对本国越有利。这一点用马歇尔的供求价格论解释，原因有二：一是出口产品边际机会成本递增；二是进口产品的边际效用递减。

对一个国家来说，一方面，随着出口的大量增加，就要增加出口产品的产量，从而提高产品生产的边际机会成本，这就要求该国固定数量的出口产品应交换回更多的进口产品，该国才能继续扩大贸易；另一方面，由于该国产品用于出口的数量不断增加，该国产品用于消费的数量就要减少，国内产品单位效用就要增加,这就决定了该国出口同样数量的产品必须换回更多的进口产品,才能使该国继续扩大贸易量。当然,出口增加还会造成其他隐性成本的增加,从而使该国必须要用单位该产品换回更多进口产品。

2. 以提供曲线表示的均衡贸易条件

如果把两个不同国家的需求曲线合并在一张图上,它们就会相交于一点。因为两条曲线在原点有不同的斜率,即两国国内的均衡价格存在差异,所以这两条曲线总会在某处相交,两国国内均衡价格不同就为贸易提供了基础,通过它们的交点的贸易条件曲线表明实际的贸易条件或均衡的交换比率。美国与英国的提供曲线导出的贸易均衡条件如图 2-2 所示。

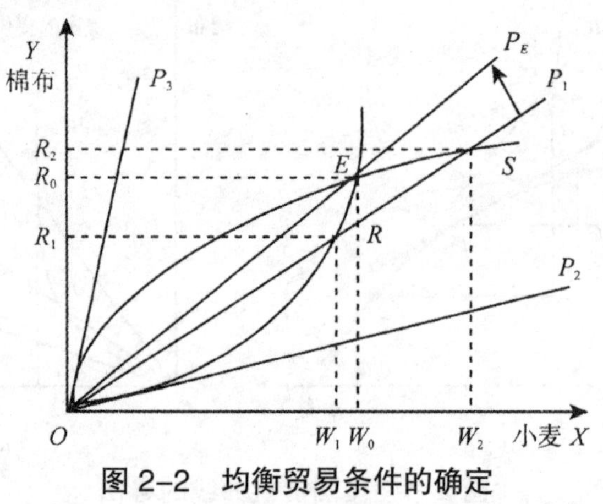

图 2-2 均衡贸易条件的确定

3. 提供曲线的移动

供给或需求发生变动的话,一国的出口供给曲线就会发生变动。从需求方面看,引起提供曲线转移的主要原因有消费偏好、收入水平、需求构成的改变,等等。从供给方面看,造成提供曲线转移的主要因素有资源总量、技术水平和要素生产率的变化,等等。需求或者供给的单独变化都会引起提供曲线的变动。

由供求变动使得提供曲线移动时,将会产生两种效应:一是贸易条件效应;二是贸易数量效应。

首先从需求的角度分析提供曲线变动的两种效应。由需求变动引起的提供曲线变动可分为两种情况：一种是国内对出口商品的需求增加；另一种是国内对进口商品的需求增加。

下面将以英美两国为例进行分析，如图 2–3 所示。假定 O 期的贸易条件为 P_0，贸易均衡点为 E。当英国对小麦的需求降低时，只愿意用比以前更少的棉布来交换一定量的小麦。因此，英国的提供曲线将由 OB 移动至 OB_1，两国之间的贸易失衡。而美国的供求情况没有变化，英国的供求情况将转换为 F 点。在这一点，英国进口小麦的数量减少，供给棉布的数量也减少，必然导致小麦供大于求，棉布供小于求。小麦和棉布的交换条件将会变化，棉布的相对价格上升，贸易条件将发生移动，至 P_1 点。

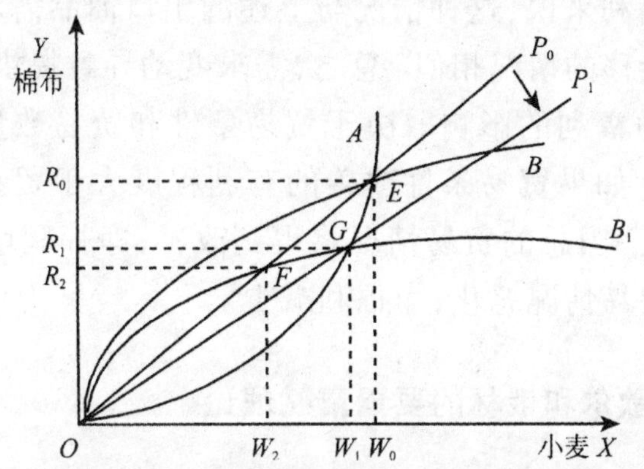

图 2–3　英国对出口商品国内需求增加引起的提供曲线转移

由于英国国内对出口商品需求的增加，提供曲线由 OB 移动到 OB_1 后，将产生两种效应：一是贸易数量减少，其贸易组合由 E 点减少到 G 点，这降低了英国的福利水平；二是贸易条件改善，由 P_0 变为 P_1，这又增加了英国的福利。而英国净福利增加的水平取决于这两者力量的比较。

再分析需求变动的另一种情况，如图 2–4 所示，即国内对进口商品需求增加时的情况。假定美国对棉布的需求增加，愿意用更多小麦换棉布。这导致美国的提供曲线，由 OA 移动至 OA_1。因此，两国的贸易条件将失去平衡。在国际市场上，小麦供大于求，棉布供小于求，棉布的相对价格上涨，贸易条件相应地向右移动至 P_1，两国贸易在 G 点恢复均衡。

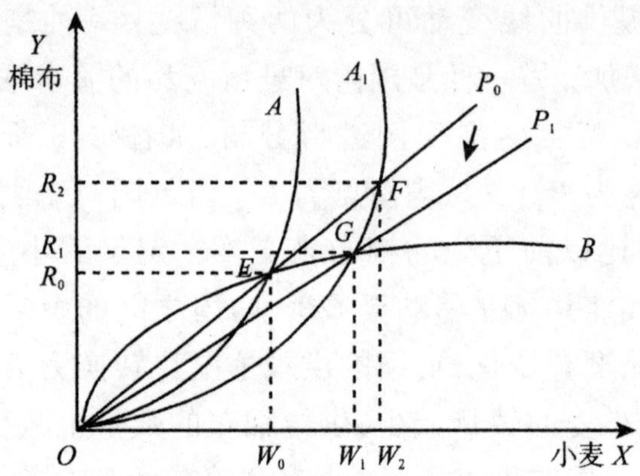

图 2-4　美国对进口商品需求增加引起的提供曲线转移

就贸易福利来说,这种情况与上述的出口商品需求增加导致的提供曲线转移的情况相似。总之,需求变动导致提供曲线移动,对某个国家净福利的影响取决于贸易条件和贸易数量两者变动程度的比较。如果贸易条件改善的有利程度大于贸易数量缩减的不利程度,一国总的贸易情况将得到改善,净福利增加；反之,则一国总的贸易情况恶化,净福利减少。

二、赫克歇尔和俄林的要素禀赋理论

(一)要素禀赋理论的相关概念

生产要素：生产产品时所必须具备的主要因素,或在投入或使用中要采取的主要手段。

生产要素价格：取得生产要素要付出的报酬。

要素密集度：生产 1 单位产品时某种要素所占的比例大小。如果某要素投入比例大,则称该要素密集程度高。

要素密集型产品：依据生产要素在产品生产中的比例不同,把产品分为不同的要素密集型产品。

要素禀赋：一国所拥有的各种生产要素的资源优势。

要素丰裕：在国际上一国生产要素占据绝对优势,拥有较高的比例,同时价格却低于其他国家。

(二)要素禀赋思想的基本假设

要素禀赋思想基于一系列简单的假设前提,包括以下九个主要方面。

(1)只有两个国家、两种商品、两种生产要素(劳动和资本)。

(2)两国的技术水平相同。

(3)*X* 产品是劳动密集型产品,*Y* 产品是资本密集型产品。

(4)两国在两种产品的生产上规模经济利益不变。

(5)两国进行的是不完全专业生产。

(6)两国的消费偏好相同。

(7)在两国的两种商品、两种生产要素市场上,竞争是完全的。

(8)在各国内部,生产要素是能够自由转移的,各国间生产要素是不能自由转移的。

(9)假定没有运输费用,没有关税或其他贸易限制。这意味着生产专业化过程可持续到两国商品相对价格相等为止。

(三)赫克歇尔与俄林的要素禀赋理论内容

1. 赫克歇尔的要素禀赋思想

赫克歇尔的要素禀赋理论主要从成本的角度考虑国际贸易发生的可能性。他认为,导致国际贸易发生的比较成本差异前提条件主要有两个:一是两国具有不同的要素禀赋,二是不同产品生产过程中需要使用的要素比例不同。他在其1919年发表的题为《对外贸易对收入分配的影响》一文中指出:“只有当贸易能给参与贸易者带来更大的利益时,贸易才能展开并得以继续下去。”也就是说,利之驱动方有国际贸易。这个“更大的利益”源于“一国通过生产他种商品并且将之同本国所需的此种商品相交换这种间接的方法,比自己直接生产该种商品能够更为顺利地满足本国的需求”①。

① (瑞典)E. 赫克歇尔. 对外贸易对收入分配的影响[A]. 美国经济学会编印. 国际贸易理论文集[C], 1949, 第274-275页.

赫克歇尔提出了建立在相对资源禀赋情况和生产中要素比例基础上的比较优势思想。他还从这一点出发,进一步推断出国际贸易对要素价格的影响。

2. 俄林的要素禀赋思想

俄林的要素禀赋理论与赫克歇尔之间的不同之处就在于俄林把“空间”(Space)作为一个重要的要素。他认为,由于空间的存在,一些生产要素的自由移动产生了运输和其他障碍,这些阻碍了生产要素的自由移动。

俄林大概接受了教育心理学的多元智能理论,认为人们在个人能力上天生存在差异。在这个基础上,他将对个人经济行为的分析推演至国家的经济行为。各国因为地理条件和社会条件的限制,最适合于运用相对丰裕的要素,最不适合与运用量最小的生产要素。俄林把这归结为生产要素的不同原因。俄林认为:“国际贸易的直接动力是两国之间商品的价格绝对差异。这种绝对差异是指两国商品用同一种货币表示以后的。商品价格的绝对差异产生的原因则是不同国家商品的相对价格而产生的,这种商品价格的相对差异就是由上述决定供求关系的四种具体因素构成的。后面的条件,即到处相同的物质界的自然的不变的物质,在适当考虑生产要素价格的情况下,决定生产要素的结合,也就是技术过程,从而影响对商品的需求转化为对这些生产要素的需求。”①

俄林在分析和阐述要素禀赋时有着以下严密的逻辑思路。

(1)商品价格是国际贸易发生的直接动力。在不存在运输费用的前提下,价格较低国家的商品会受利益的驱使向价格较高国家进行运输。

(2)商品价格的国际绝对差异是由生产要素相对价格的差异决定的。

(3)要素相对价格的差异是由要素相对供给不同决定的。

① (瑞典)俄林.地区间贸易和国际贸易[M].北京:商务印书馆,1986,第11页.

（4）各国商品价格比例不同是国际贸易产生的必要条件。

通过严密的分析，俄林得出了结论："贸易的首要条件是某些商品在某一地区生产要比在另一地区便宜。在每一个地区，出口品中包含着该地区比在其他地区拥有的较便宜的相对大量的生产要素，而进口别的地区能较便宜地生产的商品。简言之，进口那些含有较大比例生产要素昂贵的商品，而出口那些含有较大比例生产要素便宜的商品"①。

总之，在俄林的理论中，要素禀赋仍是国际贸易产生的重要动力。生产要素禀赋的差异导致了商品价格差异，从而导致国际贸易。而空间则为产品的国际流动增加了一些障碍。

（四）要素禀赋与贸易模式

1. 要素禀赋差异与相对供给差异

要素禀赋是造成国家产品生产的重要因素。赫克歇尔和俄林假设具有不同生产要素禀赋的国家按照各自的差异，最终造成他们生产 X 和 Y 两种商品能力的不同，从而引起供给能力的不同，如图 2-5 所示。

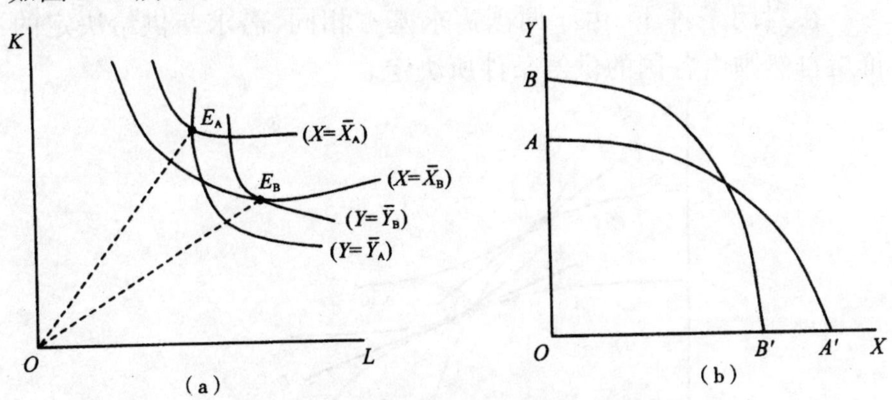

图 2-5　要素禀赋差异与相对供给差异

在图 2-5 中，赫克歇尔和俄林假设了 A 和 B 两个国家，A 国是资本要素相对丰裕国家，B 国是劳动要素相对丰裕国家。资本

① （瑞典）俄林．地区间贸易和国际贸易 [M]．北京：商务印书馆，1986，第 15 页．

和劳动是构成两个国家生产产品 X 和 Y 的基本要素，其中 X 是资本密集型产品，而 Y 是劳动密集型产品。

如图 2-5（a）所示，E_A、E_B 代表了 A 国和 B 国的要素禀赋点。对 A 国来说，当所有生产要素全部用于 X 部门时，所生产出的 X 的数量等于图 2-5（a）中通过 E_A 点的 X 等产量曲线所代表的产出水平——$\bar{X}_A$；当所有生产要素全部用于 Y 部门时，所生产的 Y 的数量等于通过 E_A 点的 Y 等产量曲线所代表的产出水平——$\bar{Y}_A$。据图 2-5（a）可以导出图 2-5（b）中的生产可能性曲线。

从图 2-5 中，我们可以看出，在生产条件相似的情况下，生产要素禀赋造成了 A、B 两国的生产可能性曲线的不同。因此，可以得出这样的结论，要素丰裕是造成国家提供要素密集型产品的重要因素。

2. 封闭条件下的相对价格

根据前面的假设，两国需求条件相同，因此价格由供给决定。因为两国的生产函数也相同，因此供给又由要素禀赋决定。由此可以得出结论，两国的要素禀赋决定了两国的产品价格。两国相对价格差异则由两国的要素禀赋差异引起。

在封闭条件下，由于两国需求基本相同，需求与供给决定的价格自然则由各国的供给条件所决定。

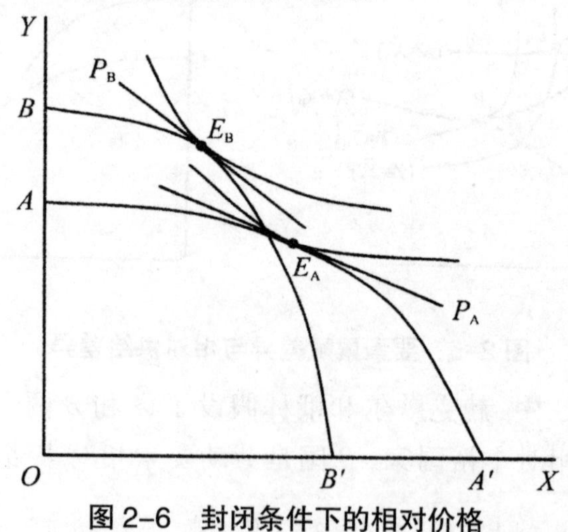

图 2-6 封闭条件下的相对价格

如图 2-6 所示，A、B 两国在封闭条件下的相对价格由社会无差异曲线与生产可能性边界线相切决定。在封闭条件下，A 国的均衡点为 E_A，B 国的均衡点为 E_B。因为我们假定两国的消费者偏好相同，所以图中两国的社会无差异曲线形状相同。

第三节 当代国际贸易理论

一、国际贸易新要素理论

(一)国际贸易新要素理论的内容

1. 技术要素说

传统的生产要素定义为生产过程的投入物，把工艺流程、方式方法等技术排除在生产要素之外。但是，技术在现代经济活动中的地位越来越重要。技术能够提高要素生产率，节约要素的使用，降低商品成本和价格，优化产品质量效能，提高生产经营水平，增强国际市场竞争力。当今国际经济的竞争很大程度上是技术水平的竞争，技术进步会对各国生产要素禀赋的比率产生影响，从而影响各国的相对优势，进而影响国际贸易格局的变动。

2. 人力资本要素说

人力资本要素说(Human Capital Theory)是美国经济学家舒尔茨(T.W.Schultz))创立的。他用人力资本的差异来解释国际贸易产生的原因和一国的对外贸易格局。

根据人力资本要素说，把劳动分为两大类：一类是简单劳动，即无须经过专门培训就可以胜任的非技术性的体力劳动；另一类是技能劳动，即必须经过专门培训形成一定的劳动技能才能胜任的技术性劳动。要对劳动者进行专门培训，就必须进行投资，人力资本投资的效果实际上就是人力资本效用发挥的程度。

人力资本富裕状况对国际贸易格局、流向、结构和利益等方面具有重要的影响作用。人力资本论者基辛（Kessing）、凯南（Kenen）等认为，资本充裕的国家同时也是人力资本充裕的国家。因此，这些国家的比较优势实际上在于人力资本的充裕，这是它们参与国际分工和国际贸易的基础。在贸易结构和流向上，这些国家往往出口人力资本要素密集型的产品。比如美国最充裕的要素不是物质资本，而是人力资本，于是美国的贸易结构中技能密集型产品出口占主体，比如最先进的通信设备、电子计算机等，而在劳动密集型产品上进口占主体。

3. 研究与开发要素说

研究与开发要素说（Theory of Factors of Research and Development）是由西方经济学家格鲁勃（W.H.Gruher）、梅达（D.Mehta）、弗农（R.Vernon）及基辛等人提出的。研究是指与新产品、新技术、新工艺紧密相关的基础与应用研究；开发是指新产品的设计开发与试制。该学说认为研究与开发也是一种生产要素，但它不同于生产过程中其他形式的要素投入。研究与开发要素是以投入新产品中的与研究和开发活动有关的一系列指标来衡量的。比如可以通过计算研究与开发费用占销售额的比重、从事研究与开发工作的各类科学家和工程技术人员占整个就业人员的比例、研究与开发费用占一国国民生产总值或出口总值的比重等，来判断各国研究与开发要素在经济贸易活动中的重要性。

研究和开发要素对一国贸易结构有很大的影响。一个国家越重视研究与开发，投入资金越多，其产品中知识与技术密集度就越高，在国际市场竞争中的地位就越有利。

4. 信息要素说

西方经济学家认为，在现代经济生活中，企业除了需要土地、劳动力和资本等生产要素以外，更需要信息，信息已经成为越来越重要的生产要素。信息要素是指来源于生产过程之外并作用于生产过程的能带来利益的信号总称。信息要素是无形的、非物质的，它区别于传统生产要素，是生产要素观念上的重大变革。信息作为一种能够创造价值的资源，和有形资源结合在一起构成现代生产要素。

信息要素具有特殊性，它是一种能够创造价值并能进行交换的无形资源。一方面，由于信息创造价值的能力难以用常用的方法进行衡量，所以其交换价值只能取决于信息市场的自然力量；另一方面，由于信息强烈的时效性，信息交换也常常带有不可预见的性质。随着市场在世界范围内的拓宽以及各种经济贸易活动的日益频繁，社会每时每刻都在产生着巨量的信息，这些信息都在不同方面、不同程度地影响着社会经济活动，影响着企业生产经营的决策和行为方式，影响着一个国家的比较优势，从而改变一国在国际分工和国际贸易中的地位。比如信息在日本的综合商社中占据重要地位，日本的综合商社大都在总部设有情报中心，还在世界各地设立众多的办事处或信息中心，从而形成遍布全球的国际通信信息网，以便对世界经济形势及时、准确地做出判断。

（二）对国际贸易新要素理论的简评

传统国际贸易理论中一般都假定生产要素在国际上不能流动，但在现实生活中，生产要素不但可以在各国之间流动，而且对各国要素市场的供给、需求和社会福利产生影响，改变着各国的经济结构，影响着各国的贸易模式和贸易量。就分析方法而言，新要素理论与传统要素贸易理论无本质的不同。国际贸易新要素理论对第三次科技革命所带来的世界经济的飞速发展和世界贸易格局的革命性改变，在理论上给予了新的解释，突破了生产要素的限制，赋予了生产要素更丰富的新含义，并扩展了生产要素的范围，对国际贸易的分析更接近现实。

二、产品生命周期理论

产品生命周期是一个营销概念，是指产品的投入、成长、成熟和衰退等阶段。产品生命周期理论由美国经济学家弗农于1966年在《经济学季刊》5月号上发表的《生命周期中的国际投资与国际贸易》一文中首先提出，随后又由其他经济学家进行了完善。

（一）产品生命周期模型

弗农产品生命周期理论是建立在波斯纳技术创新理论的基础上的。他把波斯纳的创新国与模仿国的概念分为三类国家，分别是技术创新国家，如美国；工业发达国家，如日本；发展中国家，如中国。这三类国家在国际贸易的过程中有不同的优势。技术创新国家在技术和资本上比较充裕，工业发达国家则在资本上相对充裕，发展中国家在劳动力上十分充裕。弗农在要素禀赋理论的基础上，认为产品也和有机物一样，存在着产生、发展、成熟、衰退和消亡的过程，随着技术的扩散，产品一般也要经过新生期、成长期、成熟期和衰退期。根据产品生命周期各阶段的不同特点，新产品的产品生命周期可以分为五个阶段：新产品阶段、产品成长阶段、产品成熟阶段、标准化阶段、创新国退出阶段，如图2–7所示。

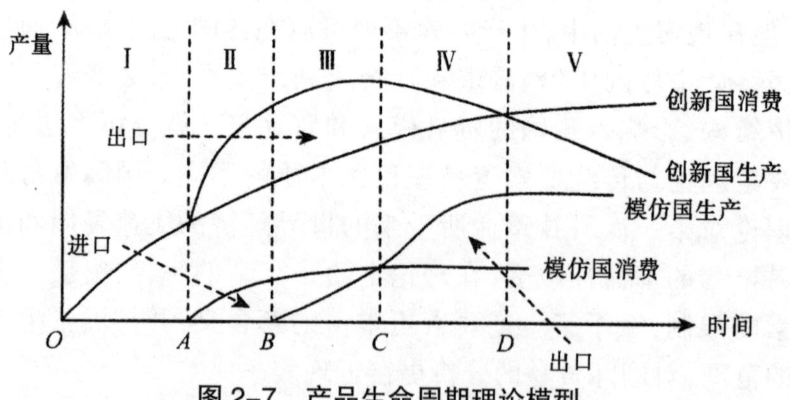

图2–7 产品生命周期理论模型

在新产品阶段，新产品未定型，仅仅在创新国生产和消费。

在产品成长阶段，创新国对新产品进行了完善，不断满足国内外市场的需求，产量和销量提高迅速。在这一阶段，工业发达国家和发展中国家都不能生产该类产品，创新国获取较大利润。产品的出口也仅仅是面向工业发达国家。

在产品成熟阶段，创新国为新产品定型生产的技术标准，开始标准化生产，模仿国开始模仿并自行生产，但仍需进口新产品。在这一时期，其他发达国家的厂商的新产品在本国市场上能与美国的产品相抗衡，故减少进口规模。

在标准化阶段，其他发达国家的产品参与新产品的出口市场竞争。其他发达国家生产新产品以后，销路逐渐打开，市场不断扩大，取得了大规模生产的经济效益，成本进一步下降。发展中国家在劳动力成本上更具优势，将持续扩大产品的生产。创新国在这一领域的生产持续下降。

在创新国退出阶段，创新国成为该产品的进口国，又致力于新的技术革新并推广新产品。

（二）产品生命周期的动态变化

新产品的生命周期在创新国结束，但其他生产这一产品的发达国家可能处于周期的第三或第四阶段。同时，发展中国家很可能在国内开始生产这种产品，并逐渐向发达国家增加出口。这种新产品的生命周期，在生产国之间呈波浪式推进，如图 2-8 所示。

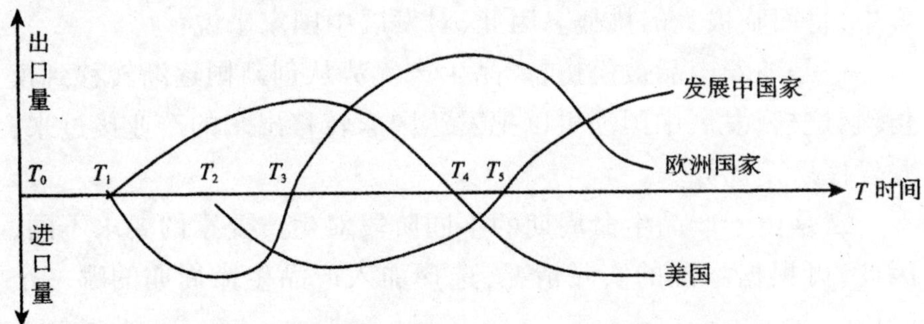

图 2-8　国际贸易中产品生命周期的动态变化

图 2-8 说明了三个类型国家产品的生命周期变化。由此图可以总结产品的生命周期特点如下。

第一，生产要素动态变化。工业制成品的生产要素随产品在不同国家生命周期的变化而动态转移。在不同的阶段,三类国家生产产品的生产要素随着产品的技术研发阶段而发展变化。该产品产业从技术密集型转化为劳动密集型产业。

第二,贸易国比较利益的动态转移。随着生产技术的提高,比较优势在各国之间快速转换。生产某些产品具有比较优势,这些国家一方面可以把处于生命周期早期阶段的产品出口到欠发达国家,另一方面又可以把处于后期阶段的产品出口到比他们发达的国家。

(三)产品生命周期理论的启示

在产品生命周期理论中,随着产品从一个阶段向另一个阶段转化,不同国家所拥有的比较优势依次得到体现,国际贸易格局也随之发生变化。由此引申出来的一个启示是:不同产品在生命周期各个阶段的延续时间是不一样的,这将影响各国在国际贸易格局中特定地位的持续时间和从中的获益程度。

随着产业结构有所变化和调整,高新技术产业在经济中所占比重将会越来越大。高新技术产品的一个特征就是升级换代的速度非常快,这意味着标准化阶段的持续时间非常短。在这种背景下,发展中国家在利用国际产业转移来发展高新技术产业的过程中,将面临极大的挑战。因此,对发展中国家来说:

一是随着产品被模仿,产品生产优势从创新国逐渐转移到模仿国,这样,发展中国家可以把发达国家转移出来的产业接过来,并发挥后发优势。

二是由于产品生命周期的不同阶段对生产要素的要求不同,因此,可根据本国的实际情况,选择加入产品生命周期的哪一个阶段。

三、国家竞争优势理论

国家竞争优势理论是哈佛大学商学院著名教授迈克尔·波特

提出的。国家竞争优势理论以美国国际经济地位的变化为背景。

学术界关于国际竞争盛衰的说法有四种：一是把国家竞争优势看成是由汇率、利率、政府赤字等变量所驱动的总体经济现象；二是认为国家竞争优势源自廉价与充沛的劳动力；三是把竞争力与国家资源丰富与否画上等号；四是认为国际竞争的盛衰是因为各国管理模式有差异。

迈克尔·波特教授在1983年开始致力于研究美国的竞争力问题。经过一年多的研究以后，波特认识到美国各界缺乏对“竞争力”的共同认识。企业认为竞争力是全球化战略在世界市场中竞争的能力；国会议员看待竞争力是国家在进出口贸易上的顺差；经济学家认为竞争力是汇率变动、调整而形成的低廉单位劳动力成本。[①] 波特综合了这些人的看法，确信，“在企业竞争的成功问题上，国家环境确实扮演了关键角色，而有些国家所提供的环境似乎比其他国家更能刺激产业进步和升级，由于‘国家’这个因素可以凸显竞争优势是如何被创造出来并得以保持的，所以了解国家在国际竞争中的角色，对企业和政府部门都有益处”[②]。

在这个观念之下，波特于1990年出版了《国家竞争优势》一书，提出了著名“钻石体系”的国家竞争理论。

（一）钻石体系

迈克尔·波特认为比较优势理论中关于生产要素的理论已经过时，取而代之的是国家良好的环境在竞争力之中的巨大优势。波特认为一国竞争优势的根本在于该国是否形成了有效的创新机制和充分的创新能力，这是提高该国劳动生产率的源泉，也是形成该国竞争优势的根本。“国家是企业最基本的竞争优势，因为它能创造并保持企业的竞争条件。国家不但影响企业所做

① （美）迈克尔·波特著；李明轩，邱如美译．国家竞争优势[M]．北京：华夏出版社，2002，“自序”第2页．

② （美）迈克尔·波特著；李明轩，邱如美译．国家竞争优势[M]．北京：华夏出版社，2002，“自序”第2页．

的战略，也是创造并延续生产与技术发展的核心。”①

迈克尔·波特认为影响一国的某个产业或者产业环节在国际竞争中具有优势的有四个基本因素和两个辅助因素。四个基本因素为：生产要素、需求条件、相关与支持性产业及企业战略、结构与同业竞争；两个辅助因素为：政府和机遇。这六个要素相互影响，彼此互动，形成一个完整的钻石体系，如图 2-9 所示。钻石体系以四大基本要素为支撑点，彼此环环相扣，组成动态的竞争模式；在这场不得不打、不能不赢的竞争力圣战中，波特的这套思想将为政府与民间描绘出实际可行的升级进程。

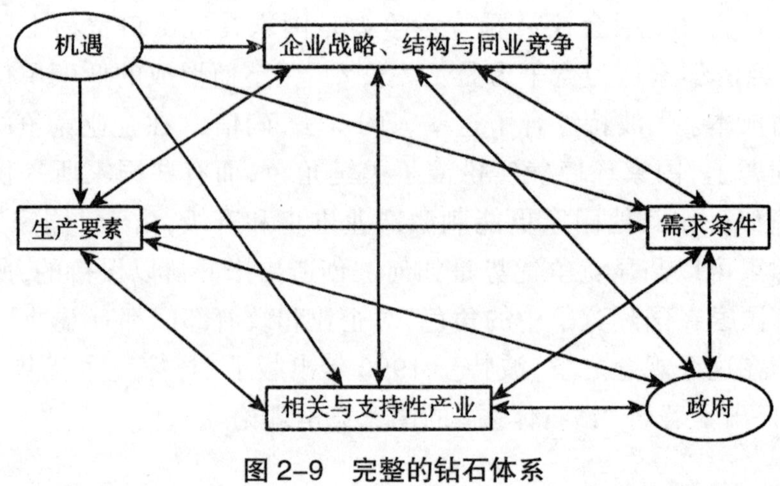

图 2-9　完整的钻石体系

1. 生产要素

生产要素是国家经济成长的天然条件。迈克尔·波特认可了要素禀赋理论之中关于生产要素的定义，并把其细分为土地、劳动力和资本。但是他认为生产要素与一个国家的竞争力是否有关的关键在于生产要素在被应用时所产生的效率与效能，取决于企业应用生产要素时所采取的决策。

迈克尔·波特根据生产要素在国家竞争中产生的机制和作用将其划分为两种类型，分别是初级生产要素和高级生产要素。

① （美）迈克尔·波特著；李明轩，邱如美译．国家竞争优势 [M]. 北京：华夏出版社，2002，第 65 页．

迈克尔·波特划分的标准是获得生产要素的难度。初级生产要素是一国先天拥有的不需太多投资便能得到的要素，包括自然资源、气候、地理位置等。高级生产要素则是指必须通过长期投入和培训才能创造的生产要素，包括现代化的基础设施、高等教育人力资源和各大学的研究所等。在现代国家竞争中，一个国家的生产要素优势大多需要长期技术开发和投入。而且对于国家整体竞争优势的整体贡献来说，初级生产要素的竞争优势贡献越来越低。

迈克尔·波特还根据生产要素在生产之中发挥的作用，将生产要素划分为一般性生产要素和专门性生产要素。一般性生产要素的适用范围要广于专门性生产要素，通常指现代化的国家基础设施、受过普通高等教育的员工，可以被应用在各个领域的生产事业上。专门性生产要素则被限制在针对专一领域的生产事业上，主要包括技术型人力、先进的基础设施、专业知识及其他定义更明确且针对单一产业的因素。专业性生产要素发展自一般性生产要素。但是对于整个国家来说，拥有专业性生产要素，国家的竞争优势也会更大，而且国家也能够通过整合专业性生产要素实现创新。

2. 需求条件

需求条件是迈克尔·波特的钻石体系之中的第二个基本要素。需求条件总体上可以划分为内需条件和外需条件，内需条件则更加重要一些。内需条件借助对规模经济的影响力提高了国内的生产效率。从竞争优势的观点出发，国内市场需求质量比市场需求数量更加重要，因为需求的效果才能转化成为该国企业的竞争优势。

在产业竞争问题上，需求的影响力主要通过客户需求的形态和特征来施展。企业从市场上得到关于客户的需求特征，及早安排产品的生产和创新。如果市场的需求条件比较苛刻，企业将不断改善和创新自己的产品，从而形成更加精致的竞争优势，进而成为这个国家的产业竞争优势。

市场需求条件对国家竞争优势要有贡献,还需具备以下三项特色。

第一,市场需求结构更加细化。“当一个国家的内需市场和国际市场的主要需求相同,而其他国家却没有这样的条件时,这个国家的厂商就比较容易获得竞争优势。……因为它能够调整企业的注意方向和优先发展顺序。能够代表国际需求重点的国内需求特点比国内市场的需求规模更能影响产业的国家竞争优势。”①

第二,专业而且挑剔的客户。专业而挑剔的客户能够为本国厂商追求高质量、完美的产品造型和精致服务提供压力来源。如果本土客户对产品、服务的要求或挑剔程度在国家间数一数二,连带会激发该国企业的竞争优势。

第三,客户对市场产品的较高预期。本国市场最先对某项产品或服务产生需求,会使本国企业比外国竞争对手更早行动,发展该项产业,进而在未来可能带动各地同类型的需求。

3. 相关与支持性产业

相关产业也是一个产业竞争优势的重要支持。一个产业的上、下游企业创新能够给产业的发展提供更先进的原料支持和更为苛刻的客户要求。

上、下游产业的支持和压力有扩散效应。上游产业有效率,下游产业才会有效率。在产业链条中,产业间竞争优势的带动效应表现在以下几个方面。首先,上下游产业的联动效应能够使得产业对预期快速有效率地进行反应。其次,上、下游厂商之间能够持续、协调进行合作。最后,相关产业内部存在“提升效应”。本国产业之间的互补关系通过在技术、流程、销售、市场或服务上的竞争关系,实现企业竞争力的提升。“提升效应通常与产品

① (美)迈克尔·波特著;李明轩,邱如美译.国家竞争优势[M].北京:华夏出版社,2002,第82页.

的互通技术比例的高低有关。不过，提升效应最强的时机通常是在产业生命周期的初始阶段，受益最明显的是那些行动快的企业”[①]。

4. 企业战略、结构与同业竞争

企业是发展国家战略的基本细胞。企业的目标、战略和组织结构往往会根据一国战略的差异而不同。国家竞争优势也就会因为国家竞争战略的差异而带来不同。

国家环境对企业竞争力的影响是通过民族文化以及国家所指定的战略目标来实现的。民族文化通过教育、培训、培养领导人才、创新人才，从而为企业搭建团队与组织的关系，提高员工的创新方式，为企业确定决策、处理与客户关系确定基础。民族文化还能影响到企业对国际化的态度以及对劳资关系的判断。

民族文化影响企业的方式很难找到一定的规律，可以说企业发展的各个方面都能找到企业文化的影子。简单说，比较重要的层面主要有：人民对待权威的态度、国内人际交往的方式、员工和主管之间的关系、社会对个人或组织行为的规范乃至专业标准等。

从企业的目标、战略和组织结构来说，各国不同的产业战略发展目标都会影响到企业劳资双方的工作意愿。如果一国能将发展目标和本身的竞争优势结合起来，产业成功的希望很大。

5. 机会

在产业的成功史上，“机会”这个角色一直很重要。一般来说，机会与国家环境无关，甚至不是政府所能影响的（在计划经济国家除外）。“可能形成机会、影响产业竞争的情况大致有以下几种情形：基础科技的发明创新、传统技术出现断层、生产成本突然提高、全球或区域市场需求剧增、外国政府的重大决策及战争

① （美）迈克尔·波特著；李明轩，邱如美译．国家竞争优势［M］．北京：华夏出版社，2002，第101页．

等"[①],引发机会的事件是打破原本状态扩展竞争空间的重要因素。这些事件使得能够在产业之中参与竞争的主题重新回到无序的状态,企业在无序状态中重新进行创新和开发,从而满足新需求。同一引发机会的状态对不同的国家所引发的需求不尽相同。第二次世界大战以后,同为战胜国,中国、美国、苏联各有不相同的发展路径。即使是在相似的文化环境之中,同样饱受战争创伤的英法两国,发展路径也完全不同。

6. 政府

政府是国家竞争力体系之中的一个重要因素,是所有因素的领导者。政府对于其他要素来说既可以起到正面的作用也可以起到负面的作用。良好的政策有利于企业运用好机会和生产要素,创新产品,满足国内外竞争者的需求,而坏的政策则会打消企业生产的积极性。因此,政府政策对企业来说是一个"能载舟亦能覆舟"的角色。如果政府能够抓住机会,推出适当政策刺激企业发展,就可以长期持续地提高国家的竞争力。

政府政策的影响力还需要其他因素的有效配合。"产业发展如果没有其他基本要素的配合,政府政策再帮忙,也是扶不起的阿斗。若政府政策是运用在已经具备其他基本要素的产业上面,就可以强化、加速产业的优势,并提高厂商的信心,但政府本身并不能帮助企业创造竞争优势。"[②]

(二)竞争力的启动

从一个国家的角度看,各国竞争力的体现不仅在于一国企业的单独发展,更在于一国的整体实力。因此,各国竞争力的快速发展需要一国钻石体系内各因素的紧密配合。

---

① (美)迈克尔·波特著;李明轩,邱如美译.国家竞争优势[M].北京:华夏出版社,2002,第106页.

② (美)迈克尔·波特著;李明轩,邱如美译.国家竞争优势[M].北京:华夏出版社,2002,第110页.

1. 生产要素的培养模式

当国家的生产要素与国家竞争优势关系密切时,特别容易受到其他基本要素的影响。国家较强的竞争力建立在高级的、专业性的、具有创造力和提升力的生产要素基础之上。前文已经提到这样的生产要素的获得并非一件易事,而是要通过复杂的投资过程。从各国发展的经验来看,如果各国专注于高端生产要素非均衡的投资,最终将会形成产业间的明显差距,不利于国家竞争力的长期发展。生产要素创造的情况如图 2-10 所示。

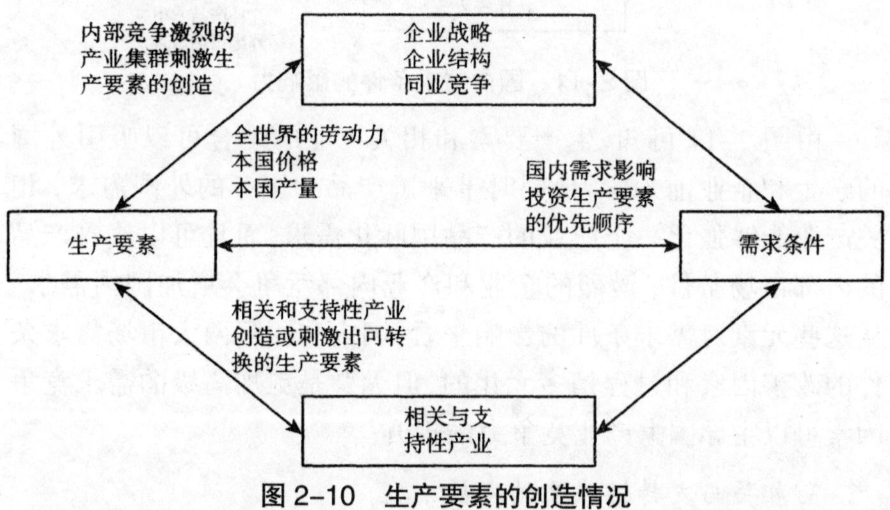

图 2-10　生产要素的创造情况

从图 2-10 可知,国内竞争对手对生产要素的创造情况影响最大。厂商在残酷的竞争中,因为害怕落后,往往会对生产要素的要求更加苛刻,会从更加专业的条件上去培植适合自己的生产要素。此外,需求条件和相关产业都对生产要素有关键性的影响。竞争和相关产业的带动并不是自觉形成的,厂商必须要认真观察,积极投资,刺激它们的形成。

2. 需求组合,千变万化

一国产业的国内市场需求条件是反映该国国内人口、气候、社会文明规范以及其他经济体性质的综合。在钻石体系内,这个要素与其他要素的关系是相互融合的,如图 2-11 所示。

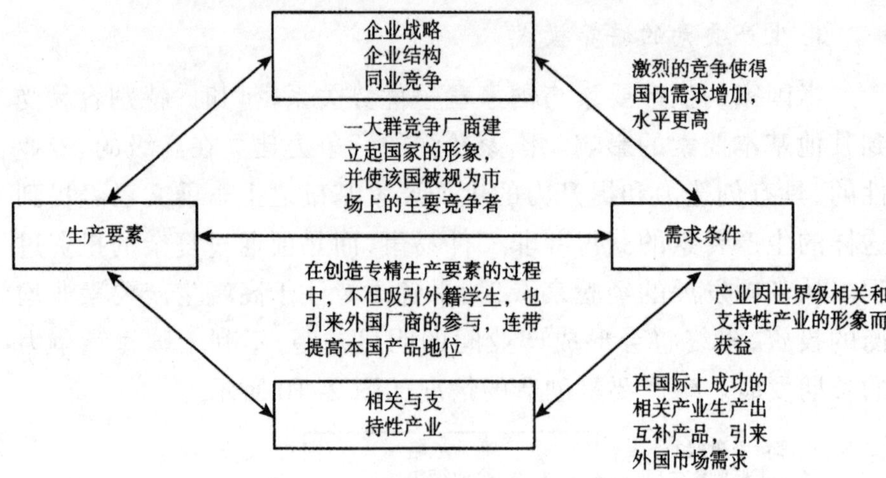

图 2-11　国内需求条件的影响力

由图 2-11 可知，生产要素和相关产业的结合可以吸引外国的学生和企业前来学习，同时带来了产品和服务的外国需求；相关产业能够强化一个产业的产品国际化需求，而且可以改善产品的内部市场条件；激烈的企业和产业内部竞争会增加国内需求。从这些元素对需求条件的影响来看，国内和国际两大市场需求条件的改善因素和过程是多元化的，但无疑是更加高级的需求竞争因素可以主导国家产业竞争力的提升。

3. 相关与支持性产业的发展

一个产业的竞争实力提升需要与之相关产业的大力支持。相关产业发展过程中对其他竞争元素的影响力如图 2-12 所示。

随着知识的传播，由生产要素创造的新技术具有扩散效果，相关的产业也能获得好处。关联产业的发展则需要国内有着严格市场需求条件，实现产业的竞争，促进创新。下游产业的客户竞争激烈，施加在供应商身上，供应商就要不断进行创新和进步，从而满足客户的需求。供应商的创新和进步还要求上游的产业提供更好的产品。

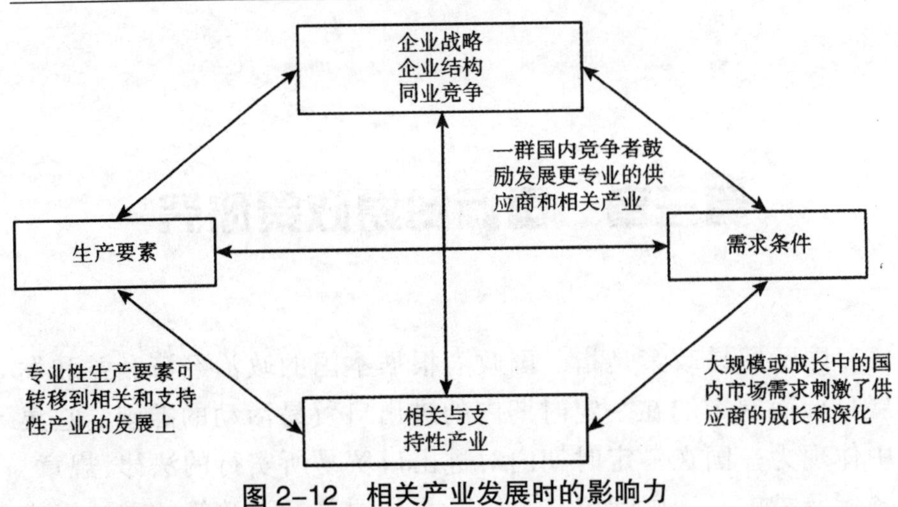

图 2-12　相关产业发展时的影响力

4. 国内同业竞争

与其他生产要素一样，国内同业竞争也受到其他要素的影响，一般来说，会影响到国内企业的数目、技术和战略，如图 2-13 所示。

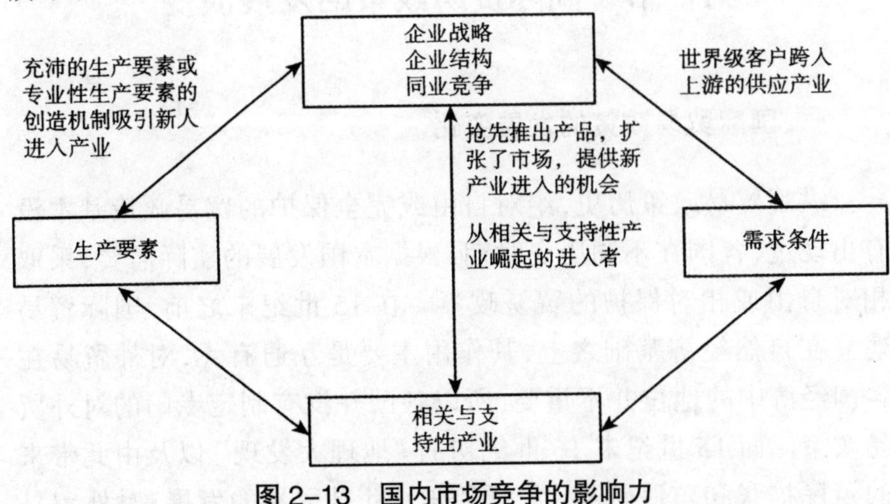

图 2-13　国内市场竞争的影响力

相关产业的发展也会刺激国内产业的竞争。相关产业的发展能够产生更加挑剔的客户，而且成功的上游供应商带来的扩散效果会成为产业新血液的主要来源。

第三章 国际贸易政策研究

国际贸易政策是指一国政府根据本国的政治经济利益和发展目标而制定的在一定时期内的进出口贸易活动的准则。它集中体现为一国在一定时期内对进出口贸易所实行的法律、规章、条例及措施等。国际贸易政策既是一国总经济政策的重要组成部分,又是一国对外政策的重要组成部分,它对一国的贸易起着保护和促进作用。

第一节 国际贸易政策的发展演变

一、国际贸易政策的发展变化

纵观贸易政策历史,绝对自由或完全保护的贸易政策基本没有出现过,各国在不同历史时期,根据本国发展的实际需要,采取相对自由或相对保护的贸易政策。在15世纪末之前,国际贸易建立在自然经济基础之上,其作用主要是互通有无,对外贸易在各国经济中的地位并不重要,所以各国并没有制定专门的对外贸易政策。而15世纪末16世纪初的“地理大发现”以及由此带来的殖民扩张和殖民贸易,大大促进了世界贸易的发展,对外贸易从单纯的互通有无变成了谋取巨额利润的商业行为。对外贸易对一国经济发展和收入分配的影响越来越大,各国逐渐开始重视对外贸易的发展,并制定相应的对外贸易政策措施。

(一)重商主义保护贸易政策

15世纪至17世纪的欧洲正处于资本原始积累时期,海外贸易的范围空前扩大,西欧对亚洲、非洲、美洲的殖民掠夺,使大量金银流入西欧,促进了商品货币经济的蓬勃发展,社会财富的重心由封建地主所有制的土地转向金银货币。与此相适应,产生了重商主义的贸易政策。

早期的重商主义被称为重金主义,即绝对禁止贵金属外流。为此,当时执行重商主义政策的国家禁止货币出口,由国家垄断全部货币贸易,外国人来本国进行贸易时,必须将其销售货物所得的全部款项,用于购买本国货物。晚期的重商主义也称贸易差额论,认为:“一动不动地放在钱柜里的资本是死的,而流通的资本却会不断增值。”所以,对货币不应过分加以限制。于是管理金银进出口的政策变为管制货物的进出口,力图通过奖出限入,保证贸易出超,达到金银流入的目的。

重商主义思想的传播使保护贸易政策在西欧得到普遍推行。对加速这一时期的资本原始积累,促进资本主义生产方式的建立起了重要作用。

(二)资本主义自由竞争时期的自由贸易政策

在资本主义自由竞争时期,资本主义生产方式占据统治地位,自由贸易政策是这一时期国际贸易政策的基调。自由贸易的政策主张是从18世纪末开始形成的,19世纪70年代达到高峰。

英国自18世纪中叶开始进入产业革命,到19世纪初,“世界工厂”的地位已经确立,其产品成本低、质量好、不怕外国产品的竞争。另外,英国的工业迫切需要国外市场,需要从国外进口大量廉价的原料和粮食。在这种状况下,英国工业资产阶级迫切要求废除保护贸易政策,实行自由竞争和自由贸易政策。

自由贸易政策主要包括以下几项内容:(1)废除了谷物法。

该法于1663年开始实施，主要是运用关税措施限制或禁止谷物的进口。国会于1846年通过废除谷物法的议案，并于1849年生效。马克思称“英国谷物法的废止是19世纪自由贸易所取得的最伟大的胜利”。[①]（2）废除了航海法。航海法是英国限制外国航运业竞争和垄断殖民地航运业的法律。从1824年开始逐步废除，到1854年，英国的沿海贸易和对殖民地贸易全部开放给其他国家。（3）取消了特权公司。（4）逐渐降低了关税税率，减少了纳税商品数目，简化税法。1825年英国开始简化税法，废止旧税率，建立新税率。（5）改变对殖民地的贸易政策。1849年航海法废除后，殖民地可以向任何国家输出商品，也可以从任何国家输入商品，英国不再干涉殖民地与他国的贸易。（6）与外国签订体现自由贸易精神的贸易条约。1860年，英国与法国签订了第一个体现自由贸易精神的贸易条约，即《科伯登—谢瓦利埃条约》。该条约规定，英国对法国的葡萄酒和烧酒的进口税予以降低，并承诺不限制煤炭的出口；法国则保证对从英国进口的制成品征收不超过30%的从价税。该条约中还列有最惠国待遇条款。19世纪60年代，英国与外国缔结了八个类似的条约。

英国实行自由贸易政策达60年之久。自由贸易政策对当时英国经济和对外贸易的发展起了巨大的促进作用，使英国经济跃居世界首位。1870年，英国的工业生产总值占世界工业生产总值的32%；煤、铁产量和棉花消费量各占世界总量的一半左右；对外贸易额占世界贸易总额的近1/4，几乎相当于法、德、美三国的总和；拥有的商船吨位居世界第一，约为荷、美、法、德、俄五国的总和。伦敦成为国际金融中心。在英国的带动下，19世纪中叶欧美的一些资本主义国家降低了关税率，开展了自由贸易运动，荷兰和比利时也相继实行自由贸易政策。

---

① 马克思恩格斯全集（第4卷）[C]. 北京：人民出版社，1958，第444页.

（三）保护幼稚工业的贸易政策

资本主义自由竞争时期，在多数国家采取自由贸易政策的同时，当时的后进国家美国和德国从本国实际出发，采取了保护贸易政策。其理论基础是保护幼稚工业理论。

1776年美国宣布独立，当时，美国是英国的原材料供应地和制成品销售市场，工业发展十分落后，工业产品与英国相比没有任何竞争力。是否发展以及如何发展本国工业成为当时美国急需解决的重要问题。1791年，美国的第一任财政部长亚历山大·汉密尔顿（Alexander Hamilton）向国会提交了一份《关于制造业的报告》，在报告中明确指出了制造业在国民经济发展中的重要地位，极力主张实行保护关税制度，扶持本国工业的发展。德国经济学家李斯特（List）受汉密尔顿思想影响，对其保护关税理论进行了发展和完善，从当时德国的落后状况出发，提出了保护幼稚工业理论。

1. 主要观点

保护幼稚工业理论认为，一国的工业处于发展起步的阶段，并有强有力的、已经发展壮大的外国竞争对手与其在国内和国际市场上进行竞争时，一国必须通过高关税的保护贸易政策对本国处于幼稚阶段的工业加以保护，使其在保护下逐渐成长，并最终取得竞争能力。

李斯特认为之所以要对幼稚工业加以保护，是因为获得财富的生产力比获得财富本身更重要。工业落后国家向外国购买廉价工业品，表面上看起来很合算，能以较少的劳动时间耗费换回更多的物质产品，但从长远发展来看，其结果是本国工业永远发展不起来，使本国处于落后和从属于他国的地位。而如果在本国工业发展初期对其加以保护，虽然会付出一定的代价，但等其成长起来后，会给本国带来更大的收益。

2. 政策主张

（1）保护对象。农业不需要保护，因为农业是落后生产力的代表。处于幼稚时期但没有强大竞争者的工业不需保护，只有刚刚开始发展而且有强有力的外国竞争者的幼稚工业才需要保护。

（2）保护手段。汉密尔顿和李斯特都主张政府实行高关税政策来保护幼稚工业。

（3）保护程度。对农产品和工业原料等的进口，给予减税或免税；对机械进口给予免税，或只课以少量的关税，以促进工业发展。对生产高价奢侈品的工业，只给予低度的保护；对建立与经营时需要大量资本、大规模机械设备、高度专业技术知识、丰富经验以及为数众多的工人，并且所生产的主要是生活必需品的重要部门，要给予较高程度的保护。

（4）保护措施应随工业竞争力的增强而逐渐减弱。保护幼稚工业理论并不否定自由贸易的作用，保护的最终目的还是要培育自由竞争的力量。所以，在本国工业取得进步后，就应逐步降低关税税率，使企业逐渐适应自由竞争的需要。

（四）超保护贸易政策

19 世纪 70 年代至第二次世界大战期间，资本主义由自由竞争向垄断过渡。在这一阶段，各资本主义国家先后完成了产业革命，工业得到迅速发展，世界市场的竞争日益激烈。1929—1933 年的世界性经济危机导致市场矛盾进一步尖锐化，社会失业现象严重。因此，各资本主义国家普遍开始实行超保护贸易政策，不仅大幅度提高了关税，而且广泛采用数量限制、外汇管制等非关税措施和出口补贴、外汇倾销等鼓励出口的政策。

与保护幼稚工业贸易政策相比，超保护贸易政策具有以下特点：（1）保护对象扩大。不仅保护幼稚工业，而且更多的是保护高度发达工业甚至夕阳工业。（2）保护目的改变。保护幼稚工业贸易政策目的是为将来的自由竞争培育力量，而超保护贸易政策是为了巩固和加强对国内外市场的垄断。(3)保护更具有进攻性。保护不仅是限制进口,更多的是对国外市场的进攻性扩张。(4)保护的阶级利益从一般的工业资产阶级转向垄断资产阶级。(5)保护的措施多样化。保护措施不仅包括高关税,还有配额、许可证、补贴等多种"奖出限入"的措施。

凯恩斯的贸易保护政策理论是萧条经济时期的贸易保护论,因而是临时性的。政策的使用有一定的局限性:(1)在国内充分就业的状态下,出口的过快增长会导致国内供给减少,引发通货膨胀。(2)当世界市场总进口价值不变时,要增加出口只能降低价格,这样会导致私人企业利润率下降而不愿扩大产量,也就不能达到提高就业率的目的。(3)各国都追求贸易顺差,可能会引发贸易战,从而不利于国际贸易的健康发展。

(五)第二次世界大战后的贸易自由化

第二次世界大战后,各国经济逐渐恢复和发展。从20世纪50年代到70年代中期,在美国的倡导下,国际贸易政策呈现自由化趋势,各国逐渐放宽了对进口的限制,出现了一波新的贸易自由化浪潮。

第二次世界大战后,贸易自由化的表现是:(1)1947年达成了以促进自由贸易为目的的国际贸易协定——《关税及贸易总协定》(简称关贸总协定)。(2)关税水平大幅度下降。关贸总协定在成立后的48年里主持了8轮多边贸易谈判,使成员方大幅度降低了关税;第二次世界大战后一些国家组成了多个经济贸易集团,集团成员之间相互削减或取消关税;发达资本主义国家通过普惠制、特惠税等方式,向发展中国家提供单方面的关税优惠。通过这些措施,战后关税水平大幅下降,发达国家的平均关税水平从战后初期的40%左右下降到5%以下,发展中国家从更高水平下降到13%左右。(3)非关税壁垒降低。发达国家在战后初期曾普遍实行严格的进口限制,以保护国内经济。以后逐步放宽,扩大进口自由程度,放宽或解除数量限制和外汇管制,恢复货币自由兑换,实行外汇自由化。

第二次世界大战后出现的贸易自由化在一定程度上与保护贸易政策相结合,是一种有选择的贸易自由化。首先,发达国家之间的自由化程度高于发达国家与发展中国家之间的贸易自由化程度。发达国家之间通过达成国际多边协定,大幅度降低了关税并放宽了数量限制,但对从发展中国家进口的产品征收较高的关税,并实施其他进口限制。其次,不同产品的贸易自由化程度不同。工业制成品的自由贸易程度高于农产品;工业制成品中,资本品的自由贸易程度高于消费品,尤其是一些"敏感性"劳动密集型产品,如纺织品、鞋、皮革制品等产品的贸易受到了发达国家的严格限制。最后,区域经济集团内部成员国之间的贸易自由化超过了与非成员国的自由贸易程度。

(六)20世纪70年代中期后的新贸易保护主义

进入20世纪70年代以后,西方国家普遍出现了经济"滞胀"的局面,在此期间,又发生了1973—1975年的世界性经济危机。在这样的背景下,第二次世界大战后贸易自由化倾向由此发生转折,出现了新贸易保护主义。这一时期的贸易保护又呈现出一些新特点:限制进口的措施从以关税壁垒为主转向以非关税壁垒为主,直接数量限制等传统非关税壁垒措施逐步被反倾销、反补贴、绿色贸易壁垒等更隐蔽的限制措施所取代;被保护的产品范围不断增加,从农产品、劳动密集型产品扩大到高科技领域产品,贸易保护所涉及的领域不断扩大;贸易政策向制度化、系统化和综合化的方向发展,强调政府管理贸易,实施战略性贸易政策。

1.战略性贸易政策

战略性贸易政策是在20世纪80年代提出的一种新贸易保护理论,它以市场的不完全竞争规模经济为基础。该理论的实质是强调政府对贸易活动的战略干预,认为一国政府在不完全竞争市场和规模经济条件下,可以通过鼓励出口或限制进口等各种措施，扶持本国战略性产业的成长，增强其在国际市场上的竞争力，逐步占领其他国家的市场份额，获得规模报酬和垄断利润。很显然，战略性贸易政策中，政府干预的目的不再是单纯实现贸易顺差，而是要使本国获得最大化的经济利益或利润。其政策主张包括如下三个方面。

（1）利用关税分享外国企业的垄断利润。由于市场的不完全竞争性，很多产品的国际市场由少数几家公司垄断。这些公司在进口国市场上拥有一定的垄断地位，产品价格定在高于其边际成本的水平上，因而会获得垄断利润，而这些利润全部来源于进口国消费者。进口国政府如对这些进口产品征收关税，则可以分享外国企业的部分垄断利润，弥补本国的损失。

（2）通过政府补贴帮助企业获得更多的市场份额。在不完全竞争和规模经济的条件下，参与竞争的实际上就是少数几家企业的博弈，在竞争对手势均力敌的情况下，政府通过发放补贴，使国内企业采取进取性市场战略，从而改变整个博弈的态势，迫使外国竞争对手做出让步，使本国企业获得更多的国际市场份额。典型的例子就是欧盟对空中客车公司发放巨额补贴，使其迅速发展壮大，并与世界飞机制造业的霸主美国波音公司相抗衡。

（3）通过实施关税或补贴等措施获得外部经济。新兴的高科技产业往往具有巨大的外部经济，其生产不仅给生产者带来利润，还可以促进社会技术进步和经济增长。而这些外部性的好处不能被本国生产企业所享有，这样单凭企业的自我决策很难使企业的生产规模达到令社会福利水平最大化的程度。这就要求政府通过实施关税、补贴等保护性政策，对外部性强的产业提供支持，使其在国内外市场得到扩张，以获得外部经济效应。

战略性贸易政策由于更接近于现实，所以为许多国家所推崇。日本早在第二次世界大战后的恢复时期就开始实施战略性贸易政策，政府通过关税、补贴等保护措施，使其钢铁、电子等原来没有优势的产业迅速得到发展。以钢铁行业为例，1963—1970年，日本的钢铁生产增长了3倍，不仅能够满足国内经济发展的需要，而且成为世界上最大的钢铁出口国。

在实施战略性贸易政策时，有几个问题需要注意：(1)信息的完全性。政府在制定有效战略性贸易政策时，是基于完全信息基础之上的，一旦信息出现偏差，就会导致战略失误，使政策的预期效果无法实现。所以，政府必须保证信息的完全性和真实性。(2)战略性贸易政策与其他保护贸易政策相比进攻性更强，也就更容易遭到其他国家的报复。如果其他国家也采取相同程度的战略性贸易政策，则会导致两败俱伤。所以，各国在采取战略性贸易政策时，需特别谨慎。(3)战略性产业的选取。战略性产业一般都是具有巨大规模经济、广泛外部经济效应或可获得出口垄断地位的产业，如果政府在选择产业时出现失误，也会影响政策效果。

2. 管理贸易政策

管理贸易政策又称为协调贸易政策，是介于自由贸易与保护贸易之间又兼有两者特点的一种新的国际贸易政策。管理贸易一方面遵循自由贸易原则，另一方面又通过国内立法和双边或多边贸易协定，对本国的进出口贸易和全球贸易关系进行干预、协调和管理。

国内立法和双边或多边协定是各国对贸易进行管理的基础。20 世纪 70 年代以来，许多国家逐渐加强了贸易立法，使贸易保护向合法化和制度化的方向发展。例如，美国从 1974 年起先后通过了《贸易改革法》《贸易协定》《贸易与关税法》等法案，在这些法案中确定了反倾销、反补贴、例外条款等非关税壁垒措施的法律地位，并授权政府对违反公平贸易的伙伴国进行谈判或实施制裁。这些法律在美国保护国内市场和开拓国际市场方面起到了极大的推动作用。除国内立法外，各国还寻求通过达成双边、多边贸易协定来稳定对外贸易环境，解决贸易争端，实现贸易的有序增长。例如，国际纺织品贸易曾一直受《多种纤维协定》的约束，该协定主要采取配额的形式对发展中国家的纺织品出口进行管理。这既保证了配额内发达国家市场的开放,同时又限制了配额外的纺织品进口,保护了发达国家的纺织业。又如WTO(世界贸易组织)通过具体原则和条款制定,将其成员方的货物贸易、服务贸易、与贸易有关的投资等问题都纳入自己的管辖范围,并设计了有效的争端解决机制,解决成员方之间的贸易纠纷。

管理贸易政策的运用在一定程度上可以缓减各国之间的贸易摩擦,避免极端形式的贸易冲突,对国际贸易的健康有序发展起到了一定的作用。目前,管理贸易盛行于西方国家,逐渐为发展中国家所采用,它在一定程度上反映了世界贸易发展的现实。

纵观整个贸易政策发展历史可以看出,既没有完全自由贸易的时代,也没有完全保护贸易的阶段,自由贸易政策与保护贸易政策始终相伴而行。自由贸易政策一直伴随国际贸易的发展,而不同的保护贸易政策则在不同的历史时期出现。保护幼稚工业政策始终是后进国家实现工业化进程中的重要选择;超保护贸易政策在发达国家经济萧条时期被不断地重复使用;而战略性贸易政策则被包括发展中国家在内的越来越多的国家所重视。从国际贸易政策发展的长期趋势看,虽然保护贸易主义时常抬头,但贸易政策一直在向着自由化的方向发展。

二、中国对外贸易政策的发展

中华人民共和国成立以来,为了促进经济复苏和发展,特别是保障工业化建设的顺利进行,根据不同时期国民经济发展的现状和要求不断调整贸易政策。

(一)国家统制下的封闭型保护贸易政策(中华人民共和国成立初期—1978年)

1948年3月,中共七届二中全会确定了“对内节制资本和对外统制贸易”的基本方针政策。1949年9月,《中国人民政治协商会议共同纲领》规定:我国实行对外贸易统制,并采用贸易保护政策。封闭型经济和统制经济是这一时期保护贸易政策的主要历史背景。

中华人民共和国成立初期,为了抵御美国等资本主义国家对我国的封锁和禁运政策,防止资本主义对我国经济的冲击,保护民族幼稚工业,以及避免国际收支逆差和对外举债,我国实行了坚定内向型的进口替代战略。即通过限制某些重要工业品的进口,来扶植和保护本国相关工业部门的发展,从而达到用国内生产的工业品替代进口产品,减少本国对国外市场的依赖,促进民族工业发展的目的。这一战略的实施,使我国建立起了完整的民族工业体系和以劳动密集型制成品为主的比较优势,但也付出了高昂的代价,如结构失衡、科技落后、低效率和沉重的财政负担。国家为了推动这种封闭型发展战略模式的实现,在外贸政策上必然实行高关税政策,并实行严格的进口数量限制、外汇管制等措施限制进口,以实施保护。

这一时期,国家实行统制贸易,外贸统一由国营专业外贸公司经营,外贸公司的经营活动受多方面的限制和约束,特别是受到行政管理机构的包揽和干预;实行高度集中的计划管理,全国外贸年度计划支配着全部的外贸活动,且计划是指令性的,不能随意变动;实行高度集中的外贸财务体制,由外贸部统一核算并由财政部统收统支、统负盈亏。与此相应,在贸易政策上也必然实行高度集中的、以行政手段为主的、强制性的政策措施。[①]

(二)国家统一领导和有限开放条件下的保护贸易政策(1978—1992年)

这一时期,从贸易政策的基本特征看,仍然是保护贸易政策。但经济开始由封闭走向开放,国家对外贸的管理方式也发生了一定的改变。

1978年12月,在改革开放政策的指引下,我国在对外贸易

① 徐黑妹.中国对外贸易政策的研究[D].厦门大学,2007.

领域进行了一系列的改革。在外贸管理方式上，国家通过制订计划、审批制度、关税和非关税措施以及鼓励出口的财政税收和信贷政策，把外贸置于国家的统一领导之下。随着经济的开放、外资的进入，国家制定了一系列吸引外资的政策与法规。1988年，沿海地区外向型经济发展战略的实施，使我国经贸发展战略模式由进口替代战略开始转向进口替代与出口替代或出口导向相结合的发展模式。

但这一时期国家对外贸的管理形式及其政策是与经济体制的状况相适应的，外贸发展原则确定为"统一计划，统一政策，联合对外"。这一时期的对外开放尚属有限开放，主要表现在以下三个方面：（1）东部沿海地区实行对外开放，而广大的中西部地区仍基本处于封闭状态。（2）整个国家经贸发展战略模式仍然是具有内向型特征的进口替代，而东部沿海地区实行的出口替代战略的基本点，仍是多创汇、节约使用外汇。因为以制成品出口替代传统初级产品出口可以多创汇，而以国产消费品替代进口消费品又可以节省外汇。（3）在国际贸易中保护主义日趋严重、市场竞争日益激烈的情况下，我国在减少了计划管理进出口商品范围的同时，重新恢复了对部分进出口商品的许可证制度和配额管理。

总体来看，这一时期我国外贸政策仍是处于国家统一领导和经营下、主要靠高关税和非关税壁垒限制进口的贸易保护政策，且政策不统一，扩大了东西部区域间的利益冲突，形成了国内非关税屏障。另外，这一时期的外资政策以税收优惠为主，易造成各地招商引资的过度竞争和对投资环境的忽视，政策的不完善也给民族工业带来一定的冲击。①

（三）国家管理下的开放型的过渡时期贸易政策（1992—2001年）

这一时期，我国以新一轮改革和开放来推动外贸体制向社会

① 徐黑妹. 中国对外贸易政策的研究[D]. 厦门大学，2007.

主义市场经济体制和国际贸易规范方向转变。1992年10月，中共十四大确立了对外开放的目标，即形成多层次、多渠道、全方位开放的格局；并且明确提出继续深化外贸体制改革，尽快建立适应社会主义市场经济发展的、符合国际贸易规范的新型外贸体制。

根据20世纪90年代我国面临的国内外环境和改革开放阶段的要求，我国在1994年5月提出了“大经贸战略”构想，即实行以进出口贸易为基础，商品、资金、技术、劳务合作交流相互渗透、协调发展，对外贸易、生产、科技、金融等部门共同参与的经贸发展战略。其基本点在于扩大全方位、多渠道和多领域的开放，加快各项业务与部门机构的融合和密切合作，尽快将对外贸易功能转变到促进产业结构调整、技术进步和提高效益方面。

20世纪90年代以来，我国为了加快外贸体制改革，解决外贸工业中出现的重量不重质、低价竞销、不计成本和不讲效益等问题，开始在对外贸易行业落实中央提出的两个根本性转变，即传统的外贸体制转变为符合社会主义市场经济体制和国际惯例的新体制，外贸增长方式从粗放型增长向集约型增长转变。从企业制度改革入手，通过建立产权明晰、自主经营、自负盈亏、科学管理的现代企业制度来促进经营方式的转变。此外，还提出“以质取胜”“科技兴贸”的战略，力争使我国由贸易大国向贸易强国迈进。

总的来看，这一时期是我国力争加入世贸组织并最终取得胜利的关键时期，贸易政策也发生了重要的变化。主要体现在以下六个方面：(1)多次大幅度自主降低关税和减少非关税壁垒，实行更加自由而开放的贸易政策；(2)建立起一整套外贸宏观调控体系，充分利用多种市场化的政策工具对外贸实施管理；(3)实行全方位协调发展的国别地区政策，和世界各国和地区发展经贸关系；(4)通过信贷重点支持和提高出口退税率等政策措施，促进机电产品和高技术产品的出口；(5)采用放宽投资领域和控股限制等措施，鼓励外商投资于农业、基础设施和中西部地区；(6)根据世贸组织基本原则调整贸易政策,使之更规范、统一和公正。可以说,我国为加入世贸组织以及为履行入世承诺所做的努力,使我国经济和贸易政策与手段加速向国际规范靠拢。

(四)WTO规则下公平与保护并存的对外贸易政策(2001年至今)

2001年12月11日,中国正式加入了世界贸易组织,成为其第143个成员。正式成为世贸组织成员后,为了适应国际形势,更好地执行世贸组织的规则要求,中国的对外贸易政策进行了一系列改革,确立了WTO规则下公平与保护并存的对外贸易政策。

WTO规则下公平与保护并存的对外贸易政策既注重公平,又注重保护,这是由于我国加入世界贸易组织后需要在享受优惠的情况下履行责任,以保证世界各国在贸易过程中的公平性;同时,由于我国国内尚存在一些幼稚产业,在国际贸易中不具备充分的市场竞争力,我国的对外贸易政策又必须对这些产业进行保护。其主要内容如下。

(1)中国对外贸易政策的目标是促进经济均衡发展。贸易政策的选择与经济结构的演进在感性层次上具有历史一致性,因此,这一时期为了适应中国经济结构的变化,对外贸易政策目标已经成为:构建有利于我国经济均衡全面发展的产业结构,实现国内产业的优化升级,促进我国对外贸易的蓬勃发展,以推动中国经济在内外适度均衡的基础之上又好又快地发展。[①]

(2)中国对外贸易政策的实施方式是实行国内产业结构优化。为了尽快达到经济均衡发展的政策目标,适应中国经济结构的调整,中国在对外贸易过程中必须加快产业结构的优化升级。

这一时期经济结构调整已经成为经济发展战略的核心内容,贸易政策的调整势在必行。随着经济全球化和贸易与投资一体

① 张松涛.主动应对——经济全球化再认识及中国“入世”[J].国际贸易,2001(2):24-27.

化的不断推进，我国实行了全面融入国际经济循环的外贸政策。这种外贸政策放宽外资进入的产业领域，大幅度地降低关税和非关税壁垒，鼓励跨国公司进入中国市场，鼓励国内外企业在国内市场和国际市场上公平竞争，借以提高产业和企业的国际竞争力。现阶段的对外开放政策的主要内容是调整贸易政策和利用外资，它所关注的焦点是国家总体竞争实力的上升与否。尽管国家竞争战略在某种程度上不属于贸易政策的范畴，但在对外经济领域中，国家竞争战略仍然在贸易与投资政策的制定和实施过程中得以集中体现。

第二节　国际贸易政策措施

尽管20世纪50—70年代关税大幅度下降，服务贸易也发展很快，但目前来看，货物贸易仍占据着重要地位。针对货物贸易的关税措施作为最简单和最古老的国际贸易措施，在今天的国际贸易中仍发挥着重要的作用。

一、关税措施

关税是指一国海关根据该国法律规定，对通过其关境的进出口货物课征的一种税收。关税在各国一般属于国家最高行政单位指定税率的高级税种，对于对外贸易发达的国家而言，关税往往是国家税收乃至国家财政的主要收入。政府对进出口商品都可征收关税，但进口关税最为重要，是主要的贸易政策措施。

（一）关税措施的特征和目的

1. 关税措施的特征

关税是一种间接税，是构成国家财政收入的一个重要部分。与其他国内税一样，关税具有强制性、无偿性和固定性等特点。

强制性是指海关凭借国家权力依法征收,纳税人必须无条件地履行纳税义务。无偿性是指征收关税后,其税款成为国家财政收入,无须给予纳税人任何补偿。固定性是指国家通过有关法律事先规定征税对象和税率,海关和纳税人均不得随便变动和减免。但关税又有别于其他国内税,主要表现在三个方面:第一,关税的税收主体即关税的纳税人是进出口商,税收的客体即课税的对象是进出口货物。第二,关税具有涉外性,是对外贸易政策的重要手段,可以起到调节一国进出口贸易的作用。第三,关税属于间接税。因为关税主要是对进出口商品征税,其税负可以由进出口商垫付,然后把它作为成本的一部分加入货价,货物出售后可收回这笔垫款。因此,关税负担最后转嫁给买方或消费者。

2. 关税措施的主要目的

一国或地区的海关对经过其关境的进出口商品征收关税,主要是为达到以下两个目的:一是增加本国的财政收入;二是保护本国的产业和国内市场。

目前,以财政为目的征收的关税对大多数国家来说作用均在下降。例如,美国政府在实施所得税之前,关税是其财政收入的主要来源。目前,在发达国家的税收总收入中,关税收入只占5%,而20世纪初,这一数字为40%。对发达国家来说,与非关税措施相比,关税用于保护本国产业和国内市场的作用也在减弱。

(二)关税措施的种类

1. 按照征税商品的流向划分

按照征税商品的流向,关税可以分为进口税、出口税和过境税。

进口税是进口国家的海关在外国商品输入时,对本国进口商所征收的正常关税。一般情况下,我们提到的关税往往是指进口关税。

出口税是对本国出口的货物在运出国境时征收的一种关税。征收出口关税会增加出口货物的成本,不利于本国货物在国际市场的竞争,所以一般来说,国家为鼓励本国商品的出口很少征收出口税,但有时出于干预市场的目的或为增加财政收入等,会选择对一些出口商品征收关税。

过境税是一国对于通过其关境的外国商品征收的关税。由于过境货物对过境国家的生产不产生影响,所以按照世界贸易组织的相关规定,目前绝大部分国家已不再征收过境税,只征收少量的行政管理费用和有关服务费用,如印花费、统计费等。

2. 按照征税的目的划分

按照征税的目的进行分类,关税可分为财政关税和保护关税。财政和保护作用以谁为主的问题,在很大程度上取决于一国经济的发展水平和发展目标。从国际上看,一些国家在加入世贸组织后都出现过关税收入降低、关税在国家财政收入中比重逐渐降低的情况。美国在履行关税减让承诺的1994年,关税收入比1993年减少了4%,在当年财政总收入中的比重也随之下降。需要强调的是,财政关税和保护关税均不是越高越好。

3. 按照差别待遇和特定情况分类

按照差别待遇和特定情况,关税措施可分为普通关税和优惠关税,而其中优惠关税又存在三种情况:最惠国税、特惠税和普惠税。

(1)普通关税。普通关税适用于原产国与进口国没有签订关税互惠贸易协定的国家或地区所进口的商品,按照普通税率征收关税。普通进口关税税率一般都比较高。

(2)优惠关税。优惠进口关税是指对原产国与进口国订有关税互惠协议的国家或者地区的进口货物,按照优惠税率征收的关税。其主要形式如下:一是最惠国税。它适用于从与进口国签订有最惠国待遇条款的贸易协定的国家或地区所进口的商品。二是特惠税。其全称为特定优惠关税,它是指某个国家或经济集团对某些国家的所有进口商品给予特别优惠的低关税或零关税待遇,其税率低于最惠国税率,但它不适用于从非优惠国家或地区进口的商品。特惠税一般在签订了友好协定、贸易协定等国际协定或条约的国家之间实施。任何第三国不得根据最惠国待遇条款要求享受这一优惠待遇。有的特惠税是互惠的,有的特惠税是非互惠的(单向的)。三是普惠税。普遍优惠制(以下简称普惠制)是联合国贸易和发展会议在1968年通过建立普惠制决议之后生效的。是指发达国家承诺对从发展中国家或地区输入的商品特别是制成品和半制成品,给予普遍的、非歧视的和非互惠的关税优惠待遇。这种关税也称普惠税。普惠制的主要原则是普遍的、非歧视的、非互惠的。所谓普遍的,是发达国家应对发展中国家或地区的制成品和半制成品给予普遍的优惠待遇。所谓非歧视的,是指发达国家应使所有发展中国家或地区都不受歧视、无例外地享受普惠制的待遇。所谓非互惠待遇是指发达国家应单方面给予发展中国家或地区关税优惠,而不要求发展中国家或地区提供反向优惠,普惠制的目的是增加发展中国家或地区的外汇收入,促进发展中国家或地区工业化,加速发展中国家或地区的经济增长。

4. 进口附加税

进口附加税是指进口商品时,进口国海关除了征收一般进口税外,根据某种目的额外加征的关税。进口附加税通常是一种特定的临时性措施。其目的主要有:应付国际收支危机,维持进出口平衡;防止外国商品低价倾销;对国外某个国家实行歧视或报复等。因此,进口附加税也称特别关税。

反倾销税是指对于实行倾销的进口货物所征收的一种进口附加税。1979年"东京回合"规定,"凡是一国产品向另一国出口时,该产品出口价格低于正常贸易中用于国内消费的类似产品可比价格,就视为倾销"。存在倾销行为,对进口国国内产业造成重大损害或威胁或严重阻碍进口国国内某一产业的兴建,即可根据倾销差额征收反倾销税。其目的是抵制商品倾销,保护本国的市场与工业,合理征收反倾销税能起到保护本国产品市场的目的,但若滥用反倾销手段,则可能成为非关税壁垒。

反补贴税也称反津贴税、抵消税或补偿税，是对于直接或间接地接受任何奖金或补贴的外国商品进口所征收的一种进口附加税。这里的补贴主要是指世界贸易组织所规定的“红灯”补贴：是指政府或任何公共机构直接向出口企业提供的以出口实绩为依据的出口补贴或奖金和对指定企业提供的用于提高出口竞争力的财政资助或其他有相似作用的补助。进口商品接受了出口国政府的直接或间接补贴，且进口商品所接受的补贴是世界贸易组织禁止的，此补贴对进口国已建成产业造成重大损害或威胁或严重阻碍进口国国内某一产业的兴建，则进口国政府可以根据“补贴数额”征收反补贴税。其目的在于增加进口商品的成本，抵消出口国对该项商品所做的补贴，削弱进口商品的竞争力。

差价税即差额税，当某种本国生产的产品的国内价格高于同类进口商品的价格时，为了保护国内生产和国内市场，按照国内价格与进口商品价格间的差额征收的关税即为差价税。对于征收差价税的商品，有的规定按价格差额征收，有的规定在征收一般关税以外另行征收。例如，欧盟对冻牛肉进口首先征收20%的一般进口税，然后根据每周进口价格与欧盟的内部价格变动情况征收变动的差价税。

（三）关税税则和关税的征收方法

1. 关税税则

关税税则又叫海关税则，是指一国对进口商品计征关税的规章和对进口的应税商品和免税商品加以系统分类的一览表。它是海关征税的依据，是一国关税政策的具体体现。

从内容上来看，海关税则一般包括两部分：一是海关征收关税的规章、条例和说明。二是关税税率表，关税税率表由税则号、商品名称、海关税率等栏目组成。

2. 关税的征收方法

征收关税最基本的方法有两种：从量关税和从价关税。在这两种税收方法的基础上,又有混合关税、选择关税和滑动关税。

(1)从量关税。它是指依照进出口货物数量的计量单位(如“吨”“箱”“百个”等)征收定量关税。

从量税额 = 商品数量 × 每单位从量税

从量关税的优点可概括为:一是操作比较简单。海关人员只需要将商品进行分类,分成按重量征税、按数量征税或是按长度征税即可。征收从量关税与商品的价格无关,不需要对进口商品的价格进行再审查。二是对于外国的出口商进行削价倾销有着较高的保护作用。

从量关税的缺点主要有:一是从量关税具有累进性。同一类商品在征收从量税的条件下,价格越低的商品,关税在价格中所占的比重越高;相反,价格越高的商品,关税在价格中所占的比重越低。二是在通货膨胀时期,从量关税将失去其保护作用。由于通货膨胀,商品的价格大幅上涨,从量关税的税率是按照商品的数量或重量等确定的,因此随着价格的上涨,关税在价格中所占的比重逐渐下降。

(2)从价关税。它是指依照进出口货物的价格作为标准征收关税。

从价税额 = 商品总价 × 从价税税率

经海关审定的作为计征关税依据的价格称为关税完税价格。在征收从价关税时,商品的关税完税价格在各国采用的标准不完全相同,大体包括三种:进口离岸价(FOB)、进口到岸价(CIF)和法定价格。

从价关税税率表现为货物价格的一定百分比。从价关税随着商品价格的变化而变化。当商品价格上涨时,从价关税随之提高。

从价征收关税的方法弥补了从量关税的缺点,又具有税率明确,便于各国比较、保护作用不受价格变动的影响等多种优点。其缺点也非常明确:一是操作困难,完税价格不易掌握。二是通关时间长,征纳双方往往因确定货物价格发生摩擦,从而延缓了通关进程。有些国家的政府有意鼓励海关工作人员高估商品的价格,这种现象引起了很多国家的不满。世界贸易组织及其前身关贸总协定专门为此进行了谈判,并通过不断修改完善,达成了现在的《海关估价协议》,来约束成员方政府。

(3)混合关税。它是指依各种需要对进出口货物进行从价、从量的混合征税。

混合税额=从价税额+从量税额

(4)选择关税。它是指对同一种货物在税则中规定有从量、从价两种关税税率,在征税时选择其中征税额较多的一种关税,也可选择税额较少的一种为计税标准计税。

(5)滑动关税。它是指根据输入国同类商品国内市场价格高低确定其关税税率的高低。国内市场价格低时,提高其进口税率,国内市场价格高时,降低其进口税率,从而使该商品的国内市场价格保持稳定,保护国内同类商品的生产,防止国内该种商品脱销、短缺或外国货物倾销。

(四)关税水平与保护程度

一般来说,用关税的保护程度来衡量一个国家对进口商品征收关税,从而给予本国经济的保护程度。其中,关税对一国整体经济的保护程度可用关税水平来衡量,关税对一个产业个别商品的保护程度可用保护率来衡量。

1.关税水平

关税水平是指一个国家进口关税的平均税率,用以衡量或比较一个国家进口关税的保护程度。在关税与贸易总协定以及世界贸易组织的关税减让谈判中,关税水平被作为削减关税的指标。

关税水平有不同的计算方法,最基本的方法主要有简单算术平均法和加权算术平均法两种。

(1)简单算术平均法。简单算术平均法是以一国税则中所有税目的税率总和,除以所有税目的总数,求出税率的平均值。

在这种计算方法中，有些税目的税率很高，是禁止关税，实际很少进口；有些在贸易中的重要税目（如汽车）和不太重要的税目（如汽车座椅、安全带）作为同样分量的两个税口计算，显然不太合理。此外，从量税率要换成从价税率才能相加，折算也有困难，因此具有一些缺点。

（2）加权算术平均法。加权算术平均法是以进口商品的价值作为权数进行平均，按一个时期内所征收的进口关税总额占所有进口商品价值总额的百分比计算。

由于统计的口径不同、进行比较的范围不同，可有下列几种计算方式：

$$关税水平 = \frac{进口关税总额}{所有进口商品总价值（包括有税商品和免税商品）} \times 100\%$$

$$关税总额 = \frac{进口关税总额}{有税进口商品总价值} \times 100\%$$

在统计分析或对等谈判时，有时只对某大类商品或某个行业商品的关税水平进行比较，则其公式为：

$$某类商品的关税水平 = \frac{国外加工增值 - 国内加工增值}{国外加工增值} \times 100\%$$

如果比较的不止是一类商品而是几大类商品的平均关税，则可先计算出每类商品的关税水平之和（简单算术平均或加权算术平均之和），然后加权平均计算。如果要求比较精确的计算，可把临时减免税税款也加在税款金额之中。目前发达国家的平均关税水平已由以前的40%降到4%左右，发展中国家的平均关税水平仍比较高，大约在10%。

2. 关税的保护程度

关税对进口国某种商品或某个产业的保护程度可用名义保护率和有效保护率来计算和描述。

（1）名义保护率。名义保护率也称名义关税率，是指一类商品在各种贸易保护措施的作用下，其国内市场价格超过国际市场价格部分与国际市场价格的百分比。它是衡量一国对某类商品保护程度的一种方法。在其他条件相同和不变的情况下，关税率越高，对本国同类产品的名义保护程度越高。

（2）有效保护率。有效保护率是指关税对国内被保护行业每单位产出的附加价值提高的百分率，也就是由于整个关税制度而引起的国内增值部分与自由贸易条件下增值部分相比的百分比。

有效保护率不但关注关税对产品价格的影响，也关注投入品（原材料或中间产品）由于征收关税而增加的价格。因此，有效保护率计算的是某项加工工业中受全部关税制度影响而产生的增值比，是对一种产品的国内外增值差额与其国外增值的百分比，即

$$有效保护率=\frac{国外加工增值-国内加工增值}{国外加工增值}\times 100\%$$

进口国政府通过把进口产品的关税收入作为产品附加价值让渡给本国生产企业，来提高关税的有效保护率，而这一保护程度的大小，与制成品的名义关税率有关，更与中间产品及原材料的名义关税率直接相关。维持关税的有效保护率在一个较高的水平，进口国政府必须保证对制成品征收一定的关税的同时，尽可能降低或免除中间产品或原材料的关税，这种现象就是关税升级。发达国家就是凭借着自身强大的工业制造能力，不断降低产品的名义关税率，但是由于对原材料或中间产品的零关税，发达国家仍然维持了较高的保护水平，而发展中国家普遍不具备这种实力。

二、非关税措施

（一）非关税措施的特点

非关税措施是指除关税以外的一切限制进口的措施。与关税措施比较，非关税措施有如下特点：（1）名目繁多，既有直接的限制措施，也有间接的限制措施。直接的限制措施有进口配额制、进口许可证制和“自愿”出口配额制，即直接对进口的数量和金额进行限制。间接的限制措施有进口押金制、最低限价制、繁

杂苛刻的技术标准等，即通过各种规则和条例对进口商品进行限制。（2）比关税具有更大的灵活性，因而更具有针对性。税则的调整一般须经立法程序，而非关税措施通常采用行政程序。两者相比，后者的制定和实施更简单、快捷。（3）更易达到直接限制的目的。例如，超过配额禁止进口或征收极高的关税。这样就直接达到了限制的目的。（4）更具隐蔽性和歧视性。关税措施往往以法律的形式公开，且明确、具体。而非关税措施则往往不公开，或规定的标准和手续繁杂，不易被很快了解。

（二）非关税措施的类型

为了更深刻地认识非关税措施的特征以及积极应对其不利影响，我们有必要对繁多芜杂的措施进行区别和归类，站在不同的角度，非关税措施大致可以归纳为如下几种类型。

1. 直接影响性、间接影响性以及溢出或旁及影响性非关税措施

从影响方式及程度角度，可分为直接影响性、间接影响性以及溢出或旁及影响性非关税措施。此种分法是联合国贸发会议在20世纪80年代所提出的。

（1）直接性的非关税措施，指明显用于限制和影响贸易的措施，是出于保护国内产业、加强国内产业在国外市场的竞争力的考虑，而采取的对外国进口方面限制和对本国出口进行限制或激励的措施，如数量限制、配额、自愿出口限制、有秩序的市场安排、出口和出口信用补贴、政府采购、进口许可证等；这类措施对贸易的限制很明显，比较直截了当。

（2）间接性的非关税措施，指那些表面上是为了达到其他政策目标而又实际对进出口贸易的模式、货物或服务的流动产生影响的措施，如对部分地区和企业的补贴、安全健康和环境法规、海关估价、原产地标记等。

（3）溢出性的非关税措施，指进口国的政策一般来说并不是针对对外贸易，然而由于溢出效应对货物或服务的进口贸易产生

了副作用，如税收、专利制度等。

2. 内生性非关税壁垒与外生性非关税壁垒

从制定主体角度，可分为内生性非关税壁垒与外生性非关税壁垒。其区别在于是本国自主决定还是由于外界压力或通过谈判达成协议决定。如1981年美国单方面规定从中国进口的羊毛衫配额为18.73万打，即为自主配额，属于内生性措施。目前，大多数“自限协定”或“有秩序销售协定”均是通过谈判达成的，就属于外生性的措施。

3. 制度性非关税措施与技巧性非关税措施

从实施手段的特性角度，可分为制度性非关税措施与技巧性非关税措施。前者如利用进口配额、许可证、反补贴、反倾销、海关估价、原产地规则、政府采购等制度形成制度性壁垒，后者如利用技术标准、质量标准、环境标准、劳工标准、商品检验、包装、标签等形成技巧性壁垒。技巧性壁垒的隐蔽性极高，看上去似乎并不违背国际贸易的公共规则，但内容却变幻莫测，行之有效，使人防不胜防。它不仅直接阻碍了来自别国商品的进口，出口国为适应其看似合理的要求，还要对生产要求、技术标准、产品规格等做出一系列的调整，增加了不合理的成本和费用负担。非关税措施分类见表3–1。

表3–1　非关税措施分类表[①]

作用机制	直接影响	间接影响	溢出或旁及影响
控制数量	配额、许可证 自愿出口限制 进出口禁令 当地含量要求 混合规定禁止性政府采购政策 直接影响贸易的投资措施	通信工具限制 广告数量和市场限制 间接影响贸易的投资措施	产业和地区发展政策 特定的国际收支政策 税收制度的差异

① 赵春明等．非关税壁垒的应对及运用[M]．北京：人民出版社，2001，第271页；刘力等．国际贸易学——新体系与新思维[M]．北京：中共中央党校出版社，1999，第143页；李金亮．狭义国际经济学[M]．上海：暨南大学出版社，1992，第196-197页．

续表

作用机制	直接影响	间接影响	溢出或旁及影响
影响成本	进口押金制 国内费用的差别待遇	海关估价 外汇管制 包装、标签规定 质量、卫生、环境标准 安全、劳工标准 报关程序 披露规定和行政指导 专业服务中的许可证、文凭销售证规定	国家社会保障制度 折旧期限的差异 国家订货的规模效应 国际运输协定

WTO 内部使用的非关税措施分类最新列表如表 3-2 所示。

表 3-2　WTO 内部使用的非关税措施分类列表

	描述
第一部分	政府对贸易活动的参与及政府所允许的限制性活动：政府资助，反补贴税，政府采购，国营贸易，政府垄断行为，等等
第二部分	海关及其他行政准入程序：反倾销税，海关估价，领事手续及文件，原产地规则，通关手续，进口许可，装运前检验，等等
第三部分	技术性贸易壁垒：一般性的技术壁垒，技术法规与标准，检验及颁发证明的规定，等等
第四部分	卫生及植物检疫措施：一般性的检疫措施，化学品残留限制、特定产品对待，检验、认证及其他合格性评估活动，等等
第五部分	特殊限制：数量限制，禁运及其他产生类似影响的限制，外汇控制，不平等的原料采购，出口限制，国内价格管制措施，关税配额，出口关税，有关标识、商标及包装方面的要求，等等
第六部分	进口收费：进口保证金，额外收费、港口税、统计税等，歧视性使用税等，歧视性信贷限制，边境税调整，等等
第七部分	其他知识产权问题：安全措施、紧急事件措施，销售限制，市场内的商业活动或限制，等等

（资料来源：WTO NegotiatingGrouponMarketAccess，November2003）

第三节　国际贸易政策的经济效应研究

一、关税的经济效应

关税的征收，首先会造成价格的变动，即引起进口商品的国际市场价格和国内市场价格的变动，然后通过价格的变动影响到出口国和进口国在生产、贸易和消费方面的调整，产生了其他的经济效应。

（一）关税经济效应的局部均衡分析

关税经济效应的局部均衡分析是指在其他条件不变时，只对某一种产品在两个国家之间贸易的情况进行分析。对关税经济效应的局部均衡分析主要包括价格效应、消费效应、生产效应、贸易效应、政府收入效应、再分配效应等内容。

（1）价格效应。关税的价格效应由于被保护商品的市场情况以及国内外供给和需求弹性不同，会产生三类价格效应。

第一类价格效应是国内价格上升幅度低于关税水平。一个贸易大国对某种产品的进口课征关税，并且该产品的出口供给和进口需求的价格弹性在零与无穷大之间时，常常会出现这种情况。

以美国与巴西的咖啡贸易为例，美国是巴西咖啡的主要进口国，即进口贸易大国。若美国对从巴西进口的咖啡征收进口关税，则美国国内的市场上咖啡的价格必然上升。由于价格上升，美国人可能会减少咖啡的消费量或改用其他饮料作为替代消费品，从而会最终减少美国对巴西咖啡的进口量。因为美国是主要进口国，其进口占国际市场上该商品的足够大的部分，它会影响世界市场价格，即造成国际市场上咖啡价格的下降。美国国内咖啡价格的上涨幅度小于进口关税幅度，其差额是由于国际市场上咖啡价格下跌所造成的，实际上，巴西负担了美国对商品征收的部分关税。

第二类价格效应是国内价格的上涨幅度等于关税幅度。当一个贸易小国的需求规模不足以影响该进口产品的世界市场价格,即出口供给有完全的弹性且进口需求有不完全的弹性时,贸易小国对进口商品征收关税,则该进口商品的国内价格上升幅度等于关税幅度。

第三类价格效应是国内价格没有变化。当征收关税的国家是某种商品的唯一垄断买主,且该商品的出口供给曲线完全缺乏弹性时,进口国对进口商品征收关税后,国内价格不会发生变化。由于外国供应者面对的只是一个买主,他们为了保证销售额就必须降低价格,使价格的降低幅度等于进口关税,国内消费者消费征收关税后的商品的价格仍保持在原来水平。但是,完全无弹性的出口供应曲线是一个极端的例子,现实生活中很少存在。

(2)消费效应。一般来讲,由于征收关税引起进口商品价格上涨,使消费者产生了直接损失。如果该进口商品国内的进口需求弹性比较小,价格的上升不能通过减少需求而调整,消费者无论消费多少都要支付较高的价格;如果该进口商品的进口需求弹性比较大,国内的消费者将减少需求量,从而降低了物质福利水平。

(3)生产效应。由于关税是对从国外进口到本国的外来产品征收的,关税给国内生产者带来了收益。外国商品之所以能够进入一个国家,最根本的原因是在同质的条件下该商品的国际市场价格水平比国内市场低,具有价格竞争力。和自由贸易相比,征收关税使国内市场与国际市场相对隔离,维持了国内市场该商品的较高价格,使国内生产者可以扩大生产、增加销量和提高价格而获益。

(4)贸易效应。关税的贸易效应是指一国征收关税会使该商品的进口量减少。进口量减少的原因是征收关税以后,国内价格上涨而导致消费量减少。在较高的价格条件下,国内生产增加也替代了部分商品的进口。现在绝大部分国家征收关税的主要目的就是保护本国的生产者,发展本国该产品的替代生产品,减少对该产品进口。进口量的减少还会减少贸易收支的逆差,进而消除国际收支的逆差。

(5)政府收入效应。关税是一个国家财政收入的一部分,甚至对于某些国家来说是其财政收入的绝大部分,如前所述的财政关税。即使政府仅出于保护本国工业的目的,对进口品征收关税同样可增加政府的财政收入。

(6)再分配效应。结合前几条不难理解,进口国征收关税之后,通常发生消费者的收入转移给生产者和政府的再分配现象。

(二)关税经济效应的一般均衡分析

通过局部均衡分析可以看到,一国征收关税对该征税商品的价格、生产、贸易、利益分配和消费等经济行为产生了影响;然而,一种商品价格的变动会相对地影响到其他商品的价格,进而影响到其他商品的生产、贸易、利益分配和消费,因此,有必要采用一般均衡分析进一步探究关税的经济效应。由于一国在某种商品贸易中的不同地位,会对该商品的国际市场价格产生不同的影响,因此将一般均衡分析分为小国关税的一般均衡分析和大国关税的一般均衡分析。

(1)小国关税的一般均衡分析。小国征收关税减少的进口商品需求,不能影响世界市场价格,只能影响国内价格上涨,结果造成某些产品的生产成本提高,出口竞争能力降低,出口减少,消费者和出口商都受到损失,本国整体福利水平下降。征收关税的损失最终是由征收关税的小国自己全部承担。由一般均衡分析可知,贸易小国征收进口关税对其福利水平的影响是负面的。

(2)大国关税的一般均衡分析。大国对进口商品征收关税以后,同样会导致该进口商品的国内市场价格上升,使进口替代商品国内相对价格上升,导致国内的出口商品生产和进口替代商品生产的资源转换,从而产生资源利用的效率损失,会降低该国的福利水平。这类似于小国征收关税的分析。与小国征收关税效果不同的是，该大国进口品国内生产的扩张和由于进口品国内价格的上升、消费减少双重原因导致的进口量减少会影响世界市场价格，造成该进口品世界市场价格下跌，同时出口供给的减少造成出口商品的世界市场价格上升。这两种趋势的变化使大国的国际贸易条件改善，从而导致该国福利水平的提高。

由此可见，大国征收关税的一般均衡分析要比小国复杂，这是因为大国征收关税存在贸易条件效应，而小国不存在。一方面，大国关税的保护会降低大国的社会福利水平；另一方面，其贸易条件的改善又会增进大国的社会福利水平。这两种反向的关税经济效应使大国最终整体福利水平的变化方向是不确定的：当关税的保护成本大于贸易条件效应时，大国征收关税会造成社会福利损失；当关税的贸易条件的正效应大于贸易保护的负效应时，征收关税反而会使大国的社会福利水平得以提高，而相应的损失则由外国出口商承担了。

（三）关税对世界贸易的影响

关税作为外贸政策的一项重要措施对世界贸易的影响是多方面的：各国关税水平的高低影响世界贸易的兴衰，影响世界贸易的商品结构和地理分布。

一般来说，在其他条件不变的情况下，世界市场上主要国家的关税税率的增减程度与世界贸易发展的速度呈反比关系。当世界各国普遍提高关税，加强关税壁垒时，世界贸易的发展速度将趋向下降；反之，当各国普遍地大幅度降低关税时，世界贸易的发展速度则趋向加快。

关税还在一定程度上影响着世界贸易的商品结构和地理分布。例如，在战后世界贸易自由化过程中，发达资本主义国家对工业制成品进口关税的下降幅度超过对农产品关税的下降幅度，发达资本主义国家之间的关税下降幅度超过它们对发展中国家和社会主义国家的下降幅度，经济集团内部关税下降幅度超过其对集团外的下降幅度。这些特点，使国际贸易中工业制成品贸易的增长超过农产品贸易,使发达资本主义国家之间的贸易增长超过它们与发展中国家和社会主义国家之间的贸易,也使某些集团内部贸易的增长超过其对集团外的贸易增长。

二、非关税壁垒的经济效应

(一)对国际贸易发展的影响

非关税壁垒与关税一样,一方面,可以为一国的新兴工业或幼稚工业提供有积极意义的保护,并且可以有效地用于抵制外国产品的不公平竞争;但另一方面,它也使世界市场发生扭曲,对国际贸易发展起着重大的阻碍作用。

在其他条件不变的情况下,世界性的非关税壁垒加强的程度与国际贸易增长的速度呈反比关系。当非关税壁垒趋向加强,国际贸易的增长将趋向下降;反之,当非关税壁垒趋向缓和或逐渐拆除时,国际贸易的增长速度将趋于加快。第二次世界大战后的20世纪50年代到60年代初,在关税大幅度下降的同时,发达资本主义国家还大幅度地放宽和取消了进口数量限制等非关税措施,在一定程度上促进了国际贸易的发展。但从70年代中期以后,非关税壁垒进一步加强,形形色色的非关税壁垒措施层出不穷,形成了一个以直接进口数量限制为主干的非关税壁垒网,严重地阻碍着国际贸易的发展。90年代以来,在关税进一步降低、传统的非关税措施大量削减的情况下,技术性贸易壁垒、绿色贸易壁垒措施等正在成为替代关税和其他非关税措施的新的贸易壁垒,其限制国际贸易发展的作用进一步加强。

(二)对商品结构和地理方向的影响

非关税壁垒还在一定程度上影响国际贸易商品结构和地理方向的变化。第二次世界大战后,特别是20世纪70年代中期以来,农产品贸易受到非关税壁垒影响的程度超过工业制成品,劳动密集型产品贸易受到非关税壁垒影响的程度超过技术密集型产品；同时，发展中国家或地区对外贸易受到发达资本主义国家非关税壁垒影响的程度超过发达资本主义国家本身。这种情况在一定程度上影响着国际贸易商品结构与地理方向的变化，阻碍和损害着发展中国家对外贸易的发展。与此同时，发达资本主义国家之间以及不同的经济集团之间相互限制彼此的某些商品进口，加强非关税壁垒，也加剧了它们之间的贸易摩擦和冲突。

第四章　区域经济一体化

区域经济一体化是经济全球化快速发展的必由之路,也是世界多极化曲折发展的新趋势。而今,区域经济一体化越来越受到各个国家的重视,其带来的合作之深入,内容之广泛,形式之多样,机制之灵活,都达到了空前的高度,极大地推动了一体化国家之间经济、政治、文化的快速发展,也极大地促进了国家之间多方面、深层次、宽领域的合作与交流。区域经济一体化在国际贸易中的作用变得越来越重要。

第一节　区域经济一体化的含义和主要类型

一、区域经济一体化的含义

本书将区域经济一体化进行了简单的归纳和陈述,认为区域经济一体化是地理上距离比较近的数个国家为了消除经济发展的国界障碍,实现经济共同繁荣,通过签订协议或条约,组成区域经济性组织或者实行某种形式的联合的一体化发展政策。

在区域经济一体化的初始发展阶段,区内的各成员只会对经济一体化内的其他国家实行减少或取消歧视性贸易壁垒的政策。在区域经济一体化的后续发展阶段,随着一体化程度的不断提高,区域经济一体化的成员会根据需要成立一个共同的机构,其通过制定区域内各个国家统一实行的政策,进一步消除经济一体化成员之间的经济贸易发展障碍,进而进一步实现区域内成员共同发展、共同繁荣。

二、区域经济一体化的类型

站在不同的角度可以将区域经济一体化划分为不同的类型，目前对区域经济一体化划分比较常用的方法有如下三种。

（一）按一体化的进程分类

经济一体化的进程是一个逐渐发展和完善的过程，并不是一蹴而就的，巴拉萨经过总结之后将经济一体化的进程分为四个阶段，后一个阶段都是建立在前一阶段的基础之上的，其中，第一阶段，贸易一体化，即取消对商品流动的限制；第二阶段，要素一体化，即实行生产要素的自由流动；第三阶段，政策一体化，即在经济一体化成员内达到国家经济政策的协调一致；第四阶段，完全一体化，即所有政策的全面统一。在考虑这四个阶段的基础上，结合市场融合程度，可以将经济一体化组织划分为以下六类。

1. 优惠贸易安排

在经济一体化进程过程中，首先是优惠贸易安排（Preferential Trade Arrangements，PTA），其程度最低并且结构最为松散，具体是指区内成员方之间达成对全部或部分货物相互给予部分或完全免税的关税优惠协议。但是现实情况是，优惠贸易安排成员之间只是提供低于对其他非成员的关税税率的关税减让优惠，一般不是完全减让。在这种形式中，各成员之间的贸易政策并不一致，存在明显的区别，即使是成员之间的关税政策也会存在着明显的区别。

2. 自由贸易区

较优惠贸易安排高一级的是自由贸易区（Free Trade Area，FTA）。自由贸易区通常指数个国家或地区为了实现商品的自由流通，通过签订自由贸易协定，并根据协定的要求取消成员之间的关税和非关税壁垒的经济一体化政策。这一阶段同优惠贸易安排一样，协议的内容只是针对成员方之间有效，对于非成员方仍然存在着贸易关税和非关税壁垒。自由贸易区较优惠贸易安排发展之处是成员方之间的商品能够自由流动，但对待第三方或非成员方没有共同行动，没有统一的排他性措施，允许成员方自主制定和实施本国或本地区对第三方的关税和非关税措施。自由贸易区的问题是会导致商品流向的扭曲和避税。如果没有其他措施作为补充，第三方可能将货物先运进一体化组织中实行较低关税或贸易壁垒的成员方，然后再转口将货物运到其他成员方。因此自由贸易区需要制定详细的“原产地规则”以应对这种情形。

3. 关税同盟

关税同盟（Customs Union，CU）是指两个或两个以上国家或地区缔结协定，建立统一的关境，在统一关境内缔约方相互间取消关税，实现商品的自由流动，对从关境以外的国家或地区的商品进口则实行共同的关税税率和外贸政策。与自贸区相同的是，关税同盟内部成员方相互之间取消了贸易壁垒，实行自由贸易，但与自贸区不同的是，关税同盟对外还建立了共同对外关税，因此关税同盟其实就是拥有共同对外关税的自由贸易区。这意味着：首先，关税同盟不需要原产地规则来做补充，因此它比自由贸易区具有更强的排他性；其次，关税同盟成员方的主权让渡较自由贸易区更多，一旦加入关税同盟，成员方就失去了自主关税的权利。

4. 共同市场

共同市场（Common Market，CM）又称单一市场（Single Market），是指两个或两个以上的国家或地区之间通过达成某种协议，除实行关税同盟制度（实现成员方之间商品的完全自由流动和建立共同关税）外，还在区内实现了劳务、资本、劳动力等生产要素的自由流动的经济一体化组织。共同市场的特征是，在成员方之间实现了四大要素的自由流动：商品和劳务的自由流动意味着商品贸易和服务贸易完全自由；资本的自由流动意味着各成员方政府不再干预它们之间直接或间接的资本流动；人员的自由流动意味着成员方居民可以在共同市场内任何地方居住，寻找工作机会。

5. 经济联盟

经济联盟(Economic Union, EU)是指不但成员方之间废除贸易壁垒,统一对外贸易政策,允许生产要素的自由流动,而且在协调的基础上,各成员方采取统一的宏观经济政策。经济同盟的特点是:(1)成员方之间在形成共同市场的基础上,进一步协调它们之间的财政政策、货币政策和汇率政策;(2)当汇率政策的协调达到这样的程度,建立成员方共同使用的货币,或统一货币时,这种经济联盟又称为经济货币联盟;(3)各成员方不仅让渡了建立共同市场所需让渡的权利,更重要的是成员方让渡了使用宏观经济政策干预本国经济运行的权利。特别的是,其成员方不仅让渡了干预内部经济的财政和货币政策,即保持内部平衡的权利;也让渡了干预外部经济的汇率政策,即维持外部平衡的权利。

在理论上看,应在多大的经济政策范围内实现统一才能称得上经济联盟,尚没有明确界定。但是,货币政策的统一作为一个重要标志是具有共识的,即成员方之间有统一的中央银行、单一的货币和共同的外汇储备。到目前为止,世界上也只有欧洲联盟达到这一阶段。

6. 完全经济一体化

完全经济一体化(Complete Economic Integration)是指两个或两个以上的国家或地区通过达成某种协议,区域内各方在经济、金融、财政等政策方面均完全统一,在成员方之间完全取消商品、资本、劳动力、服务等自由流动的人为障碍,并且进一步实现经济制度、政治制度和法律制度等方面的协调乃至统一的经济一体化形式。完全经济一体化的特点是,就其过程而言是逐步实现经济及其他方面制度的一体化；从结果上看，它是类似于一个国家的区域经济一体化组织，已经从经济联盟扩展到政治联盟。完全经济一体化是经济一体化的最高形式和最高阶段，目前世界上尚无此类经济一体化组织，现今只有欧盟正在努力向这一阶段过渡。区域经济一体化的分类与特征如表 4–1 所示。

表 4–1 区域经济一体化的主要类型及其特征

	相互间关税减让	商品自由流动	统一的对外关税	生产要素自由流动	经济政策协调	经济政策完全统一
优惠贸易安排	√					
自由贸易区	√	√				
关税同盟	√	√	√			
共同市场	√	√	√	√		
经济联盟	√	√	√	√	√	
完全经济一体化	√	√	√	√	√	√

（二）按一体化的范围分类

1. 部门经济一体化

部门经济一体化（Sectional Economic Integration）是指区域内各成员方的一个部门或几个部门（或商品）因达成共同的经济联合协定而产生的区域经济一体化组织。例如，1952 年建立的欧洲煤钢共同体和 1958 年建立的欧洲原子能共同体就属于这种类型。

2. 全盘经济一体化

全盘经济一体化（Overall Economic Integration）是指将区域内各成员方的所有经济部门加以一体化的形态。很多经济一体化组织都属于这种类型，例如过去的欧洲经济共同体和现在的欧盟就属于这种类型。

（三）按参加国的经济发展水平分类

1. 水平经济一体化

水平经济一体化（Horizontal Economic Integration）又称横向经济一体化，它是由经济发展阶段相同或接近的国家所形成的经济一体化形式。目前世界上多数现有的区域经济一体化组织都属于此类，如欧盟、中美洲共同市场、东南亚国家联盟等。

2. 垂直经济一体化

垂直经济一体化（Vertical Economic Integration）又称纵向经济一体化，是指由经济发展阶段不同的国家所形成的区域经济一体化形式。如1994年1月1日建立的北美自由贸易区，它由美国、加拿大两个属于七国集团的发达国家和墨西哥这个典型的发展中国家组成，三国之间在政治、经济、文化等方面差距很大。另外，如亚太经合组织，它由澳大利亚、加拿大、日本、美国等发达国家与中国、墨西哥、菲律宾、泰国、越南等发展中国家构成，也属于典型的垂直一体化形式。

第二节　区域经济一体化的理论

一、关税同盟理论

美国经济学家维纳与K.G.李普西先后研究并完善了关税同盟理论。他们认为，关税同盟应具备三个条件：其一，完全取消各参加国之间的关税；其二，对来自非成员国或地区的进口设置统一的进口关税；其三，通过协商方式在成员国之间分配关税收入。这使得关税同盟自始至终存在着两种矛盾的功能：对内实行贸易自由化；对外则实行差别待遇。这样使得关税同盟具有以下静态和动态效果。

(一)关税同盟的静态效果

1. 贸易创造效果

贸易创造效果包括生产利得和消费利得。关税同盟建立以后,在比较优势基础上使生产更加专业化。这样,关税同盟某个成员国的一些国内生产品将被其他生产成本更低的产品所取代。

假定有 A、B、C 三国,*X* 商品的价格在商定的固定汇率下,分别为 A 国 35 美元,B 国 26 美元,C 国 20 美元。缔结关税同盟之前,A 国对 *X* 商品进行保护的前提下自行生产。假设 A 国 *X* 商品的进口关税税率为 100%,则 A 国不会进口 *X* 商品,而是自行生产。如果 A、B 两国结成关税同盟,则 A、B 两国间取消关税,对 C 国实行统一关税,假设税率仍为 100%。那么 A 国从 B 国进口 *X* 商品只需 26 美元,而自己生产则需要 35 美元,很明显 A 国将停止自行生产,转而向 B 国进口,而 C 国的商品仍被排斥在外。缔结关税同盟后,产生由 B 国向 A 国的贸易,创造了新的国际分工,这就是贸易创造效果。A 国原本生产商品的生产资源将会转而生产其他成本降低的产品,促进了资源的优化配置。同时扩大了 A、B 两国间的贸易,而且由于 *X* 商品的价格降低,从而可以提高消费者的实际收入水平,增加消费量,因而将提高福利水平,如图 4-1 所示。

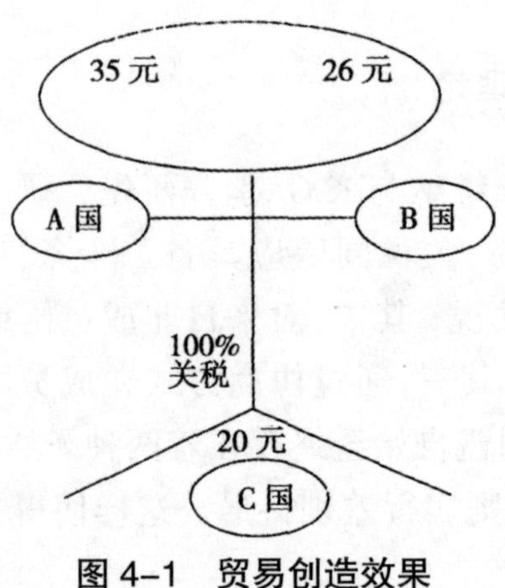

图 4-1　贸易创造效果

2. 贸易转移效果

在关税同盟成立以前，关税同盟国从世界上生产效率最高、成本最低的国家进口产品；关税同盟成立以后，关税同盟国该项产品转由向同盟内生产效率最高的国家进口。但如果同盟内生产效率最高的国家不是世界上生产效率最高的国家，则进口成本比过去增加，消费开支扩大，使同盟国社会福利水平下降，这就是贸易转移的效果。

仍采用上例，假设缔结关税同盟前A国对X商品征收50%的关税，则从C国进口的X商品是最便宜的（30美元），所以A国将从C国进口X商品，如果A、B缔结关税同盟后，对外统一关税仍为50%，那么A国从B国进口商品X是最便宜的（26美元），所以A国转而从B国进口X商品，这就发生了贸易转移，如图4-2所示。

发生贸易转移效果后，A国进口的X商品从30美元下降到26美元，会给消费者带来一定的福利增加。但这种转移是从生产效率高的C国转移到生产效率低的B国，因而降低了资源的配置效率，引起包括A国在内的全世界的福利水平下降。

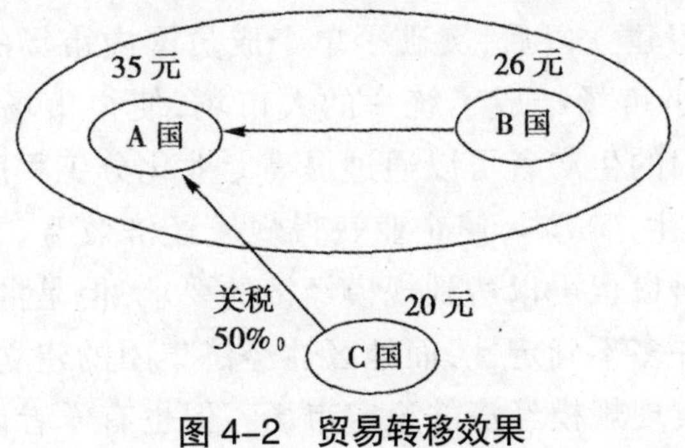

图4-2 贸易转移效果

3. 贸易扩大效果

贸易扩大效果是从需求方面形成的概念，而贸易创造效果和贸易转移效果是从生产方面形成的概念。整体而言，关税同盟无论是贸易创造效果还是贸易转移效果，都能产生贸易扩大的效果。在这个意义上,关税同盟可以促进贸易的扩大,增加经济福利。

4. 可以减少走私和行政支出

走私能够带来巨额利润,在建立关税同盟后,同盟内商品实现了自由流动,这就在同盟内消除了走私;同时,同盟内部的商品价格会有所下降,走私的利润将会减少,这又会减少同盟外部的走私活动。与此同时,成员国的海关监管成本也会大幅下降,行政支出缩减。

5. 可以增强集体谈判力量

关税同盟建立后,同盟内整体的经济实力大大增强,统一对外,进行关税减让谈判时,有利于同盟成员国地位的提升和贸易条件的改善。

(二)关税同盟的动态效果

关税同盟的建立,必然会对成员国的经济结构产生较大的影响,这种影响对成员国的经济与社会发展都有着重要的作用。

1. 规模经济效应

关税同盟建立以后,突破了单个成员国内市场的限制,原来分散的国内小市场结成了统一的大市场,使得市场容量迅速扩大。各成员国的生产者可以通过提高专业化分工程度,组织大规模生产,降低生产成本,使企业获得规模经济效益。尽管向世界其他国家的出口也可以达到规模经济的要求,但是世界市场存在激烈竞争和许多不确定性,而地区性经济集团的建立则可以使企业获得既已实现规模经济的稳定市场。但也有学者认为,如果成员国的企业规模已达到最优,则建立区域性经济集团后再扩大规模反而会使平均成本上升。

2. 竞争效应

关税同盟的建立促进成员国之间的相互了解,但也使成员国之间的竞争更加激烈。参加关税同盟后,由于各国的市场相互开放,各国企业面临着来自其他成员国同类企业的竞争,在这种竞争中,必然有一些企业会被淘汰,从而形成关税同盟内部的垄断企业,这有助于抵御外部企业的竞争,甚至有助于关税同盟的企业在第三国市场上与别国的企业开展竞争。

3. 技术创新效应

当一些国家组成关税同盟后,在同盟内部,各成员国的厂商失去了贸易壁垒的保护,都要在统一了的同盟市场销售其产品,因此竞争的压力会迫使厂商们加大对研发的投入、加快技术革新的步伐。

4. 投资效应

关税同盟的建立会促使投资的增加。一方面,随着市场容量的扩大将促使同盟内企业为了生存和发展而不断地增加投资;另一方面,同盟外的企业为了绕开关税同盟贸易壁垒的限制,纷纷到同盟内部设立“关税工厂”(Tariff Factory),这样,就客观上增加了来自关税同盟以外的投资。

二、大市场理论

大市场理论的代表人物是西托夫斯基和德纽。他们认为,在实行经济一体化之前,各国之间推行狭隘的只顾本国利益的贸易保护政策,把市场分割得狭小且缺乏适度的弹性,使本国生产商无法实现规模经济和大批量生产。大市场理论的核心是:其一,通过国内市场向统一的大市场延伸,扩大市场范围,获取规模经济利益。其二,通过扩大市场,创造激烈的竞争环境,进而达到实现规模经济和技术利益的目的。

德纽对大市场理论作了如下表述:“大市场化导致机器的充分利用、大量生产、专业化、最新技术的应用、竞争的恢复,所有这些因素都会使生产成本和销售价格下降;再加上取消关税商品的数量增加以后,又可能使这种消费和投资进一步增加。”“这样一来,经济就会开始其滚雪球式的扩张。消费的扩大引起投资的增加，增加的投资又导致价格下降、工资提高、购买的全面增加……只有市场规模迅速扩大，才能促进和刺激经济扩张。”

西托夫斯基则以另一种方式论述欧洲共同市场产生和发展的原因，即西欧有一个“小市场与保守的企业家态度的恶性循环”。他认为，与美国相比，西欧陷入了高利润率、低资本周转率、高价格的矛盾。又由于人们交往甚少与狭隘的市场、竞争不激烈、市场停滞与阻止新竞争企业的建立等原因，使企业长期处于高利润状态。因为价格昂贵，而使消费品等普及率较低，不能进行大量生产。因此，西欧陷入“两高一低”的矛盾之中。要想打破这种恶性循环就要实现共同市场或贸易自由化条件下的激烈竞争。如果竞争激化，价格下降，就会迫使企业家把过去小规模的生产停滞下来，转向大规模生产。同时，随着消费者实际收入的增加，过去只供高收入阶层消费的高档商品将被多数人消费。其结果是产生大市场—生产成本下降—大众消费增加（市场扩大）—竞争进一步激化，最终出现一种积极扩张的良性循环。

大市场理论，对于共同市场的建立提供了有利的理论基础，但是仍然不十分完善。其主要原因有两个：其一，大市场理论所强调的扩大市场后出现的累积的动态过程，不一定要通过共同市场的形态才能完成。只要企业家的经营方式从保守的消极状态转变为积极进取的态度，引进先进技术、扩大市场规模，同样可以实现。其二，即使不组成共同市场，只要有世界性的自由贸易，也能取得大规模市场下的各种利益，而且就市场规模的大小而言，世界性的自由贸易，远远大于区域性的共同市场。

三、互补性竞争理论

国内一些学者提出的互补性竞争理论认为区域贸易集团与多边贸易体制关系的核心为互补性竞争。

互补性体现为区域贸易集团的高级形式可以实现多边贸易体制尚不能达到的合作方式，而多边贸易体制提供了协调各区域贸易集团关系以及解决贸易纠纷的有效机制，WTO 贸易争端解决机构的设立弥补了大多数区域贸易集团争端解决不力的缺憾。

竞争性体现为：一方面，区域贸易集团对外贸易歧视妨碍了多边贸易体制全面贸易自由化的推行；另一方面，组成贸易集团的国家具有更强的势力，甚至可能依仗贸易集团对抗多边贸易体制。

四、协议性国际分工理论

协议性国际分工理论是由日本教授小岛清提出的。他认为，在经济一体化组织内部不能完全依靠传统的国际分工理论进行分工，因为传统的国际分工理论是以成本差异和递增为基础的，没有考虑成本相同和递减的情况。如果完全依靠这一原理，不可能完全获得规模经济的好处，反而有可能导致各国企业的集中和垄断，影响经济一体化组织内部分工的和谐发展和贸易的稳定。因此，小岛清认为有必要推行一种与传统的理论不同的国际分工原理，也就是协议性国际分工原理。

协议性国际分工理论的基本内容是，在成本递减的条件下，两国达成相互提供市场的协议，共同分享规模经济效益。这种协议性国际分工不能通过价格机制自动地实现，而必须通过当事国之间的某种协议来实现，也就是通过经济一体化的制度实现协议性国际分工组织化。如拉美中部共同市场统一产业政策，由国家间的计划决定的分工，就是典型的协议性国际分工。

如图 4-3 所示，A、B 两国均能生产 X、Y 两种商品，两种商品存在规模经济效应。

协议分工前，A、B 两国分别生产 X 商品的数量为 X_A、X_B，Y 商品的数量为 Y_A、Y_B，由于规模有限，不能满足规模经济的基本效应，两国两种商品的生产成本均较高。

现假定两国达成分工并相互提供市场的协议，B 国放弃 X 商品的生产，将市场提供给 A 国，则 A 国生产 X 的产量可以提高到（X_A+X_B），成本和价格因规模经济效应出现明显下降，低于分工前任何一个国家的水平。反过来，A 国放弃 Y 商品的生产，将市场提供给 B 国，则 B 国 Y 商品的产量提高到(Y_A+Y_B)，成本和价格同样明显下降。更进一步，考虑到两种商品因成本和价格下降导致需求量和产量的扩大，实际效果将更加明显。

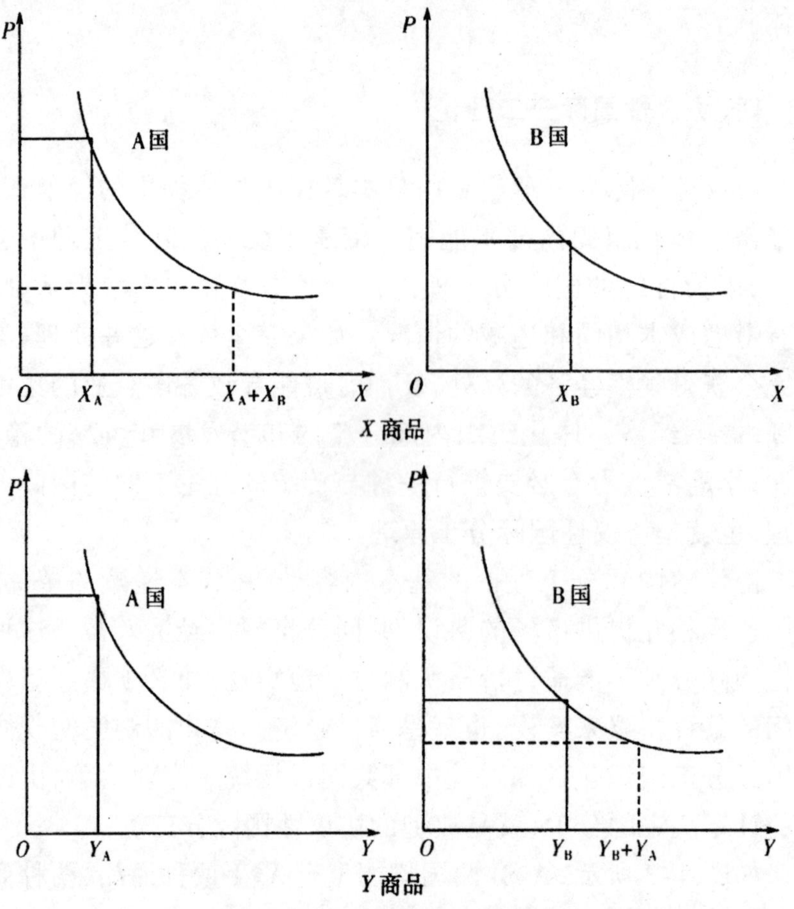

图 4-3 协议性国际分工原理

值得注意的是，两国之间的协议分工与两国的比较优势无关。从图 4-3 中可以看到，分工前 A 国生产 X 商品的成本高于 B 国，在 X 商品的生产上并没有优势，但却可以根据分工协议生产 X 商品。

五、综合发展战略理论

综合发展战略理论(Integrated Strategic Theory of Development)是与经济发展理论紧密联系,指导发展中国家经济一体化的理论。由鲍里斯·塞泽尔基在《南南合作的挑战》一书中提出。综合发展战略理论认为,经济一体化是发展中国家的一种发展战略,要求由强有力的共同机构来保护较不发达国家的优势。因此,有效的政府干预对于经济一体化是很重要的,发展中国家的经济一体化是变革世界经济格局、建立国际经济新秩序的要素。

综合发展战略理论的原则有:(1)经济一体化是发展中国家的一种发展战略,它不限于市场的统一,也不必在一切情况下都寻求尽可能高的其他一体化形式;(2)两极分化是伴随一体化出现的一种特征,只能通过强有力的共同机构和政治意志制订系统的政策来避免它;(3)鉴于私营部门在发展中国家一体化进程中是导致其失败的重要原因之一,所以有效的政府干预对于经济一体化的成功至关重要;(4)发展中国家的经济一体化是集体自力更生的手段和按新秩序逐渐改变世界经济格局的要素。这种经济一体化理论的特点是:第一,突破了以往一体化理论的研究方法,放弃了用自由贸易和保护贸易理论来研究发展中国家一体化的过程,主张用与发展理论紧密联系的研究方法,把一体化作为发展中国家的发展战略,不限于市场的统一;第二,充分考虑了发展中国家实现一体化过程中的国内外制约因素,把一体化当作发展中国家集体自力更生的手段和按新秩序变革世界经济格局的要素;第三,在制定一体化政策时,综合发展战略理论主张必须综合考虑政治、经济因素,强调经济一体化过程中必须有强有力的政府干预。

六、相互依赖理论

相互依赖指国际经济交往中各国经济相互制约、影响、互为前提的状态,相互依赖是社会生产力发展和国际分工的产物。关于相互依赖导致国际区域经济一体化的理论主要由美国国际关系学家卡尔·多伊奇(Carr Deutsch)在《国际关系分析》一书中提出。相互依赖具有正向或反向作用,很强的正向相互依赖将有助于合作乃至区域经济一体化,很强的反向相互依赖则会助长矛盾冲突直至战争。在许多情况下,相互依赖的结果具有双重意义。相互依赖不等于国与国之间力量的均衡和关系上的平等,有对称的相互依赖和不对称的相互依赖,也就是说发生相互依赖关系的各国在实力上有量的差别。一国对别国的依赖或相互依赖有程度上的不同,表现出敏感性或脆弱性。区域经济一体化组织就在于协调各方面的相互依赖关系,使其在总体上对称,尽量避免发展至敏感性或脆弱性。

七、工业偏好理论

库珀(C.A.Cooper)、马赛尔(B.F.Massell)和约翰森(H.G.Jonson)等学者在修正维纳的关税同盟理论过程中,提出了“偏好工业生产”的假设,并由此形成了“工业偏好理论”。该理论遵循传统比较优势的思路,从工业生产和工业品贸易的角度对区域经济一体化进行研究。其内容是:(1)世界上绝大多数的国家在经济发展过程中,都存在优先发展现代工业的偏好,对工业产业的偏好促使这些国家以关税或其他贸易政策来保护工业生产,如高关税、出口补贴等,偏好程度相近的几个国家结成关税同盟等区域经济一体化组织后,就可以形成地区间的国际专业化分工,并通过增加互惠贸易来扩大本国的工业生产规模;(2)各国政府有意识地加速工业化进程,区域经济一体化成员国一旦享受到国际专业化分工的好处后就更有提高工业偏好的倾向,它们往往通过直接补贴、成员间关税减让及对外贸易保护措施引导资金向本国工业生产转移,使之获得更好的发展条件,从而进一步增加公共福利,使区域间的一体化程度越来越紧密。

按照工业偏好理论,如果两个工业偏好的国家结成关税同盟,关税同盟的对内自由、对外保护的特点,将排斥非成员国工业品的进口,增强贸易转移效应,关税同盟将以牺牲非成员国的出口来提高和强化同盟的工业偏好。由此可见,这种区域经济一体化理论强调,一体化组织应该建立在同等工业生产成本水平、同等工业偏好、在世界市场上比较优势不明显的国家之间。

第三节　区域经济一体化的发展实践

一、北美自由贸易区

北美自由贸易区也叫美、加、墨自由贸易区,是美国、加拿大、墨西哥三国在 1992 年 8 月签订《北美自由贸易协定》(*North American Free Trade Agreement*, NAFTA)后成立的,1994 年 1 月 1 日正式生效和运行。它是美国联合其周边国家抗衡欧共体的产物,是第一个由发达国家和发展中国家组成的贸易联盟。

(一)北美自由贸易区的产生和发展

最早在 1979 年美国国会关于贸易协定的法案提议中提出关于建立北美自由贸易区的设想,1980 年美国前总统里根在其总统竞选的有关纲领中再次提出。但由于种种原因,该设想一直未受到很大重视,直到 1985 年才开始起步。

1985 年 3 月,加拿大总理马尔罗尼在与美国总统里根会晤时,首次正式提出美、加两国加强经济合作、实行自由贸易的主张。由于两国经济发展水平及文化、生活习俗相近,交通运输便利,经济上的互相依赖程度很高,所以自 1986 年 5 月开始经过一年多的协商与谈判于 1987 年 10 月达成了协议,次年 1 月 2 日,双方正式签署了《美加自由贸易协定》。经美国国会和加拿大联邦议会批准,该协定于 1989 年 1 月生效,是世界上最大的自由贸易区。

为了保持美国在西欧与世界的影响力,增强与欧共体抗衡和竞争的能力,美国在继续与加拿大加强合作的同时又与墨西哥加强了联系。1991 年 2 月 5 日,美国、加拿大、墨西哥三国首脑共同声明,同意就建立北美自由贸易区问题开展谈判。经过长达 14 个月的谈判,美、加、墨三国于 1992 年 8 月 12 日共同宣布就《北美自由贸易协定》达成协议。1994 年 1 月 1 日,《北美自由贸易协定》正式生效。

(二)北美自由贸易协定的基本内容

北美自由贸易协定是在《美加自由贸易协定》的基础上建立的,因此 NAFTA 主要是墨西哥对美、加的消除贸易壁垒的过程。其主要内容包括:削弱关税和消除非关税壁垒、开放服务贸易、便利和贸易有关的投资,以及实行原产地原则等。NAFTA 由北美自由贸易协定和北美劳工合作协定(NAALC)、北美环境合作协定(NAAEC)两个附属协议构成。

1. 贸易自由化

NAFTA 以 1991 年 7 月 1 日执行的税率为基准,分立即、5 年或 10 年内逐步消除关税,若干项目则在 15 年内消除。除关税以外,墨西哥还将取消其他贸易扭曲限制。在关税减让上,美、加关税削减幅度大,而墨西哥幅度小。在关税削弱时间表上美、加让步多于墨西哥;在取消非关税壁垒规定方面墨西哥则让步多一些。NAFTA 通过先实施工业品贸易自由化,后实现农产品贸易自由化,从而达到贸易的自由化。

2. 放宽对外投资的限制

NAFTA 取消的重要投资障碍包括:成员国不得对其境内的

投资者规定经营条件；成员国保证各成员国投资者利润、销售所得、借贷支付等转移自由；不得直接或间接征用协定成员国企业的投资。根据协定，美、加投资者可以在墨西哥境内设立金融机构，墨西哥可根据协定通过协商限定美、加机构所占市场比例。

3. 广泛领域的合作

NAFTA 的合作涉及商品贸易、服务贸易、知识产权保护、政府采购、环境合作、劳务合作等。贸易壁垒将在 15 年内分四个阶段减免。在商品市场准入方面，美、加对墨照顾多，在资本市场准入方面，墨让步大。在知识产权方面，NAFTA 根据 GATT 原则，适当和有效地保护知识产权。墨西哥开放重要的政府采购市场，为美国供应者提供了进入政府采购市场的机会。制定 NAALC（North American Agreement on Labor Cooperation），为改善北美的工作条件和生活水平提供了独特的三国之间的机制。制定 NAAEC（North American Agreement on Environmengtal Cooperation），促进建立在相互合作与支持的环境、经济政策基础上的可持续发展，支持环境目标和 NAFTA 目标的实现。

4. 建立强有力的组织机构

NAFTA 建立了强有力的组织机构，确保协定的有效实施。其主要机构有：北美自由贸易区委员会，定期评审三国间的贸易关系，研究特定的问题，监督北美自由贸易；秘书处，为自由贸易委员会提供帮助，为其他部门提供行政支持；专家组，专门负责某一领域工作，主要解决某一领域问题，或提供咨询意见，此外，还设立专门委员会和工作组，如环境委员会、北美劳工合作协定、边境合作委员会等具体机构处理 NAFTA 不同领域的问题。

5. 争端解决机制

NAFTA 的争端解决机制是在美加贸易协定和美、加、墨分别签署的双边条约基础上发展起来的，在一定程度上也受到 WTO 前身 GATT 争端解决机制的影响。NAFTA 除在其第 20 章规定一般争端解决条款,用于解决所有可能引起的争议外,还分别在第11章、第14章和第19章规定了有关财产权利争端解决机制、有关金融领域争端解决机制以及有关不公平贸易(反倾销和反补贴)的争端解决机制。此外,《北美环境合作协定》确立了国家间环境争议的解决机制;《北美劳工合作协定》则确立了国家间劳工争议的解决机制。由此可见,NAFTA是多套争端解决机制并存,分别解决不同类型的争端。NAFTA没有设立常设的争端解决机构,承担争端解决职能的是自由贸易委员会和根据个案临时成立的仲裁专家组。自由贸易委员会的主要职责是监督协定的实施,它可以主持斡旋、调停和调解,通过友好的政治解决方式处理争端。当争端各方无法通过友好方式解决争端时,可成立仲裁小组。仲裁后,如败诉方不服裁决,胜诉方可以采取报复措施。

(三)北美自由贸易区的特点

1.“南”“北”共存性特点

虽然参与NAFTA的国家数量特别少,但是都比较具有代表性。美国是世界第一大经济体,加拿大是发达工业国,墨西哥则是发展中国家。因此在NAFTA既存在着美、加之间“水平形态的经济合作与竞争”,又存在着美国、墨西哥与加拿大、墨西哥之间的“垂直形态的经济合作与竞争”,二者相互交织在一起。

2.美国一国主导性特点

NAFTA是一个以美国为核心的南北型区域性经济集团。美国不仅是北美自由贸易区的倡导者,而且在贸易区的运行中占据绝对的主导和支配地位。从数据统计来看,美国占有68.6%的人口、88.4%的GDP,加拿大有7.5%的人口和6.2%的GDP,墨西哥拥有23.9%的人口,而GDP却仅占5.4%。美国对贸易的依赖性仅占GDP的25%左右;墨西哥的比重则略低于60%;加拿大的贸易占GDP比重超过了80%。加拿大和墨西哥超过80%的出口与绝大部分的进口都依赖于NAFTA伙伴国,美国只有约

30%的贸易依赖于NAFTA伙伴国。

3. 经济互补特点

虽然北美自由贸易区各成员国的经济实力存在着差异,但美、加、墨三国之间仍然存在着经济上的互补性以及由此产生的互利互惠性,这也是区域性贸易合作的现实基础。例如,墨西哥和加拿大拥有丰富的能源资源,而美国是世界最大的能源消费国,墨西哥拥有大量的廉价劳动力,美国则有先进的技术设备和雄厚的资本实力,结合起来可从总体上提高北美地区制造业的竞争力,墨西哥需要大量引进资金和进口技术,就为美国和加拿大提供了巨大的出口市场。

4. 区域内贸易与经济优先发展的特点

这一点主要体现在NAFTA对原产地原则的规定上,即在美、加、墨三国内签发统一原产地证。只有获得原产地证,商品才能在成员国之间免征关税,实行自由流通。而只有符合一定条件的商品,才可以获得原产地证,具体为:商品全部是在NAFTA成员国地区生产的;含有自由贸易区以外原料的商品,如果这些原料在自由贸易区的成员国加工后,足以改变其原有关税类别的,也可以获得原产地证;如果商品中区域内的生产含量达到一定的比例,这种比例经贸易额或净成本方式计算,如客车、卡车中的区域内的生产含量的比例要达到62.5%,其他车辆为60%,也可以获得原产地证,或者只要其外来材料的价值低于商品总成本或价格的7%时,也给予原产地证。原产地规则实际上体现出该组织对组织外成员的歧视,是当代贸易保护主义的一种表现形式,即区域经济组织相互之间的贸易保护。

二、欧盟

(一)欧盟的发展阶段

欧洲联盟(European Union, EU),简称欧盟,总部设在比利时首都布鲁塞尔(Brussels),是由欧洲共同体(European Community,EC)发展而来,创始成员国有6个,分别为德国、法国、意大利、荷兰、比利时和卢森堡,现拥有27个成员国,正式官方语言有24种。

1. 欧共体的筹建阶段(1946—1958年)

1946年,英国首相丘吉尔率先提出需要建立起“某种类似于欧洲合众国的东西”,这是欧洲一体化的最早构想。1951年4月18日,在让·莫内的提议下,法国、联邦德国、意大利、荷兰、比利时和卢森堡在巴黎签订了建立欧洲煤钢共同体的条约(也称《巴黎条约》),该条约于1952年7月25日生效。《巴黎条约》规定:逐步取消成员国之间煤钢产品的进出口关税和限额,成立煤钢共同市场;通过控制投资、产品、原料分配、企业的兴办和合并等,调节共同体成员国的煤钢生产。欧洲煤钢共同体建立和正常运转后,西欧六国试图把巴黎条约的原则扩大到其他领域。1957年3月,西欧六国政府在意大利罗马签订了《建立欧洲原子能共同体条约》和《欧洲经济共同体条约》。这两个条约统称为《罗马条约》,于1958年1月1日生效,标志着欧洲原子能共同体和欧洲经济共同体正式成立。

2. 建立关税同盟阶段(1958—1968年)

从1958年底到1968年中期,欧洲经济共同体成员国逐步取消了彼此间的进口关税,并逐渐统一了对外贸易壁垒。1965年4月8日,共同体六国又签订了《布鲁塞尔条约》,决定将欧洲煤钢共同体、欧洲经济共同体和欧洲原子能共同体合并,统称欧洲共同体。三个组织仍各自存在,具有法人资格。《布鲁塞尔条约》于1967年7月1日生效,欧共体成立。1968年7月1日,欧洲共同体成功地取消了商品贸易的内部关税和数量限制,实行了共同的对外贸易政策,建立了真正的关税同盟。

3. 建立共同市场阶段(1968—1993年)

1973年1月1日,英国、爱尔兰和丹麦三国加入共同体,使欧共体由最初的6国增加为9国。之后,希腊于1981年1月1日,葡萄牙和西班牙于1986年1月1日成为欧共体的正式成员国,使成员国总数增至12个。

1985年,欧洲议会主席雅克·德洛尔(Jacques Delors)重新提出了建立统一大市场的计划。1986年,西班牙及葡萄牙成为欧共体成员国,欧共体实现第三次扩大。同年,欧共体卢森堡首脑会议通过了《单一欧洲法》,该法令作为《罗马条约》的附件于1987年7月1日正式生效。《单一欧洲法》并不是《罗马条约》的简单延续,而是欧洲经济政治一体化的一次新飞跃的起点。该法案提出在1992年底建立统一的欧洲市场,提出要取消所有的有形障碍、各种技术障碍、各种财政税收上的差别以及商业投资法律方面的差别:1993年1月1日,欧共体12个成员国间拆除了内部边界,取消了海关,进入了共同市场阶段,实现了《单一欧洲法》提出的目标。

4. 建立经济联盟阶段(1993年至今)

为了建立欧洲经济和货币联盟,加快欧洲经济一体化的步伐,1991年12月欧共体成员国的首脑们在荷兰的马斯特里赫特举行会议并达成协议,签署了著名的《欧洲联盟条约》(又称《马斯特里赫特条约》,简称《马约》)。该条约对欧共体的一体化提出了更高的要求:第一,1993年11月1日建立欧洲联盟,加强各国在外交、防务和社会政策方面的联系;第二,1998年7月1日成立欧洲中央银行,负责制定和实施欧洲的货币政策,并于1999年1月1日起实行单一货币;第三,实行共同的外交和安全防务政策等。1993年11月1日,《马约》的正式生效,标志着欧洲货币一体化进程进入了一个崭新的阶段。欧共体于是更名为欧洲联盟,简称欧盟。

1995年1月1日,奥地利、瑞典和芬兰三国正式加入欧洲联盟,欧盟成员国达到15个。1999年1月1日,欧洲统一货币——欧元启动(欧元进入国际金融市场,并允许银行和证券交易所进行欧元交易),奥地利、比利时、芬兰、法国、德国、爱尔兰、意大利、卢森堡、荷兰、葡萄牙、西班牙11国达到了《马约》提出的向欧元过渡的四项统一标准,将欧元作为它们的官方货币。2001年,希腊加入欧元区,至此,欧元区成员国达到12个。2002年1月,欧元纸币和硬币正式流通。2002年7月,欧元区各国原货币退出流通,欧元成为欧元区唯一的合法货币。欧元的诞生,不但对欧盟内部的经济发展起着巨大的推动作用,而且对整个世界经济也具有重要影响,因为占世界GDP 1/5的欧元地区的经济增长将成为世界经济增长的重要推动力。并且,欧元作为与美元相抗衡、相竞争的国际货币出现,对稳定世界金融市场有重要的作用。因为欧元产生之前,美元是世界上最主要的硬通货币,国际贸易与金融都过多地依赖美元,因此一旦美国经济发生波动,世界金融市场就会出现不稳定。而欧元的诞生可以分解美元波动所带来的不稳定,有助于世界金融市场的稳定。

2002年10月9日,欧盟委员会在布鲁塞尔正式公布2004年欧盟东扩的10国名单——塞浦路斯、捷克、爱沙尼亚、匈牙利、拉脱维亚、立陶宛、马耳他、波兰、斯洛伐克和斯洛文尼亚。2004年5月1日,上述10国正式成为欧盟成员国,欧盟实现第二次扩大,成员国达到25个。

2007年1月1日,欧盟再次进行东扩,吸纳罗马尼亚与保加利亚入盟。2013年7月1日,克罗地亚正式成为欧盟第28个成员国。

2016年6月24日,引发全球关注的英国"脱欧"公投结果出炉,"脱欧"阵营赢得超过半数的民众支持,这意味着英国在加入欧盟(含欧共体)43年之后将正式脱离。这一历史性的投票将重塑英国的世界地位,同时可能触发多米诺骨牌效应,导致更多国家脱离欧盟。

(二)欧盟的发展目标

欧盟初期的目标是避免欧洲的冲突、流血事件和破坏事件的发生,维护欧洲的和平与发展。具体目标为:保证和巩固和平,实现对全体人民有益的经济一体化,向政治联盟迈进。

欧盟在成立条款中阐明了自己的目标:通过实施共同政策或者行动,建立共同市场和经济货币联盟;推动共同体经济活动的和谐、平衡和可持续发展;保持高就业水平和社会保障制度;男女平等;可持续和没有通货膨胀的经济增长;公平竞争和缩小经济发展差距;保护和提高环境质量;提高生活标准和质量;加强成员国之间经济和社会方面的凝聚力,加强团结。

从欧盟的条款所确定的目标来看,它主要是为了建立共同市场和经济货币联盟,其他方面都是与主要目标相关的具体描述。

尽管欧盟条约没有涉及欧盟的政治一体化,但欧盟的开拓者却认为,经济一体化必然导致政治的一体化。经济一体化不是欧洲联合的最终目标,而是通过欧洲的经济一体化推动欧洲的政治一体化,因此欧洲联盟的根本目标是政治一体化。

(三)欧盟的运作原则

从《马斯特里赫特条约》分析,欧盟的运作原则基本是按照EU 性质和目标制定的,概括起来有以下方面。

1. 实施共同政策和活动

按照欧盟条约和欧盟制定的时间表,实施共同的经济政策和活动,包括关税、进出口产品质量、共同的商业政策、内部市场自由化等。

2. 市场开放与自由竞争的原则

实施欧盟对外经济政策、推动共同目标的实现、建立单一的货币等,都应该遵循市场开放与自由竞争的基本原则。

3. 稳定发展的原则

稳定是欧盟发展的基础,包括价格稳定、财政收支平衡、稳定的货币政策、平衡的国际收支等。

4. 辅助原则

辅助原则(principle of subsidiary)的主要内容是：当行动目标无法由成员国完成时，共同体才可以采取行动；出于规模和效果的原因，如果共同体采取行动能更好达到目标时，共同体才可以采取行动；不允许共同体采取与条约目标内容不一致的任何行动。

(四)欧盟的运作机制

欧盟为了实现自己的目标，强化了运作机制，以实行共同的对内对外政策。欧盟运作机制的构成机构包括欧盟议会、欧盟理事会、执行委员会、欧洲议会和欧洲法院等。

欧洲议会由欧共体各国人民的代表经各国普选直接产生、欧盟议会的行为是独立的，不受任何政党或政府指示或命令的限制，议会议员不得同时担任其他机构的工作。欧洲议会是欧盟的监督、评议和咨询机构。

欧盟理事会部长级会议由各成员国相关领域的部长组成。部长理事会针对欧洲议会和执委会的各项提案制定政策，保证欧盟目标的实现。

欧洲执行委员会是欧盟的执行机构，其首要职能是维护欧盟条约的贯彻执行。

欧洲法院的基本职能是解释欧盟条约，并维护各成员国所执行的法律与共同体法律的一致性。对未能认真执行共同体的有关法律制度的行为，法院将做出裁决，进而实施惩罚。

欧洲审计法院的主要职能是根据欧洲联盟的法律和规定，审查欧盟财务的所有收入和支出，协助欧盟执行委员会完成每年呈送给理事会和议会的预算执行情况报告。

（五）欧盟的运作内容

1. 贸易投资自由化和便利化领域的内容

在贸易投资自由化和便利化方面，欧盟发展的速度比较快，实现了商品、投资、服务、资金、劳动力的自由流动。

关税政策。欧盟的关税政策体现在两个方面：一是取消成员国之间限制商品流动的关税及其他有相同效应的收费；二是欧盟各成员国建立关税同盟，并实行统一的对外关税。

非关税政策。欧盟协定取消欧盟成员国间进出口数量限制及有相同效应的措施。

投资政策。欧盟协定规定，取消所有成员国间及成员国和第三国间关于资本自由流动的限制措施。

服务。取消对成员国国民在同盟内自由提供服务的限制。该服务通常以获得报酬为目的，并且不受涉及商品、资本和劳动力自由流动条款的影响。

竞争政策。取消影响成员国间开展贸易，阻止、限制或扭曲共同市场竞争的有关协定、决议和惯例。

争端解决。法院对成员国之间的任何争端都有司法权，前提是向法院提交双方协商确定的专门协议。

知识产权保护。关于商品贸易的相关条款也适用于服务贸易和与贸易有关的知识产权。

一般性例外。竞争规则中，要求废除和共同市场不相容的协定、决议和惯例的条款。

标准与一致化。欧盟应重视公开国家公共协定，界定公共标准，减少影响合作的法律和财政障碍。

海关程序。欧盟理事会应采取措施加强成员国间以及成员国和委员会之间的海关合作，且不涉及国家刑法和司法的适用问题。

劳动力流动。保护同盟内劳动力自由流动，但是需要废除任何关于就业、报酬和其他工作就业条件的民族歧视。

国际收支。取消所有成员国间及成员国和第三国间关于国际收支的限制措施。

2. 统一管理与共同的经济政策

由于欧盟的性质是关税同盟,内部为经济共同体,实现了货币和市场的统一,所以统一管理是必然的选择,同时实行一些共同的经济政策。

管理权让渡。欧盟内各成员国致力于建立共同的贸易政策、共同的农业政策、共同的运输政策等,为此必然产生各成员国管理权的让渡。

统一货币。欧洲中央银行授权在同盟内发行纸币,该纸币具有唯一法定货币地位。

政府财政要求。成员国应避免形成过度财政赤字。任何成员国对其他成员国产品征收的国内税不得超过对本国相似产品征收的税收,也不能借此对他国产品形成保护。

环境保护。环境保护政策主要致力于保护和改善环境质量;保护人类健康;合理利用自然资源;采取措施处理区域和全球环境问题。

三、亚太经合组织

亚太经合组织是世界最活跃地区最大的区域经济组织。亚太经合组织以推动多边自由贸易和投资、促进区域经济增长为宗旨,奉行自主自愿、协商一致的合作原则。

亚太经合组织自成立以来积极推动亚太地区贸易投资自由化,加强组织成员间经济、技术合作,对促进地区经济发展和共同繁荣做出了重要贡献。

(一)亚太经济合作组织的成立和发展

亚太经济合作组织(Asia Pacific Economic Cooperation, APEC)

简称亚太经合组织，正式成立于1989年。

1989年1月，澳大利亚总理霍克访问韩国时建议召开部长级会议，讨论加强亚太经济合作问题。经与有关国家磋商，1989年11月5日至7日，澳大利亚、美国、加拿大、日本、韩国、新西兰和东盟6国在澳大利亚首都堪培拉举行亚太经济合作会议首届部长级会议。1993年6月改为现名，简称亚太经合组织（APEC）。

1991年11月，在韩国汉城（今首尔）举行的亚太经合组织第三届部长级会议通过了《汉城宣言》，正式确定亚太经合组织的宗旨和目标是：相互依存，共同受益，坚持开放性多边贸易体制和减少区域内贸易壁垒。1994年11月在印度尼西亚茂物召开的第二次成员首脑非正式会议上，通过了《茂物宣言》，规定最迟不晚于2020年实现亚太地区的贸易和投资自由化，其中，发达国家和地区不晚于2010年，发展中国家和地区不晚于2020年。

2014年11月5日至11日，亚太经合组织领导人会议周在北京举行。会议通过了《北京纲领：构建融合、创新、互联的亚太——亚太经合组织领导人宣言》《共建面向未来的亚太伙伴关系——亚太经合组织成立25周年声明》等成果，进一步明确了亚太的发展方向、目的、举措。决定启动亚太自由贸易区进程，批准亚太经合组织推动实现亚太自由贸易区路线图，这是朝着实现亚太自由贸易区方向迈出的历史性一步。

截至2014年9月，亚太经合组织共有21个正式成员和3个观察员。21个成员是：澳大利亚、文莱、加拿大、智利、中国内地（大陆）、中国台湾地区、中国香港地区、印度尼西亚、日本、韩国、马来西亚、墨西哥、新西兰、巴布亚新几内亚、秘鲁、菲律宾、俄罗斯联邦、新加坡、泰国、美国和越南。3个观察员分别是东盟秘书处、太平洋经济合作理事会和太平洋岛国论坛。

2017年11月11日，亚太经合组织第二十五次领导人非正式会议在越南岘港举行。

（二）亚太经合组织合作模式的独特性

亚太经合组织的合作模式是亚太经济合作组织区别于其他区域经济组织的特殊运作机制。亚太经济合作组织方式在亚太经济合作组织发展中产生，适应了推动亚太经济合作组织发展的客观要求，并对亚太经济合作组织成员产生了巨大的聚合力。

1. 承认多样性，强调灵活性、渐进性和开放性

亚太经济合作组织成员经济发展的多样性包括：经济发展方式的多样性，市场开放程度的多样性，产业结构不同决定的产品的多样性，综合国力的多样性，生活方式与文化及政治体制等方面的多样性，等等。这些多样性决定了亚太经济合作组织方式的灵活性、渐进性和开放性，就是达到亚太经济合作组织目标时间表的灵活性和贸易投资自由化进程的灵活性。

2. 相互尊重、平等互利、协商一致、自主自愿

亚太经济合作组织成员经济发展的多样性和差距要求亚太经济合作组织的所有成员必须相互尊重，不应存在歧视行为。在相互尊重基础上的合作原则是平等互利。这种合作模式改变了“南北”合作中带有援助性的、一定程度上体现歧视性的合作方式。亚太经济合作组织的合作旨在使合作各方受益，建立平等互利的新型伙伴关系。

协商一致是平等的具体化，是亚太经济合作组织方式的创新，摒弃了谈判体制而采取协商方式。WTO 和其他具有约束性区域经济组织的运作模式是在谈判基础上形成法律框架，在法律框架内实施谈判内容；亚太经济合作组织方式是在协商一致基础上，各成员为达到共同目标而采取自主行动。协商一致原则使亚太经济合作组织区别于其他区域经济合作，既不存在超国家决策，也不存在国家和民族权力的让渡。

自主自愿原则使亚太经济合作组织成员容易在协商中达成一致。这种一致性充分尊重了各国的多样性，承诺后的贸易投资

自由化进程可以适时调整，在实现亚太经济合作组织的目标和行动路线时对各成员国不要求一致性。

3. 单边行动计划和集体行动计划相结合

单边行动计划和集体行动计划的目标都是实现大阪行动议程所确立的目标。协商一致的具体体现是集体行动计划，自主自愿的具体体现是单边行动计划，因此，单边行动计划和集体行动计划相互促进补充是亚太经济合作组织方式的具体实施机制。

（三）亚太经合组织投资自由化和便利化的内容框架

1. 贸易投资自由化的内容

第一，贸易自由化。

贸易自由化目标包括关税减让、非关税措施减少或消除和服务领域的市场准入三个方面。关税减让是亚太经济合作组织实现贸易自由化的重要途径，目标包括逐步削减关税，确保亚太经济合作组织关税制度的透明度，削减过程中关税减让不被非正当措施的使用破坏等。非关税措施方面的目标是逐步削减非关税措施，确保亚太经济合作组织成员各种非关税措施的透明度。非关税措施主要包括数量性进出口限制或禁止、最低进出口限制、进出口许可证、自动出口限制、出口补贴等。服务领域的自由化目标是逐步减少服务贸易市场准入限制，逐步为服务贸易提供最惠国待遇和国民待遇。服务贸易主要包括电信、交通、能源、旅游四个方面。亚太经济合作组织提出了在这四个方面的集体行动计划。

第二，投资的自由化。

在投资领域实现自由化的重要途径是：通过逐步提高最惠国待遇和国民待遇以及确保透明度，使亚太经济合作组织成员各自的投资制度和整个亚太经济合作组织投资环境自由化；通过技术援助和合作促进投资活动，以实现上述目标。亚太经济合作组织成员的行动准则是：利用WTO协议、亚太经济合作组织非歧视性投资原则、其他有关国际协议及任何在亚太经济合作组织内制定并一致同意的准则作为初步框架，逐步减少或消除实现上述目标的例外和限制；探讨亚太经济合作组织双边投资协议网络的扩大。该领域的集体行动包括：采取措施增加亚太经济合作组织投资制度的透明度；促进与投资环境有关的亚太经济合作组织商业团体间可持续的对话机制；短期内同经济合作发展组织（OECD）和其他参与全球及区域投资问题的国际论坛建立对话机制。

2. 贸易投资便利化的内容

贸易自由化是通过削减关税、非关税壁垒等手段实现国际贸易的自由和开放。

贸易便利化是为了清除国际交易过程中的机制性和技术性障碍，减少交易成本和困难。亚太经济合作组织在1995年《大阪行动议程》中指出："由于自由化和便利化在实现亚太地区自由、开放的贸易目标具有不可分割的性质，两者应该被一起看待。"目前，越界关税总体水平已经大幅度下降，这极大地促进了国际贸易发展。但是，跨境交易中涉及的卫生、健康、安全以及各种技术标准、专业资格认证和签证手续等问题造成了许多贸易障碍。仅仅推动贸易自由化不足以带来贸易的扩大，需要将贸易自由化和便利化的措施结合起来，才能在亚太地区实现贸易自由化的长远目标。

《大阪行动议程》第一次将贸易投资便利化的内容具体化。2001年亚太经济合作组织领导人非正式会议达成的《上海共识》要求拓展和更新《大阪行动议程》，而《亚太经济合作组织贸易便利化原则》是对其基本原则的重要补充。便利化涉及的领域几乎包括了贸易投资过程的所有环节，但亚太经济合作组织的工作主要集中在11个领域，其中也包括一些自由化内容：（1）标准和一致化，即要求成员采用的标准和措施符合亚太经济合作组织要求以及 WTO 协议附属的技术贸易壁垒协议和卫生与动植物检疫措施协议的内容。(2)海关程序，即要求成员统一关税术语，共享信息，协调海关估价制度；(3)知识产权，即要求对亚太地区知识产权充分有效地立法、管理和执行；(4)竞争政策，即改善亚太地区竞争环境，加强生产者、贸易者之间的竞争以保证消费者的利益；(5)政府采购，即实现亚太地区政府采购市场的自由化；(6)放松管制，即要求每一个成员消除由于国内规章条例所引起的贸易扭曲；(7)原产地原则，即要求成员与国际统一的原产地规则相一致；(8)争端调节，即鼓励成员尽早通过合作方式处理争端问题，预防对抗和对抗升级；(9)商业人员流动，即鼓励加强贸易人员的流动；(10)乌拉圭回合结果的执行，即要求 WTO 中的亚太经济合作组织成员充分忠实地执行其在乌拉圭回合中的承诺；(11)信息收集与分析，即建立有关贸易数据库。

第五章　国际贸易的发展运行

从某种意义上而言,国际贸易的产生,也就是国际货物贸易的产生。最初的国际服务贸易是作为国际货物贸易的附属物而产生的。如航运业就是较早出现的服务贸易行业。随着国际贸易的不断发展,产生跨国公司,而跨国公司的发展运营也推进了国际贸易的发展。

第一节　国际货物贸易的发展运行

一、国际货物贸易概述

(一)国际货物贸易的发展

在相当长的一段时间内,传统的狭义的国际贸易即国际货物贸易,它一直是不同国家之间发生经济联系的唯一形式。第二次世界大战以后,随着国际资本流动规模的扩大,技术在不同国家之间转移速度的加快,各国人员交流变得日益频繁,国际贸易的内涵与外延得到不断扩展。因而,国际贸易既包括了国际货物贸易,也包括国际服务贸易、国际技术贸易等方面。

国际货物贸易不但发展历史悠久,而且至今在国际贸易中占主导地位。国际货物贸易对世界各国经济发展的作用也是巨大的。另外,国际服务贸易、国际技术贸易、国际直接投资产生和发展都以国际货物贸易为基础。随着经济全球化的不断发展,它们之间相互结合，相互促进，共同推动着世界经济和各国经济的发展和繁荣。

（二）国际货物贸易的地理分布

国际分工的变化对国际货物贸易地理方向的变化有着重要的影响。在国际分工中处于中心地位的国家或地区，在国际货物贸易中也占据主要地位。

1. 第二次世界大战前国际货物贸易的地理分布

19 世纪，国际分工的主要形式是宗主国同殖民地等落后国家之间的分工，前者出口工业品，后者出口农产品和原材料，国际货物贸易主要发生在西方工业国与广大发展中国家之间。在此期间，英国一直处于国际分工中心国的地位，其次是法国、德国和美国。英国是工业革命的先驱国，倚仗工业革命所造就的雄厚技术基础，取得了世界工业的霸权地位，成为“世界工厂”。1870 年，英国在国际货物贸易中的比重达 25%，几乎相当于法国、德国和美国的总和。在这一时期，法国、德国和美国等国也相继完成工业革命，开始在世界市场上展开竞争，这些国家在国际货物贸易中也位居支配地位。1880—1913 年，英国出口一直位居世界第一位，但在世界货物贸易中所占份额不断下降，由 23%下降至 13.1%。①

2. 第二次世界大战后国际货物贸易的地理分布

第二次世界大战后，国际分工从垂直分工变为水平分工。国际货物贸易的地理方向也随之发生了变化，发达国家间的贸易占主导地位，而发达国家同发展中国家间的贸易则居次要地位。而且，越来越多的国家参与国际货物贸易，各种类型国家的对外贸易都得到不同程度的增长。

① 董瑾．国际贸易学[M]．北京：机械工业出版社，2015，第 230 页．

(三)国际货物贸易发展的主要特征

国际货物贸易从无到有,又历经数千年的演变和发展,已成为世界经济不可缺少的组成部分,成为世界经济和各国经济发展的动力。第二次世界大战之后,国际货物贸易得到了蓬勃发展。特别是20世纪90年代以来,世界经济形势的重大变化,使国际货物贸易出现了许多令人瞩目的新变化、新趋势。概括来说,当代国际货物贸易具有以下特点。

1. 国际货物贸易自由化进程不断加快

全球贸易自由化是指诸多国家和地区通过一定的协议或形式,使相关的经济活动在全世界范围内按照一定的规则、在没有贸易壁垒和贸易障碍的全球市场下协调运行。

20世纪90年代后世界范围的贸易自由化进程明显加快。其主要表现是"乌拉圭回合"谈判达成协议,世界贸易组织取代关税与贸易总协定并于1995年1月1日正式成立。世界贸易组织的建立反映了世界经贸的发展,标志着全球贸易自由化进程进入了一个新阶段。随着现代科学技术的突飞猛进和国际分工的深入发展,世界经济传递加速,各国之间的相互依赖加强,同时矛盾和利益同在,竞争和合作并存。全球贸易自由化与区域贸易集团化两个趋势都明显加强,二者之间的互补性竞争关系推动着国际货物贸易环境的不断改善和国际货物贸易的迅速发展。

2. 各国经济对外贸的依赖程度不断增强

随着科学技术发展日新月异,各国产业结构调整的频率加快,国民经济更加趋向开放,从而促使各国间生产、交换和消费更加密切地联系在一起,形成了一个"地球村"。据联合国有关统计,各国(地区)出口总额占全世界国民生产总值的平均比重1970年为11.4%,1980年为14.1%,1990年增加到16.2%。20世纪90年代以来,每年世界贸易总额占当年国民生产总值的平均比重为16%左右,1995年我国国民经济对外贸的依存度曾达到创纪录的45%，部分欧盟成员国与石油输出国的这一比重达到50%。[①]

3. 区域贸易集团化发展强劲

进入20世纪90年代，世界区域集团化趋势发展强劲。90年代以来，全球贸易体制中区域贸易协定的数量在急剧增加。根据《WTO年度报告2015》发布的数据，截至2015年1月，共有604个区域贸易协定向GATT/WTO通报，259个目前仍然有效。[②]

4. 国际货物贸易结构不断优化

国际货物贸易中工业制成品的比重大大增加，其增长速度快于初级产品。1950年，工业制成品出口占世界全部商品出口价值的34.9%。20世纪60年代，这一比例增加到50%以上。70年代世界能源价格上涨，使得工业制成品的比重在50%~60%之间徘徊。80年代中期以后，工业制成品在贸易中的比重又开始攀升。到2000年，国际货物贸易中将近3/4（74.85%）的商品是工业制成品，2001年达到75.4%。但之后工业制成品所占比重有所下降，2007年为69.8%，2013年为64.7%。[③]

在工业制成品贸易中，工业革命后曾经处于重要地位的纺织品、服装等轻纺工业产品和钢铁等金属工业产品的地位不断下降，而包括汽车在内的交通和机器设备、电气电子产品以及化工产品地位不断提升。

二、世界市场价格

（一）世界市场价格形成的基础

1. 国际价值形成的基础是劳动价值论

商品的国际价值是在商品国别价值的基础上形成的。同任

① 董瑾．国际贸易学[M]．北京：机械工业出版社，2015，第233页．

② 董瑾．国际贸易学[M]．北京：机械工业出版社，2015，第233页．

③ 董瑾．国际贸易学[M]．北京：机械工业出版社，2015，第233页．

何国家所生产的商品的国别价值的本质一样，商品的国际价值是人类抽象劳动的凝结，是由抽象的社会劳动决定的，但是它所体现的已不是一国范围内各个商品生产者之间的关系，而是不同国家的商品生产者之间的社会生产关系。

2. 国际价值由世界平均的社会必要劳动时间决定

在世界市场上，各国之间的商品交换只有以世界平均的社会必要劳动时间决定的国际价值量为基础，才可以顺利进行。

（1）与商品的国别价值量的形成相比，商品国际价值量的形成有两个明显的变化

第一，决定商品国际价值量的世界平均社会必要劳动时间，已不再是某一国生产某种商品的中等劳动强度（或平均劳动强度和熟练程度）下的劳动时间，而是在世界平均劳动熟练程度和平均劳动强度下生产某种使用价值所需要的劳动时间。即决定商品国际价值量大小的劳动强度，只能是被国际贸易所有参加国视为标准质量的劳动，只能是经过加权平均的世界劳动强度的平均数，这种劳动就其复杂性、强度和效率来讲，都是中等水平。

第二，决定商品国际价值量的正常的生产条件，已不再是个别国家生产某种商品的正常的生产条件，而是世界市场上普遍的或一般的生产条件。例如，用手工生产某类商品在A国属于正常生产条件，而在全世界范围来看则属于落后的生产条件。

（2）影响国际价值量变化的主要因素

第一，劳动生产率。单位商品的国际价值量与劳动生产率成反比。在世界市场上，单位商品的国际价值量与劳动生产率也成反比。如果世界各国的劳动生产率普遍得到提高，缩短了各国生产单位商品的社会必要劳动时间，则生产商品的世界平均社会必要劳动时间也将随之缩短，内含在每一单位商品中的国际价值量就会随之减少；反之，如果世界各国的劳动生产率普遍降低，延长了各国生产单位商品的社会必要劳动时间，则生产商品的世界平均社会必要劳动时间也将随之延长，内含在每一单位商品中的

国际价值量就会相应增多。

第二,劳动强度。劳动强度是指劳动的紧张程度和繁重程度,即在单位时间内劳动力的消耗程度。劳动强度的大小也是影响商品国际价值量的一个重要因素。劳动强度越大,单位时间内消耗的劳动就越多,凝结在总商品中的国际价值量就越大;反之,劳动强度越小,单位时间内消耗的劳动就越少,凝结在总商品中的国际价值量就越小。由此来看商品生产者的劳动强度与总商品的国际价值量是成正比例变化的。

第三,贸易参加国的贸易量。商品的国际价值量与各贸易参加国的贸易量两者密切相关。世界市场上各国生产该商品所需要的社会必要劳动时间的加权平均数是决定商品国际价值的世界平均社会必要劳动时间,而并非是各国生产该商品时所耗费的社会必要劳动时间的算术平均数。某种商品出口量越大的国家,其国别价值对该商品的国际价值所起的影响作用就越大,即商品的国际价值在很大程度上是受世界市场上商品主要供货国的生产条件影响的。

(二)世界市场价格的影响因素

虽然商品的国际价值是决定世界市场价格的基础,但在商品的国际交换活动中,商品的世界市场价格与商品的国际价值往往不一致,这主要是因为有若干因素对世界市场价格的变动发生作用。

1.供求关系

当世界市场价格由商品的国际价值决定后,商品的供求关系就成为影响世界市场价格上下波动的最主要因素。

其一,供求关系的变动使商品的世界市场价格与国际价值经常发生偏离。在世界市场上,只有当某种商品的供给和需求相一致时,商品的世界市场价格才与其国际价值相一致;否则,二者之间就会发生偏离。当商品的供给超过需求时,其世界市场价格就会低于国际价值;当商品的需求超过供给时,其世界市场价格就会高于国际价值。

其二,供求关系引致的偏离不会太大,会自动修正。当商品的世界市场价格与其国际价值发生偏离后,也会对商品的供求关系产生重要的影响,使商品的供求在不断变动中趋于平衡。当某种商品供过于求时,其世界市场价格必然下跌,而价格的下跌势必会使生产这种商品的一些国家利润减少或无利可图,这些国家就会减少对这种商品的生产,这种商品的供给也随之减少,进而阻止这种商品的世界市场价格进一步下降或促使其价格转为上涨。反之,当某种商品供不应求时,这种商品的世界市场价格就会上涨,许多国家受利润驱使,就会增加对这种商品的投资,这种商品的供给会不断增加,阻止这种商品的世界市场价格进一步上涨或促使其价格转而下跌。因此,从长期来看,供求关系致使的世界市场价格与国际价值的偏离不会太大,会自动得到修正,并使二者趋于一致。

2. 竞争

在世界市场上,每一种商品的价格竞争都从三个方面表现出来。

一是卖主之间的竞争。在世界市场上,同种商品或同类商品往往是由许多国家的卖主提供的。在其他条件相同的情况下,谁的商品价格便宜和售后服务好,谁的竞争力就强;反之,竞争力就弱。卖主之间这种争夺市场和销路的竞争,会导致商品世界市场价格的下降。

二是买主之间的竞争。在世界市场上,往往有许多买主购买同一种商品。在买主多、购买量大、买方求购心切的情况下,每一个买主都力图排挤掉另一个买主,甚至不惜出高价购买自己急需的商品。买主之间的这种竞争,会导致商品世界市场价格的上涨。

三是买主和卖主之间的竞争。在世界市场上,许多卖主想把商品尽快脱手并卖得好价钱,许多买主想买到价廉物美的商品。卖主和买主之间的竞争对商品世界市场价格的影响,取决于市场供求状况和竞争双方的力量对比。如果世界市场上商品供不应求,买主之间的竞争必然要比卖主之间的竞争激烈,此时常常导致商品价格的上涨;反之,如果市场上商品供过于求,卖主之间的竞争必然会比买主之间的竞争激烈,此时常常导致市场上商品价格的下跌。

此外,代用品与被替代产品之间也存在竞争。随着科学技术的不断发展并广泛地应用到生产实践中,代用品的生产快速地发展了起来,这在一定程度上冲击了被替代产品的需求与价格。如果代用品的价格较低,而且质量高、产量大,被替代产品的价格就会被压在一个较低的水平上波动。

3. 垄断

国际垄断组织和跨国公司为了追求利润最大化,往往采取各种方法来控制世界市场价格。常用措施有:瓜分销售市场,规定产品质量、销售数量和价格,规定购买数量和购买时间,限制新工厂和新矿山的建立等。

国际垄断组织所规定的垄断价格有垄断高价和垄断低价两种形式。垄断高价是垄断组织在销售商品时规定的大大高于国际生产价格(国际价值)的垄断价格;垄断低价是垄断组织向非垄断企业或经济发展比较落后的国家购买原材料时所规定的大大低于国际生产价格(国际价值)的垄断价格。不管是垄断高价还是垄断低价,都是垄断组织获得垄断高额利润的重要手段。

在垄断条件下,商品的国际市场价格的高低由垄断组织对市场的垄断程度决定,即取决于某个垄断企业或垄断集团对某种商品的生产和销售、原料来源、许可证和专利等的控制程度,以及垄断组织和大银行的联系程度等。市场的垄断程度越高,少数垄断寡头越容易互相勾结,签订相互避免竞争、瓜分市场的协定,以确定有利于垄断组织的垄断价格;市场的垄断程度越低,意味着进入市场的组织和个人越多,竞争越激烈,市场价格的波动越剧烈、越频繁。

4. 经济周期

经济周期一般有危机、萧条、复苏、高涨四个阶段。随着这些阶段的不断迭替,商品的市场价格也会不断发生变动。一般来讲,在危机阶段,由于生产过剩,社会购买力急剧下降,大批商品找不到销路,存货如山,此时商品的价格会下跌; 在萧条阶段,由于市场需求萎缩,价格表现为疲软; 在复苏阶段,随着生产的逐渐恢复,社会对各种商品的需求不断增加,商品的市场价格又会开始上涨; 在高涨阶段,市场需求急剧膨胀,使得商品价格迅速上涨。

当然,在经济周期中,各种商品的价格变化幅度大小是不等的。一般来说,如果不存在人为控制,初级产品的价格对经济周期变化的反应十分敏感,价格波动幅度较大; 而工业制成品对经济周期变化的反应则较为迟缓,价格波动的幅度也较小。

5. 汇率波动

汇率是不同国家发行的纸币以各自代表的价值量为基础而形成的交换比价。汇率波动是由一国货币供给和需求的变动引起的。汇率的波动有时也受政府的汇率政策直接影响或控制。当汇率发生变化时,一国货币出现升值或者贬值,立即会对该国的进出口商品价格带来影响,并会进一步影响该国的进出口商品总量。如果受汇率波动影响的是个贸易大国,该国进出口商品价格的变动会引起世界市场商品价格的波动。

具体而言,如果一国货币升值,该国的出口商品价格会上升,进口商品价格会下降; 如果货币贬值,该国的出口商品价格会下降,进口商品价格会上升。该国进出口商品价格的变动会影响到该国的进口商品量和出口商品量,进而会影响到世界市场上不同种类商品供给与需求的变化,从而对世界市场的价格产生影响。

6. 政府政策

第二次世界大战以后，受凯恩斯主义的影响，各国政府对经济的干预或调节作用普遍加强了。许多国家为了本国利益，采取了诸如支持价格政策、出口补贴政策、进出口管制政策、税收政策、战略物资收购政策及倾销政策等措施，这些政策措施对商品的世界市场价格影响也是很大的。

7. 自然灾害、政局动乱及投机等因素

自然灾害、政局动乱及投机等因素，对商品国际市场价格也有很大影响，甚至在某些情况下会起到决定性的作用。如海湾战争期间，科威特的石油生产完全被摧毁，其他产油国的石油生产受到了不同程度的影响。这不但使世界市场上石油的供给处于紧张的状况，而且使石油及其相关产品的价格产生了极大的波动。

此外，还有一些因素也在影响着商品的世界市场价格，如商品包装的好坏。商品销售中的成交数量、广告宣传的效果、名牌效应以及服务质量等因素也都会影响商品的世界市场价格。

（三）世界市场价格的种类

世界市场价格按其形成条件、变化特征可分为以下几种。

1. 世界“封闭市场”价格

“封闭市场”价格指的是买卖双方在一定的约束条件下形成的价格。商品在国际上的供求关系，一般并不会对其产生实质性的影响。对于世界“封闭市场”价格来说，一般含有以下几种。

其一，调拨价格。调拨价格指的是价格的转移，当跨国公司根据其全球利润最大化的战略目标，在跨国公司系统内部购销商品和服务时所采用的价格。

其二，垄断价格。国际垄断组织利用其经济力量以及市场控制力对价格进行的一种干预即垄断价格，主要有两种形式：一种是卖方垄断价格，另一种是买方垄断价格。对于前者来说，主要是其制定的价格高于商品的国际价值的价格,后者则相反,是低于国际价值的价格,这两种垄断价格都有利于取得垄断超额利润。

其三,区域性经济贸易集团内的价格。自第二次世界大战之后,在区域内形成了很多的经济贸易集团,通过这些经济贸易集团内部的协调,形成了区域性经济贸易集团内的价格,如欧盟共同农业政策中的共同价格。

2. 世界“自由市场”价格

世界“自由市场”价格,是指在不受到国际垄断或国家垄断力量干扰的条件下,由独立经营的买者或是卖者之间进行交易的价格,国际供求关系是形成这种价格的客观基础。

“自由市场”是指很多买主和卖主们集中的地点,按照相应的市场规则,在规定的时间内进行交易的市场。这种自由贸易市场也会受到国际垄断或是其他国家的干预,但由于商品的价格是通过买卖双方在公平竞争的情况下所形成的,因此,可以反映出商品供求关系的变化。

第二节 国际服务贸易的发展运行

一、国际服务贸易的含义及类别

国际服务贸易与国际货物贸易相比,涉及的范围更广,存在的方式更复杂,根据不同的标准,从不同的角度来看,国际服务贸易的定义和分类各不相同。

(一)国际服务贸易的含义

1. 基于国际收支统计的定义

统计学家以国民收入、国际收支平衡为出发点,将服务出口定义为将服务出售给其他国家的居民;服务进口则是本国居民从其他国家购买服务。“居民”是指按所在国法律，基于居住期、居所、总机构或管理机构所在地等负有纳税义务的自然人、法人和其他在税收上视同法人的团体。各国按照自己的法律对“居民”有不同的定义。从统计的意义来说，“居民”通常被定义为在某国生活3个月以上的人，也有的国家认为至少生活5年以上的人，才成为居民。“贸易”是销售具有价值的东西给居住在另一国家的人，“服务”是任何不直接生产制成品的经济活动。

另外，服务可定义为一系列产业、职业、行政机关的产出：空运业、银行业、保险业、旅馆业、餐饮业、理发业、教育、建筑设计与工程设计、研究、娱乐业、旅游业与旅游代理、计算机软件业、信息业、通信业、医疗与护理、印刷、广告、租赁、汽车出租服务等。因此“国际服务贸易”定义为这些行业部门的产出品向其他国家居民的销售。①

综上可以看出，国际服务贸易的定义是以国境为界划分的，这方便统计专家进行服务出口和进口的计算及分类。例如，在美国的某一美国本国的广告公司为法国生产企业提供广告设计服务，就是对法国出口美国的服务。不过经济生产国际化使这种关系变得越来越复杂，例如，在贸易实践中经常会有这样现象：在法国的一家美国银行的某一美国雇员，为在法国旅游的美国游客服务，这就是对美国出口法国的服务。但是，统计学家很难将这种收入简单地归为法国的服务出口或美国的服务进口。因为，此时对美国在法国开设的银行而言，是美国对法国的出口银行服务。但是，从法国的角度分析，在其境内的企业为外国居民提供的服务又称为其对外国的服务出口。从美国银行自身分析，它为在法国旅游的美国客人提供的服务收入只能作为企业本身的收入，并按企业性质和法国的有关法律规定将一部分收益汇回美国，从严格意义上讲，只有汇回美国的部分收益才能称为美国对法国的服务出口。由此可看出服务贸易定义及统计的复杂性。

① 王丽．国际服务贸易的统计分析[D]．中国海洋大学，2005.

2. 联合国贸易与发展会议关于国际服务贸易的定义

联合国贸易与发展会议利用过境现象对服务贸易进行阐述，将国际服务贸易定义为：货物的加工、装配、维修以及货币、人员、信息等生产要素为非本国居民提供服务并取得收入的活动，是一国与他国进行服务交换的行为。国际服务贸易有狭义和广义之分：狭义的国际服务贸易是指有形的、发生在不同国家之间，并符合于严格的服务定义的直接的服务输出与输入。广义的国际服务贸易既包括有形的服务输入和输出，也包括服务提供者与使用者在没有实体接触的情况下发生的无形的国际服务交换。一般所指的服务贸易都是广义的国际服务贸易概念。

3.《服务贸易总协定》的定义

世界贸易组织负责实施的《服务贸易总协定》中根据国际服务贸易的提供方式将服务贸易定义为四种形式。

(1)跨界提供

跨界提供(Cross-border Supply)是指由一个成员境内向另一个成员境内提供的服务。在这种形式下，服务提供者和被提供者分别在本国境内，并不移动过境。所以，这种服务提供方式，往往要借助于远程通信手段，或者就是远程通信服务本身，如国际电话通信服务。

(2)商业存在

商业存在(Commercial Presence)是指一个成员的服务提供者通过其在其他成员境内的经济实体提供服务。具体是指外国的企业和经济实体在本国经营所提供的服务，包括投资设立合资、合作和独资企业、分支机构等。例如，外国公司到中国开饭店，办律师事务所等。在国际服务贸易活动中商业存在是最主要的形式。

(3)过境消费

过境消费(Consumption Abroad)是指在一个成员境内向任何其他成员的消费者提供的服务。在这种服务提供形式下，服务的被提供者，也就是消费者跨过国境进入提供者所在的国家或地区接受服务。出国旅游、出国留学实际上都是接受的这种服务提供方式。

（4）自然人流动

自然人流动（Movement of Personnel）是指由一个成员在任何其他成员境内的个人提供的服务。这种形式涉及提供者作为自然人的跨国流动。与商业存在不同的是，它不涉及投资行为。例如，我们请一个国外著名会计师事务所的注册会计师前来作财务咨询以及进行讲学，这可以被看作“自然人流动”。但如果该事务所来我国开设了一家分支机构，那么就是“商业存在”了。

需要说明的是，以上定义无论是跨界提供、过境消费，还是商业存在和自然人流动，其定义都是宽泛的，有些内涵还有交叉。这是因为“乌拉圭回合”多边服务贸易谈判中，服务贸易谈判委员会在一些发达成员的要求下，应尽可能多地把各种服务贸易纳入谈判内容。从实际来看服务的提供往往不是一种方式能完成的，而是几种方式混合才能实现。但是不论是一种方式还是几种方式联合完成的服务贸易，都不与上述作为一个整体的服务贸易定义相冲突。目前，这个定义已成为国际服务贸易的权威性定义，被世界各国普遍接受。

（二）国际服务贸易的类别

1991年，关税与贸易总协定编写出《服务贸易总协定》服务部门分类GNS/W/120，这是关税与贸易总协定与各缔约方磋商的结果，它将服务部门划分为12个部门，包括：商业服务，通信服务，建筑和相关的工程服务，分销服务，教育服务，环境服务，金融服务，与健康相关的服务和社会服务，旅游和与旅游相关的服务，娱乐、文化和体育服务，运输服务，其他地方没有包括的服务。

在世界贸易组织公布的统计数据中，国际服务贸易被定名为商业性服务贸易，包括运输、旅游和其他商业性服务贸易三大类，其中的具体部门分类如下所示。

1. 运输服务

运输服务主要包括:(1)海运服务;(2)空运服务;(3)其他运输形式服务,包括陆地运输、国内水路运输和管道运输,涉及人员运送、货物移动以及利用相关设施和人员提供的与运输相关的服务。

2. 旅游服务

旅游服务主要包括:(1)个人旅游者由于健康、受教育或其他原因获取的货物与服务;(2)商务旅游者由于健康、受教育或其他原因获取的货物与服务。

与其他形式的服务相比,旅游服务不属于特定一种类型服务的提供,而是依据旅游者消费的货物与服务进行分类,货物与服务通常包括: 住宿、食品与饮料、娱乐、交通(运输)、礼品、纪念品等。

3. 其他商业性服务

其他商业性服务包括:(1)通信服务,包括电信、邮政、递送等服务;(2)建筑服务;(3)保险服务;(4)金融服务;(5)计算机与信息服务,包括新闻机构提供的服务等;(6)特许与许可贸易,包括与无形非金融资产和财产权利利用相关的收入与支出,如专利、版权、商标、工业流程的使用,特许权的获得等;(7)其他商务服务,包括与货物有关的服务、经营性租赁、杂务、专业技术性服务等,如法律、会计、管理咨询、公共关系、广告、市场调研、公共意见收集、研究与开发、建筑设计、工程设计和其他技术性服务、农业、矿业和其他露天作业设计等;(8)个人、文化与娱乐服务,如视听服务等。

二、当代国际服务贸易的特点

国际服务贸易是 20 世纪 70 年代以来突破传统意义上的国际商品活动领域而迅猛发展的,随着《服务贸易总协定》(GATS)

的签订并生效，国际服务贸易日益得到各国的重视，已成为世界经贸竞争的又一热点。全球服务贸易发展迅速，1980 年世界服务贸易出口额为 3 650 亿美元，2014 年国际服务总出口额已达到 49 404 亿美元。综观当代国际服务贸易的发展。主要呈现如下趋势。①

（一）服务贸易结构调整加快

20 世纪 80 年代以来，世界服务贸易的结构有了很大的变化，逐渐向新兴服务贸易部门倾斜，旅游、运输等传统服务贸易部门保持稳定增长。2000—2013 年，运输服务占世界服务贸易的比重从 23.2% 下降到 19.5%，旅游服务占比从 32% 下降到 25.5%，而以通信、计算机和信息服务、金融、保险、专有权利使用费和特许费为代表的其他服务类型占比则从 44.8% 逐步增长到 54.9%。② 不过，运输和旅游服务在近几年还是保持了稳定增长。在货物贸易增速放缓和运输成本大幅提升的双重压力下，世界运输服务出口 2012 年增长 1%，2013 年增长 2%。世界旅游服务出口主要受亚洲旅游业的大幅反弹影响，近年有了较大程度的增长，2012 年增长了 4%，2013 年增长 7%。③

2000—2013 年，全球服务贸易出口中传统运输类服务贸易比重明显下降，旅游类比重保持稳定，而其他商业类服务持续上升。

国际服务贸易竞争的重点集中于新兴服务行业。服务贸易结构日益向知识技术密集型方向转变。运输服务和旅游服务在世界服务贸易中的比重呈下降趋势，以电子信息技术为主和以高科技为先导的一系列新兴服务将成为未来各国国民经济发展的主要支柱和强大动力。

20 世纪 70 年代以来，随着以信息技术为代表的新科技革命

① 胡景岩．世界服务贸易呈现六大趋势 [N]. 经济日报，2006-08-01.

② 赵瑾．全球贸易发展的基本格局 [J]. 国际贸易，2015（4）：49.

③ 崔日明，王厚双，徐春祥．国际贸易 [M]. 北京：机械工业出版社，2016，第 101 页．

蓬勃兴起，信息服务业迅速发展并崛起，由此带来资金技术密集型新兴服务贸易的蓬勃发展。金融、保险、证券、信息、法律、会计等服务行业伴随全球对外投资扩张而增长，快速进入全球贸易领域。

以新兴服务贸易部门为主的其他服务蓬勃发展，充分反映了信息技术革命对新兴服务贸易的推动作用。全球信息技术革命的不断发展增强了服务活动及其过程的可贸易性，通信、计算机和信息服务、会计、咨询等新兴服务行业不断扩张。同时，与近年来出现的大型呼叫中心、数据库服务、远程财务处理等一样，新的服务贸易业务逐渐衍生出来。世界服务贸易将逐渐由以自然资源或劳动密集型为基础的传统服务贸易转向以知识技术密集型为基础的现代服务贸易。

（二）服务贸易总量持续快速增长

经济全球化的加深和国际产业结构的调整，促使世界服务贸易得到了长足发展。1980—2014 年，世界服务贸易出口额从 3 650 亿美元扩大到 49 404 亿美元，35 年间增长了 12.5 倍，占世界贸易出口的比重从 1/7 增长到近 1/4。[①]

世界服务贸易的规模与货物贸易共同增长，近几年来服务贸易增速高于货物贸易。20 世纪 70 年代期间，世界服务贸易的出口与货物贸易的出口均保持快速增长且大体持平，年均增长 17.8%。进入 80 年代，世界服务贸易出口的平均增速开始高于货物贸易，80 年代后期年均增幅更是高于 10%。到了 90 年代，服务贸易的平均增速呈波动下降趋势，约为 6%，恢复到与货物贸易基本持平的状态。其间“乌拉圭回合”《服务贸易总协定》（GATS）于 1994 年最终签署，成为世界服务贸易全球化发展的标志性事件。跨入 21 世纪后，世界服务贸易出口进入稳定增长期，增幅开始逐渐回升，2004 年首次突破 2 万亿美元。这一期间

---

① 崔日明，王厚双，徐春祥．国际贸易[M]．北京：机械工业出版社，2016，第 101 页．

世界服务贸易的平均增速略低于货物贸易。尽管2014年服务贸易出口的增速与2004年的19%相比下降了15个百分点，但总的趋势还是保持增长的。①

(三)地区不平衡日益严重

由于当代世界各国经济和服务业发展严重不平衡，各国的对外服务贸易水平及在国际服务市场上的竞争实力悬殊，与国际货物贸易领域相比较，全球各地区和各国服务贸易发展的不对称性更加突出。

发达国家在世界服务贸易中仍占主导地位，发展中国家的地位日益上升。从服务贸易出口总量看，美国、英国等发达国家在世界服务贸易中占据主导地位。1980年以来，美国、英国、德国、法国和日本一直居服务贸易出口前5名。2014年，这5个国家服务贸易出口额合计占全球服务贸易出口总额的35.1%，服务贸易出口前十位国家中仅有中国、印度两个发展中国家。② 在服务贸易商品结构方面，发展中国家在普通劳动力输出、建筑工程承包、旅游服务业等领域优势较大，另外不少发展中国家的旅游资源十分丰富，旅游人数和旅游收入有了较大的增长。一些技术、经济实力较强的发展中国家也开始发展技术层次较高的服务贸易。然而，与工业发达国家相比，发展中国家的服务业和服务贸易的规模仍较小，大部分发展中国家和地区的服务业不发达，尤其是现代服务项目不具有竞争优势。这种格局明显地体现在服务贸易的发展过程中，发展中国家大都是服务贸易逆差国。与此相反，发达国家则长期保持着服务贸易顺差。美国在服务贸易上有大量顺差，是世界上最大的贸易顺差国。大量服务贸易顺差的存在，在一定程度上改善了美国国际收支恶化的状况。

① 崔日明，王厚双，徐春祥．国际贸易[M]．北京：机械工业出版社，2016，第101页．
② 2014年世界贸易主要特点及2015年发展走向（表3）[EB/OL]http://www.govinfo.so/news-info.php?id=50893.

（四）商业存在成为主要方式

服务产品具有无形性、不可储存性，在消费国内部通过商业存在服务，有利于服务提供者的批量生产，取得规模效益，降低成本和价格。因此，随着经济全球化进程的加速，世界范围的产业结构调整和转移进一步升级，跨国直接投资以高于世界经济和货物贸易的速度增长。从20世纪70年代开始，由外国直接投资产生的，通过外国商业存在所实现的国际服务贸易规模迅速扩大，在一些发达国家已经超过了跨境方式的服务贸易。

（五）跨国公司成为国际服务贸易的主体

与货物贸易相比，许多服务贸易只有通过跨国公司在国外的附属企业生产才能供应外国市场。跨国公司是对外直接投资的主要载体，因此，跨国公司也就日趋成为世界服务贸易的主体。一方面，跨国公司是推动国际服务贸易迅速发展的直接动因。跨国公司国际化经营活动的开展带来了资本、技术、人才的国际流动；同时，跨国公司日益成为产品开发设计和经营咨询服务中心，有的还分化出越来越多的提供各种服务的专业化公司。另一方面，为了提高国际竞争力，跨国公司需要国际服务这一“黏合剂”，利用雄厚的技术、资金和信息实力跨国公司逐渐占领和垄断了世界服务贸易市场。

跨国公司对外直接投资结构的变化特点可以明显地反映上述特征。从20世纪70年代开始，跨国公司对金融、保险等服务业部门的投资比重趋于上升，从而使金融服务业和制造业并驾齐驱，成为对外投资的重点行业。到80年代中期，世界对外直接投资约7 000亿美元的总存量中，投资在服务业的占45.8%左右（约3 000亿美元）。到1990年，西方发达国家对服务业投资的存量高达7 200亿美元，而同年对制造业的投资总额为5 560亿美元，二者相比，对服务业的投资多了1 640亿美元。2012年，服务业占了国际直接投资总额的63%,几乎是制造业占比(26%)的2.5倍,是第一产业占比(7%)的9倍。[①]可见,服务业的对外直接投资已经成为对外直接投资增长最有活力的部分。

三、国际服务贸易迅速发展的推动因素

(一)全球性服务业的不断转移

服务业跨国转移是当前经济全球化的新的显著特征,其主要方式有:服务业的对外投资,服务业务和项目的离岸外包,以及提供特许权、经营许可、管理合约等为主的服务贸易。服务业转移既是制造业全球化的自然延伸,也是推动服务业全球化的重要力量,并引发世界经济和产业结构的重大调整。服务业跨国转移加速的原因主要有四个方面。

一是生产的国际化带动了服务的国际化。跨国公司在全球范围内组织生产活动,也需要获得全球化的贸易、金融、通信、运输等服务,随着制造业向发展中国家转移,一些发达国家的生产性服务业也出现了向发展中国家转移的浪潮。

二是以IT为主导的高新技术在世界服务业中的应用取得重大突破,服务业国际分工全面深化,是服务业全球化和跨国转移的重要基础。现代信息技术的发展大大降低了企业内部管理和信息传递成本,也改变了许多行业的经营环境和竞争模式,服务业跨国公司也可以借助信息技术及时监督全球范围的资产运营情况,客观上为服务业的转移提供了条件。跨国公司通过建立完善的生产及服务供应链管理体系,不仅实现服务生产成本的最小化,而且确保了外部服务供应的稳定性和交易成本的最小化。

三是服务业国际竞争日益激烈推动的结果。世界服务业的迅速发展及服务业经营模式的不断创新,促使服务业的国际竞争日益激烈。跨国公司必须在全球范围内建立整合利用资源和市

① 崔日明,王厚双,徐春祥.国际贸易[M].北京:机械工业出版社,2016,第103页.

场的平台，通过服务业跨国转移实现生产要素的优化配置，降低成本，提高效率，改善服务质量，以占据国际分工和竞争的高端环节，增强影响力和控制力。

四是全球服务市场自由化的不断加深为服务业转移提供了前提条件。WTO将服务贸易纳入了全球贸易自由化体系之内，将商业存在作为服务贸易的内容之一。发达成员国承诺的覆盖率为81%，转型经济体承诺的覆盖率达到66%，大大促进服务国际贸易和服务对外投资。

（二）科学技术的飞速发展

科学技术促进了服务人员的过境移动，特别是第三次科技革命，加速了科技人员和其他服务的移动。科技进步推动了生产的自动化、机械化，对发达国家工人的文化水平要求越来越高，而发展中国家的一些科技人员和普通工人也因本国的经济落后、待遇低，希望去发达国家寻找工作来改善工作条件、提高生活水平，这就促进了科技人员以及其他服务人员的流动。同时，随着科技进步加速，发达国家急欲转移已淘汰的技术，这促使发达国家以企业移民的方式向发展中国家提供服务，由此促进了服务人员在全球范围内的移动。

科技的发展，带来电信服务业的迅速扩展，促进了服务业的经营范围的扩大。电信服务业自身作为核心服务，随着计算机技术的进步，在国民经济建设和发展中越来越起着关键性作用。可以说世界各国都离不开电信服务，如利用现代化通信网建立网络信息系统，收集国际服务市场动态的情报资料，设置专门机构进行可行性研究，对本国的服务出口决策者提供指导，并加强对服务人员的培训，促进本国人员素质的提高，以适应国际市场的需要。而且，许多国家，特别是发达国家直接通过电信网向境外提供服务，如《服务贸易总协定》对服务贸易的定义中的“跨界提供”就是该类服务。此外，电信服务作为其他服务的传递和提供的手段，其自身的技术进步也带来了整个服务业的革命。如电信服务业所带来的数据处理、软件服务、办公自动化服务和制造设计服务、研究开发服务、消费者服务等的迅速增长，促进了整个国际服务贸易的繁荣。

（三）国际服务合作的不断扩大

随着世界经济相互依赖的加深，国际经济合作方式日趋多样化，也促进了国际服务合作的扩大。国际服务合作是指拥有工程等技术人员和劳动力的国家和地区，通过签订合同，向缺乏工程技术人员和劳动力的国家和地区提供所需服务，并由接受服务一方付给报酬的一种国际经济合作。国际服务合作主要有以下几种方式：（1）承包外国各类工程，即工程设计服务和承包施工服务等；（2）服务输出，如派出各类技术工人、海员、厨师、医生、工程师、会计等从事体力和脑力劳动的人员，为输入国提供服务；（3）各种技术性服务出口或生产技术合作，如出口各种技术、专利、科技知识、科研成果和工艺等知识产权形态的产品；（4）向国外租赁配有操作人员的各种大型机械；（5）向海外提供咨询服务，如提供计算机软件使用以及经营管理铁路、公路、电力工程等方面的咨询服务。这种经济交往，促进了输入国的经济发展，也有利于服务出口国的经济收益和科技水平的提高。在当前，国际服务合作已成为世界各国进行国际经济交往的重要方式和内容。

（四）各国政府的大力支持

由于国际服务贸易自 20 世纪 70 年代以来的迅速发展，国际服务贸易市场的竞争日趋激烈，各国为了自己的利益都加大了国际服务贸易的发展力度，并加强了对国际服务贸易领域的研究。特别是自 1986 年国际服务贸易成为“乌拉圭回合”新议题以来，国际服务贸易和国内服务业的发展更成为政府、工商界和学术界关注的热点。许多发达国家政府拨款资助学术界和智囊机构对这一领域进行专项研究，分析国际服务贸易的经济学含义、现实发展状况、争夺世界市场的策略以及各种可能的政策行为等。而发展中国家一方面对开放金融、保险、运输及商业销售等市场仍持谨慎的保护主义态度,另一方面也越来越重视这一领域的研究,力图在这一新的国际经贸领域中真正做到知己知彼,以便在进入和开放国际服务贸易市场的实践中处于主动地位。

各国政府普遍采取了政府干预的方式大力扶植和发展服务业,也采取了诸多措施对国内服务市场进行保护。这些措施主要有:其一,建立服务自由贸易区,在区域内实施减免税收和其他管制。如公开注册航运制是鼓励国际航运服务的具有历史意义的先例。利比里亚、巴拿马等公开注册国的居民由于是公开注册船舶的拥有者而获益匪浅。以载重吨计算,世界航运有1/3是在方便旗帜下运营的。其二,政府鼓励投资、加速服务行业发展,并有意识地利用外资发展本国落后的服务业。如法国政府鼓励外国投资者在巴黎地区以外开设服务企业。其三,大力发展信息及电信技术设施,鼓励数据越国境的自由流动。其四,提供财政支持,建立新的基础设施,改造旧的服务设施。其五,各国普遍采取措施大力发展教育,努力提高人力资本素质。其六,支持和鼓励区域间服务部门的合作和一体化。如欧洲共同体在一体化协定中授权成员国间进行服务自由移动,广泛支持服务合作和一体化。

第三节　跨国公司的发展运行

一、跨国公司的内涵和性质

(一)跨国公司的内涵

跨国公司(Transnational Corporation),又被称为多国公司(Multinational Enterprise)、国际公司(International Firm)、超国家公司(Supernational Enterprise)和宇宙公司(Cosmo Corporation)等。

跨国公司是指由两个或两个以上国家的经济实体所组成,并从事生产、销售和其他经营活动的国际性大型企业。跨国公司是一种新型的国际垄断组织,是垄断资本主义高度发展的产物。它最早出现于19世纪末20世纪初。当时,在发达资本主义国家里,一些大型企业通过对外直接投资,在国外设厂、设企业,开始跨国经营,成为现代大型跨国公司的先驱。跨国公司成长于19世纪70年代之后,已经成为世界经济国际化和全球化发展的重要内容、表现和主要推动力。

(二)跨国公司的性质

与国内企业相比,跨国公司的性质主要表现在以下几个方面。

(1)跨国公司的战略目标是以国际市场为导向的,目的是实现全球利润最大化;国内企业是以国内市场为导向的。

(2)跨国公司是通过控股的方式对国外的企业实行控制,国内企业对其较少的涉外经济活动大多是以契约的方式来实行控制。

(3)跨国公司在世界范围内的各个领域,全面进行资本、商品、人才、技术、管理和信息等交易活动,并且这种"一揽子"活动必须与公司总体战略目标符合且处于母公司控制之下。所以,跨国公司对其分支机构必然实行高度集中的统一管理。而国内企业的国内外经济活动的关系是松散的,有较大偶然性,其涉外经济活动往往在交易完成后就立即终止,不再参与以后的再生产过程。

(4)跨国公司的全球性生产经营方式较多,包括进出口、许可证、技术转让、合作经营、管理合同和在海外建立子公司等。其中,尤以在海外建立子公司为主要形式开展和扩大其全球性业务。而国内企业生产经营方式比较单一。

二、跨国公司的经营特征

跨国公司是以母国为基地,将其实体分布于不同的国家或地区,在多国或地区从事投资活动,由一国的某一大型企业为其控制、管理和指挥中心。

(一)推行全球性战略和集中性管理

跨国公司的战略是以整个世界市场为目标,从全球战略出发对公司的经营活动进行合理地安排,在世界范围内寻求市场和合理的生产布局,定点专业生产,定点销售产品,以牟取最大的利润;总公司对整个公司的投资计划、生产安排、价格体系、市场分布、利润分配、研制方向等重大的决策,实行高度集中统一的管理。

跨国公司内部各实体之间具有密切的联系,在海外设立的大量子公司受制于母公司,并根据母公司的全球战略制订各自的经营计划及措施,公司内部的各个实体与其他实体分享资源和分担责任。在分工协作的基础上,公司内部各单位的业务融为一体,相辅相成。

(二)利用直接投资争夺世界市场

跨国公司对外扩张有两条途径:一是商品出口,二是海外投资和海外生产。为了扩大商品输出,在国外建立销售公司,这种销售公司是最简单的所有权式的投资,其作用有三个:一是推销母公司和母国的产品;二是了解当地市场行情,收集所在国的经济和商业情报;三是扩大公司的影响,作为进一步向外投资的跳板。

随着竞争的加剧,向外输出商品为主的做法已无法满足争夺市场的需要,跨国公司已越来越多地利用海外直接投资建立工业企业,海外直接生产更能最大限度地扩大盈利。

（三）拥有先进技术以确保竞争优势

价格竞争已很难为跨国公司争取到最多的顾客，取而代之的是非价格竞争。目前，跨国公司主要从以下几方面提高商品非价格竞争能力：一是提高产品质量，逾越贸易技术壁垒。二是加强技术服务，提高商品性能，延长使用期限。三是加速产品升级换代，不断推出新产品，更新花色品种。四是不断设计新颖和多样的包装装潢，注意包装装潢的“个性化”。五是加强广告宣传，大力研究改进广告销售术。

全世界的新技术、新生产工艺、新产品，基本上都由跨国公司掌握，这是跨国公司能够几十年不衰反而不断发展壮大的根本原因之一。

跨国公司都投入大量的人力和物力开发新技术、新产品。投资研究与开发就等于投资于未来，投资于市场竞争力，通常研究与开发费用占公司销售总额的5%～10%。同时，跨国公司始终牢牢控制新技术部门的生产和销售。据统计，最大的866家跨国公司其国外总产量中约60%集中在先进技术部门（其中石油部门占37%，化学和制药部门占12%，电子和电器部门占7%），22%集中在中等技术水平部门（其中汽车业占9%），而简单的技术部门仅占18%（其中食品加工业为9%）。①

（四）向综合型多种经营发展

跨国公司综合型多种经营的形式有横向型水平型多种经营、垂直型多种经营和混合型多种经营。

1. 横向型水平型

此类公司主要从事单一产品的生产经营，母公司和子公司很少有专业化分工，但公司内部转移生产技术、销售技能和商标专

① 林康．跨国公司经营与管理讲座——（一）当代跨国公司[J]．国际贸易问题，1989（Z1）：47-52.

利等无形资产的数额较大。

2. 垂直型

此类公司按其经营内容又可分为以下几种。

(1)母公司和子公司生产和经营不同行业的但却相互有关的产品。它们是跨行业的公司,主要涉及原材料、初级产品的生产和加工行业,如开采种植—提炼—加工制造—销售等行业。例如,美国的美孚石油公司,它在全球范围内从事石油和天然气的勘探、开采,以管道、油槽和车船运输石油和天然气,经营大型炼油厂,从原油中精炼出最终产品,批发和零售几百种石油衍生产品。

(2)母公司和子公司生产和经营同一行业不同加工程度或工艺阶段的产品,主要涉及汽车、电子等专业化分工水平较高的行业。例如,法国的标致雪铁龙汽车公司是这种垂直型的跨国公司,公司内部实行专业化分工,它在国外的84个子公司和销售机构分别从事铸模、铸造、发动机、齿轮、减速器、机械加工、组装和销售等各工序的业务,实现了垂直型的生产经营一体化。

3. 混合型

此类公司经营多种产品,母公司和子公司生产不同的产品,经营不同的业务,而且它们之间互不衔接,相互间没有必然联系。例如,日本的三菱重工公司即是如此。它原来是一家造船公司,后改为混合多种经营,经营范围包括汽车、建筑机械、发电系统产品、造船和钢构件、化学工业、一般机械、飞机制造业等。

跨国公司多种经营的发展,表明一种新的竞争形式——结构竞争,通过控制多部门的生产结构,争夺销售市场,从而使其成为多目标生产经营综合体。

(五)大量从事内部贸易

跨国公司内部贸易是指一家跨国公司内部的产品、原材料、技术与服务在国际上流动,这多表现为跨国公司的母公司与国外子公司之间以及国外子公司之间在产品、技术和服务等方面的交易活动。一个跨国公司由其在世界范围内的子公司和附属机构构成内部贸易体系，将公开市场上的交易转化为公司内部贸易，就可以避免由于各国环境的差异，造成企业面临不完全竞争或有缺陷公开市场，而难以通过公开市场交易实现其全球利益最大化的情况。

三、跨国公司对国际贸易的作用

对于跨国公司母国来说，跨国公司的发展对国际贸易起了极大的推动作用。母国的产品可以通过对外直接投资的方式在东道国生产并销售，从而绕过了贸易壁垒，提高了产品的竞争力；从原材料、能源的角度看，减少了母国对发展中国家的依赖；也使得母国的产品较顺利地进入和利用东道国的对外贸易渠道并易于获得商业情报。目前，跨国公司控制了许多重要的制成品和原料的贸易。跨国公司40%以上的销售总额和49%的国外销售集中在化学工业、机器制造、电子工业和运输设备四个部门。

跨国公司是技术贸易的主要组织者和推动者。在世界科技开发和技术贸易领域，跨国公司尤其是来自美国、日本、德国、英国等发达国家的跨国公司，发挥着举足轻重的作用。目前，跨国公司掌握了世界上80%左右的专利权，基本上垄断了国际技术贸易；大约有90%的生产技术和75%的技术贸易被这些国家最大的500家跨国公司所控制。

对于接受投资的东道国而言，引进外资的同时也引进了发展经济所必需的资本、先进的技术和管理经验，增加了本国的就业机会，繁荣了经济。跨国公司对外直接投资和私人信贷，补充了东道国进口资金的短缺。跨国公司的资本流入，加速了东道国对外贸易商品结构的变化。东道国引进外国公司的资本、技术和管理经验，大力发展出口加工工业，使某些工业部门实现了技术跳跃，促进了对外贸易商品结构的优化和国民经济的发展。

第六章　国际市场营销的环境分析

国际市场营销环境是指企业内部条件和外部因素的总和。企业的营销活动从国内市场发展到国际市场,其基本功能、原则及企业可控制的基本因素未发生变化,关键的变化是由不可控因素组成的外部营销环境发生了变化,由一元的、单面的环境变成了多元的、多面的环境。因此,企业要想获得利润,得到发展,在从事国际市场营销活动之前,要对国际市场环境进行分析。

第一节　国际市场营销的经济环境分析

一、全球经济环境

(一)全球经济的主要特点

当今,全球经济发展表现为四个主要特征,这些环境特点深刻地影响全球公司的结构行为和绩效,从而影响国际营销者的行为和绩效。

1. 国际贸易与国际投资迅速发展

近几年来,全球投资增长明显,其增长率超过其他主要经济指标,成为推动全球经济发展和全球化的主要动力之一。

国际直接投资产生的贸易创造效应大于贸易替代效应,成为贸易与经济增长的助推器。世界贸易进出口总额不断增长,由于诸多因素的影响,国际贸易增长速度会发生上升或下降格局,但其总的发展趋势不会受到影响。

国际贸易迅速发展的主要原因为：一是企业努力从国内营销向国外营销扩展，通过提高规模经济效益来提高企业核心竞争力；二是政府实施进一步对外开放政策，支持对外贸易。第二次世界大战以来，国际资本流动的规模迅速扩大，资本国际化的趋势不断加强，要素在全球范围内的流动，带动了全球贸易，从而促进全球经济的发展。

2. 各个国家的经济之间相互依赖性不断提高

各国之间、各跨国公司之间在产品、服务及资本之间的贸易，创造了相互依赖的全球经济。而由国际贸易与国际投资的增长以及信息产业发展等多因素推动的经济全球化的发展，以及互联网的出现，使各国经济彼此之间相互依赖性日益加强。任何一个国家或地区均不能脱离世界而孤立地发展。当今一国经济的高速发展同其他国家紧密联系在一起。例如，当某一国家经济不景气时，不仅限制本国经济进一步发展，还会影响该国的对外贸易及国际投资。又如当某一个国家发生通货膨胀或汇率变动时，必然会影响对外贸易效益及企业的竞争力，进而影响他国的贸易。再如一国的环境污染会涉及邻国，甚至导致全球环境的恶化。国际营销者要充分认识到这个特点，并采取相应的对策。

3. 全球竞争日益提高

由于各国实施或扩大对外开放政策，越来越多的企业跨越国界从事全球经营和销售，因而提高了国际市场的竞争程度。全球竞争的提高驱使企业寻求更好的方法去满足国际目标客户的需求，企业必须巧妙运用产品、价格、分销、促销及售后服务等营销策略，提高企业的竞争优势。否则，企业在市场竞争中将处于不利地位。

4. 全球经济更加复杂多样

由于国际贸易与国际投资的进一步发展，各国经济相互依赖的加强以及全球竞争的加剧，全球经济变得更加复杂，并相互交错在一起。最典型的事例是2008年由美国次贷危机引发的金融流动性危机，逐步转化为欧美日等发达经济体内部日益严重的财政债务风险，对于不同的经济体，风险的表现方式有所区别。这些充分说明了全球各个经济体之间紧密的联系。

（二）各国经济制度

国际营销者必须考虑的一个重要经济因素就是每个国家的经济制度是不同的。经济体制是指国家经济组织的形式。经济体制制定了国家与企业、企业与企业、企业与各经济部门的关系，并通过一定的管理手段和方法，调控或影响社会经济流动的范围、内容和方式等。各国经济制度不同，但可概括为三种类型：资本主义制度、国有制度或社会主义制度、混合经济制度。不同的经济制度，其性质不同，对社会经济调控方式亦不同。

1. 社会主义经济制度

社会主义经济制度为国家直接干预社会经济，企业的生产、产品的定价及分销均由政府直接控制。其主要包括实行计划经济时期的中国、解体前的苏联及瓦解前的东欧国家、朝鲜及越南。随着我国实行改革开放政策及已解体的苏东国家向市场经济体制转化，国家对社会经济的调控方式从原来直接行政干预日益转向通过法律、经济及行政手段实行间接宏观调控。

2. 资本主义经济制度

在资本主义经济制度中，生产和分配是在自由市场中由私人拥有、管理和发展的。其涵盖众多国家，诸如美国、日本、德国、英国、法国、加拿大等。但当前已不存在亚当·斯密曾描述的纯粹资本主义。甚至在所谓自由资本主义的美国也存在着政府通过某些立法及行政手段对企业经营活动进行调控。

3. 混合经济制度

在资本主义经济制度与社会主义经济制度之间存在着众多

的混合经济制度的模式。在该经济制度下，允许某些自由动作，同时，某一些行业的发展受到严格的控制。这些不同经济制度对企业国际营销提供宽、严程度不同的经济环境，从而使企业所面临的国际营销环境的复杂程度也不一样。

(三)国际收支情况

1. 国际收支

国际收支是指一个国家在一定时期内由对外经济往来、对外债权债务清算而引起的所有货币收支。

国际收支分为狭义与广义两个层次。狭义的国际收支是指一个国家或者地区在一定时期内，由于经济、文化等各种对外经济交往而发生的，必须立即结清的外汇收入与支出。广义的国际收支是指一个国家或者地区内居民与非居民之间发生的所有经济活动的货币价值之和。它是一国对外政治、经济关系的缩影，也是一国在世界经济中所处的地位及其升降的反映。国际收支状况通常是通过国际收支平衡表来反映，它是系统地记录该国在一定时期内国际收支项目及金融的统计表，这一统计表是各国全面掌握该国对外经济往来状况的基本资料，是该国政府制定对外经济政策的主要依据，亦是国际营销者制定营销决策必须考虑的经济环境。

2. 国际收支平衡表

国际收支平衡表由三大部分构成，即由经常项目、资本项目和平衡项目构成。

(1)经常项目

经常项目(current account)是一国国际收支平衡表中最基本、最重要的项目，它包括三个重要的收支项目。

其一，贸易收支。贸易收支是指具有一定物质存在形式，看得见摸得着的商品进出口收支。

其二，劳务收支。劳务收支由于主要涉及的是看不见实物的

“服务”,因此劳务收支又称为无形贸易(invisible trade)收支。

其三,单方转移收支。单方转移收支是指无偿取得或无偿提供财富,即实物资产或金融资产的所有权在国际的不需要偿还的转移。

(2)资本项目

资本项目(capital account)反映的是金融资产在一国与他国之间的移动,它包括资本输出和资本输入。其一,长期资本。长期资本是指期限在一年以上或未规定期限的资本输入和资本输出。其二,短期资本。短期资本是指期限在一年以内的资本输入和资本输出。

(3)平衡项目

为了在技术上调查弥补这一收支的不相抵所产生的净差额(即所谓“缺口”),一国官方当局需要一种与自主性交易相辅的平衡项目。平衡项目包括官方储备资产、错误与遗漏。

其一,官方储备资产。官方储备资产(official reserve assets)是指一国金融当局用以满足国际收支平衡和稳定汇率所需要的一切资产,包括货币用黄金、外汇储备和特别提款权等。

其二,错误与遗漏。由于错误和遗漏(errors and omissions account)的存在,缺口数与使用官方储备资产的实际增减并不相同。因而设立了这个“错误与遗漏”项目来人为加以平衡。

3. 一国国际收支对企业国际营销的影响

一国国际收支概况会通过影响以下三个方面,进而对企业国际营销产生影响。

(1)汇率变化

国际收支概况是影响该国的汇率变化,进而影响该国国际贸易的直接因素。当国际收支为逆差时,外国货币的需求量随之增加,该国货币对外价值相应下降,汇率随之下跌,从而影响进出口商品的价格变动。由于汇率下降,以本国资本货币计价的外国商品的价格立即提高,进口商品减少。而以外币计价的本国商品的价格也会立即降低，出口商品增加，反之亦然。因汇率升降对商品进出口的直接影响，必然直接影响企业进出口产品价格的增减，从而影响企业营销的增减。如果一国长期处于国际收支逆差状态，不仅会严重消耗一国的储备资产，影响其金融实力，而且还会使该国的偿债能力大大降低。如果陷入债务困境不能自拔，会进一步影响本国的经济和金融实力，失去在国际上的信誉。

（2）货币金融政策

国际收支概况对本国的货币金融政策措施产生直接的影响。当国际收支处于逆差状态时，该国会动用外债或对外举债从而弥补逆差，同时还争取其他的货币金融政策来弥补逆差，诸如调整利率、鼓励外国投资、加强政府对金融市场的干预、稳定汇率、加强外汇管制等。这些举措也对国际营销的货币结算及营销效益产生直接影响。

（3）整体经济

持续的、大规模的国际收支顺差也会给一国经济带来不利的影响。具体表现在：第一，持续性顺差会使一国所持有的外国货币资金增加，或者在国际金融市场上发生抢购本国货币的情况，这就必然增加对本国货币的需求量。由于市场法则的作用，本国货币对外国货币的汇率就会上涨，不利于本国商品的出口，对本国经济的增长产生不良影响。第二，持续性贸易顺差会导致一国通货膨胀压力加大。如果国际贸易出现顺差，就意味着国内大量商品被用于出口，可能导致国内市场商品供应短缺，带来通货膨胀的压力。另外，出口国将会出售大量外汇兑换本币收购出口产品，从而增加国内市场货币投放量，带来通货膨胀压力。第三，一国国际收支出现顺差也就意味着世界其他一些国家因其顺差而国际收支出现逆差，从而影响这些国家的经济发展，它们会要求顺差国调整国内政策，以调节过大的顺差，这就必然导致国际贸易摩擦。

二、国际金融体系

在企业国际营销过程中，经常需要把在各国从事经营所获的货币转换成一种金融资产组合，这就涉及汇率及其他金融问题，因此，国际金融体系在国际营销经济环境中显得尤为重要。国际金融体系自形成以来，先后经历了金本位制度、布雷顿森林体系和现行的浮动汇率制度，其核心是国际汇率体系。

（一）汇率

汇率也叫作“外汇牌价”，是一种货币兑换另一种货币的比率，通常是国外货币以国内货币表示的价格。以美元为例，汇率就是以欧元、日元或其他某种货币表示的价格。在国际贸易中，许多交易活动采用不同的货币计量，从而产生了货币支付体系。事实上，用各种货币来体现商业活动并不难，问题是各种货币的比值经常变动，而且变化趋势难以预测。在浮动汇率制度下，世界各主要货币的价值一直上下浮动，没有太多规律可循。如果某国对货币价格进行了调整，与这个国家有贸易往来的企业就会发现，汇率的变动足以吞掉所有利润或带来意外之财。

国际汇率中美元霸权由来已久。尽管美国政府宣称从20世纪90年代中期开始执行的“强势美元”政策没有变化，但是，种种事实表明，出于推动美国经济复苏这一总体目标的需要，布什政府实际早已放弃“强势美元”政策，而是听任市场来决定美元的汇率并诱导美元汇率下降。

在实际中，汇率变动的影响因素有多种。总的来说，汇率变动受到四大因素驱动：收益率差额、相对通货膨胀率、贸易流向和增长前景。进入21世纪，收益率显然是主导因素。这种主导性特别表现在套利交易的情况下，即投资者在低利率国家借款，再将借得的资金存入高利率国家以获得利差。

（二）欧元

欧元（EURO）是欧洲货币联盟（EMU）国家单一货币的名称，1999 年 1 月 1 日起在实行欧元的欧盟国家中实行统一货币政策，2002 年 7 月欧元成为欧元区唯一合法货币，由欧洲中央银行（ECB）和各欧元区国家的中央银行组成的欧洲中央银行系统（ESCB）负责管理。也有个别非欧盟国家或地区将欧元作为货币，如摩纳哥、梵蒂冈等。欧元是欧洲货币改革最大的结果，通过使用统一的货币，既能够使欧元区自由贸易更加方便，还能提升欧洲国家的政治和经济地位，更是欧盟一体化进程的重要组成部分。欧元成为国际货币的基础是欧元区国家的经济总量可以与美国经济总量相媲美。

（三）国际金融组织及治理改革

全球最为重要的两大金融组织——国际货币基金组织（MF）和世界银行（WB）都是布雷顿森林体系的产物。

国际货币基金组织的职责是监察货币汇率和各国贸易情况，提供技术和资金协助，确保全球金融制度运作正常。其宗旨是通过一个常设机构来促进国际货币合作，为国际货币问题的磋商和协作提供方法；通过国际贸易的扩大和平衡发展，把促进和保持成员国的就业、生产资源的发展、实际收入的高低水平，作为经济政策的首要目标；稳定国际汇率，在成员国之间保持有秩序的汇价安排，避免竞争性的汇价贬值等。国际货币基金组织的资金来源于各成员认缴的份额，成员享有提款权，即按所缴份额的一定比例借用外汇。世界银行的宗旨是向成员国提供贷款和投资，推进国际贸易均衡发展，通过对生产事业的投资，协助成员国经济的复兴与建设，鼓励不发达国家对资源的开发等。

核数师是国际货币基金组织的主要角色，其工作是记录各国之间的贸易数据和债务，并主持制定国际货币经济政策。世界银行主要提供长期贷款,其工作类似投资银行,向公司、个人或政府发行债券,将所得款项借予受助国。按照惯例,世界银行行长由美国政府提名,而国际货币基金组织总裁由欧盟提名。

三、东道国经济环境

(一)经济体制

经济体制有市场经济体制和计划经济体制两种基本类型。市场经济体制是由市场机制所决定的关于生产资料的配置和使用的经济体制。在计划经济体制下,政府通过集中计划在全国范围内进行生产资源的配置和使用。介于两者之间的是混合经济体制。世界上并不存在纯粹的市场经济体制或纯粹的计划经济体制,绝大多数国家实行的是混合经济体制,区别只在于是更接近市场经济体制还是更接近计划经济体制。

经济体制的属性直接影响着一国政府对经济的干预程度,从而影响企业的国际市场营销活动,主要表现如下。

在实行高度集中的计划经济体制的国家,政府直接掌管国民经济的管理权,对外国企业的产品和投资大都采取限制甚至禁止的态度;而且,这些国家的市场机制不健全,垄断现象较为严重。实行这类经济体制的国家不利于企业的国际市场营销活动。

在实行自由市场经济体制的国家,政府一般对外国企业的产品和投资持积极的欢迎态度,特别是给予外国投资企业优惠的政策和待遇,如减免税政策、享受国民待遇等;且这些国家的市场信息充分,市场机制健全,价值规律和价格机制充分发挥其市场调节作用,优胜劣汰的市场竞争原则可以得到充分体现。实行这类经济体制的国家是国际营销活动的良好场所。

就混合经济体制来看,又可分为两种情况:一是政府干预经济的程度较高,政府大量投资兴办国有企业,投资基础产业,实行外汇管制、进出口垄断和资本输出限制,而市场调节程度很小。

在这种情况下,国际营销企业面临的经营环境就比较严峻。二是政府对经济实行有限的干预,尽量充分发挥市场机制的作用。此时,该国政府只是对经济发展过程中出现的偏差予以纠正,放松对外汇交易、商品进出口和资本流动的限制。在这种情况下,比较有利于企业的国际市场营销活动。

(二)国民收入

1. 国民生产总值

国民生产总值(Gross National Product, GNP)是指一个国家在一定时期(通常为年)内所生产的产品和提供服务的市场零售价格总额。国民生产总值可以用当年产品和服务全部开支的总和来计算,也可以用生产这些产品和服务时所得的全部收入的总和来计算。国民生产总值是衡量一个国家经济发展实力和购买力的重要指标,也是一个比较可靠的描述商品潜在需求的指标。一般来看,高额的国民生产总值会创造巨大的市场需求量,从而为外国企业的产品出口提供市场机会。对于经济发展程度相近的国家而言,一个国家的进口总量与其国民生产总值成正比。但不同商品的市场需求量与国民生产总值数量的关联程度不等。具体来说,工业品(如水泥、机床、石油等)市场需求量与国民生产总值的数量成正比;而消费品,特别是高档消费品的市场需求量与国民生产总值数量的正比例关系则表现得不是很明显。

2. 经济增长速度

经济增长速度通常用国内生产总值(Gross domestic Product, GDP)的增长率来描述。国内生产总值是国民生产总值扣除来自国外的投资、财产和报酬收入后的剩余值。通常来看,国内生产总值的年平均增长率越高,说明经济增长的速度越快,市场的规模和潜力就越大。

（三）通货膨胀

通货膨胀对经济发展来说是一个严重的问题。将通货膨胀控制在一定的限度内，是各国政府的努力目标。有些国家为了控制通货膨胀，宁愿牺牲更高的经济增长速度。在名义收入不变的前提下，通货膨胀率越高，实际收入就越低，这就导致消费者的实际购买力下降，从而对市场产品的有效需求也下降；但消费者又担心手中持有的货币会随着通货膨胀的持续升高而更加贬值，因而也会急于将手头的货币转换为商品或超前消费，这又会促进市场需求。所以，通货膨胀对市场需求具有双重影响。通货膨胀会引起原材料、劳动力等价格的上升，这会导致产品成本的增加。企业为了减轻成本上升的压力，维持日常的生产经营，并获得一定的利润，就必须提高产品的价格，而且提价行为会随着通货膨胀的不断升高而持续。根据价格—需求弹性理论，价格越高，则需求量越低，特别是需求弹性较大的商品，其需求量的下降速度要快于价格的上升速度。如果企业不提价或提价幅度不大，就无法获得足够的现金流入来维持经营和赢得一定的利润。

因此，企业在进入某个国际市场之前，应对该国的通货膨胀状况进行详细的调查，并分析能否采取必要的防范措施。对于那些在一定时期内通货膨胀率很高的国家，企业在进入时一定要慎之又慎。

（四）居民的储蓄状况

居民的总收入通常分为两部分：一部分作为支付手段，用于现时消费；另一部分则暂不开支，作为储蓄。储蓄的最终目的是为了未来的消费。因此，一定时期内储蓄的多少将直接影响现时支出数量和市场购买力。在居民货币收入一定的情况下，储蓄数量越大，现时支出数量和市场购买力就会越小；反之，则现时支出数量越大，市场购买力越强，给企业提供的现时市场机会就越多。当然,当居民储蓄增多时,潜在购买力就增强,企业产品在未来的销售就相对容易。

一般用储蓄额、储蓄率和储蓄增长率三个指标来反映一个国家、地区或家庭的储蓄状况。储蓄额是居民储蓄的绝对数量,反映一定时期内的储蓄总量。储蓄率是指储蓄额占居民总收入的比例。储蓄增长率则反映某一时期的储蓄增长速度。通过这三个指标,能够分析一定时期消费与储蓄、居民收入与支出的变化趋势。

有很多因素影响居民储蓄状况,除了家庭的人口数量、就业人数、收入水平、市场商品的供给状况等因素外,储蓄动机、储蓄习惯与偏好、社会文化传统也是影响居民储蓄状况的重要因素。例如,有的居民储蓄是为了集中收入购买住房或高档耐用品;有的是为了将来子女的教育;有的是为了养老,使未来的生活有保障;有的受传统文化的影响而比较节俭,其储蓄纯粹基于一种习惯和偏好,并无特殊的动机,如日本、韩国、新加坡、中国香港等国家和地区的相当一部分居民储蓄即属此类。

(五)收入分布状况

在许多国家或地区,收入分配很不公平,贫富差距悬殊,这就使得国民生产总值和人均收入两个指标在反映该国或该地区的市场规模时可能产生偏差。因此,在评估一个国家或地区的经济环境时,还应考虑该国或该地区的收入分布状况,如此才能较为正确地评估市场的实际购买力。

收入分布状况可用基尼系数来衡量。基尼系数(Gini Coefficient)是指在全部居民收入中,用于进行不平均分配的那部分收入占总收入的百分比。

(六)消费者的信贷状况

消费者信贷是指消费者凭信用先取得商品使用权,然后按期归还贷款。消费者信贷可分为分期付款和一次性付款,其中分期付款又包括住宅分期付款、汽车分期付款、高档消费品分期付款和信用卡信贷等形式。

消费者信贷不仅可以增加和刺激消费者需求,提高消费者的购买力,而且还会带动相关产业和产品的发展。例如,向消费者提供住宅信贷,除了可以直接增加住宅的销量外,还可以推动建材、建筑、装潢等行业的发展。

(七)基础设施建设

一个国家或地区的基础设施是评估其经济环境的重要指标之一。基础设施主要包括交通运输、能源供应、通信设施以及商业基础设施等。一个国家或地区的基础设施直接影响着国际市场营销的效率与效益。

交通运输包括陆地运输、空中运输和水上运输。一个国家或地区的交通运输条件影响着企业原材料的供应和产品的实体分配。

能源包括电力、石油、天然气及煤炭等。能源供应影响着投资项目能否按期完成,以及形成的生产力能否被充分利用。同时,能源供应也影响着某些耗能产品的销售状况。

通信设施条件包括国际互联网、电话、电传、邮政等通信条件及报纸杂志、电视、广播等大众传播媒体的发达程度。通信条件是否完善直接影响国际营销企业的分支机构与供应商、销售商、顾客、公司总部的信息沟通,从而决定着国际营销企业,特别是分支机构能否及时了解市场信息。大众传播媒体的发达程度影响着消费者对企业产品信息的接收程度,不发达的媒体必然会限制企业的促销活动。

商业基础设施包括广告公司、保险公司、市场营销调研公司、咨询公司、商务中介公司、会计师事务所、税务师事务所等。商业基础设施是一种“软基础设施”。商业基础设施的有关情况可以从政府和贸易协会提供的资料中获取,也可从专门的咨询顾问公司处获得，甚至可以派专人去东道国进行调研，获得一手资料。

东道国的经济环境因素还有很多，如人口因素，包括人口总数、人口结构、人口分布、人口增长、人口流动和人口密度等；又如该国的科技发展状况、财政状况、金融状况、外贸状况、失业率和城市化程度等。

第二节 国际市场营销的文化环境分析

一、文化的含义和特点

（一）文化的含义

许多学者从不同的视角出发，对文化进行界定，这些定义有一个共同点，即文化可以学习，可以分享，也可以世代相传。文化作为共同的思想和行为方式，在社会力量作用下得到发展和加强。文化是多层面的，包含互相依赖的因素，一个因素的变化会影响其他因素的变化。在层出不穷的文化概念下，文化可以归纳成几个具有特征性的关键词：群体、共享、学习、准则和价值。

本书认为，文化是指给定社会中人们可识别的行为方式特征整合而成的体系。它包括给定社会群体想说做行的方式，即这个社会群体的习惯、语言、物质、成就、共同的态度和感情体系等。这个定义包括了从物质到精神诸多方面的要素。

由此可以看出，文化是保守、抵制变革和鼓励延续的。每一个人都在某一种文化的熏陶下学习做事的“正确方法”，当一个深受某种文化影响的人遭遇另一种文化时，不同文化的碰撞往往会出现问题。进行国际市场营销时需要适应当地文化，防止失误。当前的国际市场营销非常注重文化渗透（调整自己以使自己适应另一种文化），通常认为文化渗透是国际经营成功的关键之一。但是文化渗透并不是在所有的场合都可以应用，在一些保守的文化中，比如说在伊斯兰国家，人们对酒精饮料的态度和对一个社会中女性角色的看法根深蒂固，很难改变。在这些场合中，文化渗透可能派不上用场，这就需要做好灵活变通和适应。

（二）文化的特点

任何一个群体或社会都拥有文化，文化是人类的全部社会遗产，是人类社会环境中由人类自身形成并流传下来的那一部分，它涉及人类生活的一切方面。总之，文化是作为社会成员的个体所获得的全部行为和准则的集合体，其基本特征有以下四个方面。

1. 后天习得

文化是通过后天学习获得，而不是与生俱来的。即文化具有继承性，但这种继承和遗传不同，它需要学习、实践和领悟。长期的共同生活是文化形成的基础。

2. 成员共有

文化是某个社会中的成员所共有的。社会中的每个成员都理解该社会文化的意旨并受其影响，即不同社会的文化具有明显的差异性。由于现代社会的地理界线是以国界为主，正规的教育和经营活动也都采用主导文化的语言。因此，文化的差异也就主要反映在国与国之间。但这容易给人们造成一种误解，即政治边界就反映了文化边界，事实上这并不必然。很多国家诸如加拿大，新加坡等，在其政治边界内拥有一个以上的文化群体。进一步来看，即使是文化相对单一的国家也存在各种各样的亚文化，它们代表着影响商业交易的地区文化差异和城乡文化差异。

3. 分部分或要素

文化是分成部分或要素的。文化的各个不同部分或要素相互关联，触动文化的某一方面往往会影响到其他方面。尽管人类学家至今对于文化分为哪些部分或要素还存在着分歧，但基本都同意文化的内涵包括物质文化、社会组织、语言教育和宗教信仰等部分。

4. 不断演进

文化是不断发展演进变化的。文化在世代相传的过程中,总是随着经济技术环境的变化和不同国家之间文化的交流而变化。它总是在不断吸收其他社会文化中的优秀部分,从而推动本国文化的变迁。

二、文化的构成要素

人类学家对文化范畴的界定可以作为文化分析的一个基本框架。人类学家认为,文化包括生活的各个部分,可以通过诸多要素加以说明,即物质文化、社会制度、宗教信仰、美学和语言。由于这些因素与国际市场营销活动相互影响,并对了解每一社会的市场体系特征至关重要。因此,在研究某一具体外国市场时,必须认真研究每种文化因素的含义。

(一)物质文化

物质文化由技术和经济构成。前者指物质产品生产过程中使用的技能;后者则是人们运用工具、知识、技术、方法创造和分配财富的方式,包括产品和产品的分配、消费方式等内容。

物质文化既影响产品的生产手段和分配方法,而且还影响到需求水平,影响产品的质量、种类和功能。物质文化的差别还使得各国的需求和商业习俗表现出不同的特点。物质文化质量的高低和完善程度直接影响了国际营销的方式和规模。

(二)社会制度

社会制度影响人与人之间的相互关系,影响人们如何组织自己的活动以便和睦相处,影响人们如何把行为准则传授给下一代以及如何管理人类自身。社会制度主要包括以下三个方面。

1. 社会组织

社会中人与人之间联系的方式就是社会组织,而具有类似的价值观、兴趣爱好、行为方式乃至产品偏好、品牌偏好及经济收入和购买力相似的人,可以称作社会阶层。社会中因职业、政治、宗教、爱好等特点而形成的不同特殊利益集团,则称为利益集团。相似的社会组织、阶层和利益集团对产品及服务会有一些共同性的要求,而在不同的文化体系中它们又呈现出不同的消费特点。

家庭是最普遍的一个社会组织,大多数东西方文化传统的家庭都是核心小家庭,即夫妻两个人和一两个子女组成的家庭,这种结构直接导致家用电器和汽车的需求成倍增长。而沙特阿拉伯则多是大家庭结构,很多如冰箱、彩电等耐用消费品的销量相对减少。在对社会组织的考察中,分析社会阶层、家庭规模和特点、妇女的角色和地位、群体行为等对国际市场营销活动的开展很有意义。

2. 政治结构

政治结构又称政治的上层建筑,是建立在经济结构之上的政治法律设施、政治法律制度及其相互关联的方式。它包括政党、政权机构、军队、警察、法庭、监狱等实体性要素以及政权的组织形式、立法、司法、宪法和规章等制度性要素。

3. 教育

教育是技能、思想、态度的传授,是专业知识的学习和培训,对人们的价值观和行为方式有很大的影响。它会影响人们的消费行为、制约国际市场营销活动、影响当地市场的商品构成和人力资源状况。各国的教育普及程度差别很大。识字率是一个国家经济发展的一种潜力指标。识字率不足 50% 的国家经济增长从未获得过成功。识字率对市场营销有直接的影响,在识字率高的市场进行交流会大大降低成本。教育状况决定了国际营销的促销方式、包装说明、产品功能的简易程度等方面。进入东道国之前必须要了解其教育普及程度和国民的教育水平。

（三）宗教信仰

人们的价值观念、生活方式、消费行为、社交方式、经商风格，以及人们对时间、财富、变化、风险的态度等方面都会受到宗教信仰的影响。营销者如果对宗教知之甚少或一窍不通，则可能在无意中冒犯他人。正如其他文化因素一样，人们不能从自己的宗教信仰出发来看待他人的宗教信仰。在宗教派别较多而且容易产生交锋的国度，营销活动要小心谨慎、仔细考察，注意防范时时发生的宗教冲突甚至动乱给经营活动带来的风险。企业要在国际营销活动中充分认识到宗教信仰对企业营销的影响，尊重目标市场各方的宗教信仰和观念，充分利用营销契机，巧妙规避风险。

（四）美学

美学包括书画及造型艺术、民间故事、音乐戏剧和舞蹈，是一种文化的审美观念。美是一种高层次的人类心理需求，是关于审美认识的观念，是文化的重要组成部分。由于各国历史和文化的差异，艺术表现手段、色彩的选择和美的标准因国而异，不同国度、不同区域甚至不同民族间都会产生差异很大的审美观念。

审美观念在诠释其象征意义时有特殊作用，往往会引起营销者的兴趣。无论身处何地，消费者都会对意象、神话及暗喻做出反应。正是因为这些意象、神话及暗喻帮助他们明确了在文化和产品利益之间的个人特征和民族特征，以及这两种特征间的关系。

如果不了解异国的文化及其审美价值观，就会遇到许多营销方面的问题。审美观对产品设计和营销有很大影响，国际营销者对自己的产品、包装、广告、工厂布置应当适应当地的审美偏好，依据营销环境的审美观来设计产品、包装和广告，进行工厂和店铺布置。这些都会因审美观的差异而影响消费者的购买行为。

(五)语言

语言被人们描述为文化的镜子。语言是文化的核心组成部分,反映了某一文化的本质特性,也是沟通的桥梁和工具。世界各国的语言文化都是经过数千年的历史传统承袭而来,有着深厚的国家和民族文化背景。如果营销人员对目标国的语言文化不了解,很可能导致很多问题和麻烦,而精准把握一国语言文化,则有利于产品的深入人心,从而拓展目标市场。成功的国际市场营销者必须善于交流,不仅要会说这种语言,而且要能够透彻理解。

三、文化变革和文化适应

(一)文化变革的主要表现

文化并不是静止一成不变的,而是慢慢变化的。文化的变化既给企业带来了机会,也给企业带来了威胁,主要表现在以下几个方面。

1. 价值观念与生活方式的改变

价值观念与生活方式不是一成不变的,如美国文化虽然对许多国家都有重大影响,但美国人的价值观念、生活方式也在发生着相当大的变化。人们从普遍制度化的忠诚转向个人潜能的发挥与个人的满足,体现在对休闲的偏爱、对安全感的需要等。价值取向从物质价值转向生活素质与社会价值的现代取向,从辛勤工作、奉献、独立进取的价值观转向安逸、便利、安稳的价值观念。美国属于高收入和高消费国家,其总的消费倾向是对产品需求的范围广、层次高、质量精、式样新颖和多样化。产品的坚固耐用不是人们追逐的重点,而是注重产品使用方便、安全和舒适。同时,美国人很注重各项服务条件,关心是否可以选择分期付款、赊销、信用卡或现金等购买方式,是否有周到的售后服务,如送货上门、保修、保换、保退等。这些价值观念及生活方式的改变,对市场营销人员来说,针对美国市场提供节省时间、安全可靠和方便服务的商品,会增加企业的市场竞争能力。

2. 环境意识的增强

越来越多的消费者接受环保观念,因而审美观和价值观也有巨大的变化,认为制造商对产品的生产、包装、使用乃至废弃所造成的污染都负有责任。消费者环保意识的提高,也使环保行业成为近年来一个兴旺发达的行业。例如,日本东京各百货商店的部分商品贴上经官方环保协会鉴定的环保标志,尽管售价高出5%~10%,但购买者仍络绎不绝;德国许多公司的产品自觉地接受由科学家、企业代表、消费者保护协会成员及环保专家组成的委员会的鉴定;我国也越来越注重绿色食品的生产。

3. 文化融合的发展趋势

文化融合是指由于经济全球化,国与国的文化交叉影响,使各国消费向国际化、个性化的方向发展,即各国消费者的消费趋同、趋优。例如,日本的家用电器、照相机;美国的电影、音乐、快餐和饮料;欧洲的住房、服装、文娱用品和悠闲情调,成为各国许多消费者共同追逐的目标。人们竞相使用世界名牌产品,尤其是年轻人,能很快适应外来文化的影响,模仿力极强,行为易于趋向一致。这样的消费趋势是那些世界著名品牌公司求之不得的。许多知名跨国公司的销售收入和利润的一半以上都来自国际营销。

另外,个性化的商品也逐渐流行开来。许多消费者希望自己比别人拥有更多独特的商品,他们对商品的选择不再以价格的高低、质量和性能的优劣为取舍的重要标准,而是看商品是否别具一格,是否符合自己的心意。

(二)文化适应的主要策略

1. 谨防自我参照标准

自我参照标准(Self-reference Criterion)是指国际市场营销

人员在决策时，会无意识地以自己的文化价值观为参照，参考以往的成功经验。国际市场营销者深受母国文化的影响，往往将自身的文化价值观作为其判断和决策的基础。事实上，一个被普遍认同的观点是，在跨文化管理中，在某种特定的文化中有效的办法在另一种文化中可能失效。

因此，国际市场营销者要力争克服自我参照惯性，在制定国际营销策略时，必须考虑策略的灵活性，并具有对东道国文化的敏感性。

2. 文化借鉴

文化借鉴是指在保持本身文化主体特色的前提下，借鉴外来有用的文化。例如，我国澳门地区的“一二三四”，即一国两制、三种货币和四种语言。

3. 因地制宜

因地制宜(Adaptation)是国际营销中的一个重要概念，它体现了人们处理国际营销活动的态度。事无大小，都要因地制宜、量体裁衣或适当调节。实际中有些表面上不太重要的事有时却起着关键作用。对于不同的文化，要能认同、接受。凡是与异国人士、企业、政府机构打交道的市场营销人员，都必须因地制宜地遵守对待不同文化的指导原则，即宽容、灵活、谦逊、公平与公正、能适应不同的工作节奏、抱有好奇心与兴趣、对他国有所了解、喜欢他人、能赢得他人的尊重、能入乡随俗。

四、国际营销中的商业习惯

国际市场营销者在向外国市场销售产品和服务时，需要借助国际市场营销渠道。了解东道国商业文化、经营态度以及做生意的方式有助于排除路上的障碍。

（一）商业习惯与文化的关系

一个国家的商业习惯与该国的文化是密切相关的，商业习惯也是文化环境的组成部分。就文化的要素而言，下面几方面是影响商业习惯的重要组成部分。

1. 价值观

文化不仅形成日常行为准则，而且也构成态度和动机的一般模式。例如，在美国这种个人主义盛行的国家里，个人财富和公司利润是衡量成功与否的准则。日本由于疆域小，自然资源缺乏，所以，一致性、服从组织作为衡量个人和公司成功的准则。

2. 礼仪、交往方式

在不同的文化传统背景下，人们的礼仪、商务交往的方式也是不同的。例如，见面礼节，有的国家习惯于握手，有的国家则鞠躬，而有的国家却喜欢行吻礼。日本人在生意洽谈中很少当面拒绝或否定，使得谈判对方感到很困惑。美国人则很喜欢开门见山，而且交往时不拘小节。

3. 图案和颜色

审美观由于文化的不同而有较大的变化，并且这种变化并非是国与国之间，而是区域性的变化。如在亚太地区，对于多数产品的审美表达有以下四个重要的原则：一是精密复杂（要有多重组合的效果）；二是装饰精美（形状和颜色要有极强的表现力）；三是和谐；四是自然的展现（对于山水、花草的偏爱）。民族认同感、历史与政治因素、神话故事、宗教信仰对色彩和图案的文化属性影响极为重要。此外，人的性格、语言等也对商业习惯产生重要影响。

（二）做生意的方式

1. 接触层次

各个国家的商业习俗不同，接触的级别也不同。例如，在欧洲和阿拉伯国家，经理人员的权力很大，因此谈判往往由较高层次经理人员进行。美国则不同，许多企业给管理的下层委托授权较多，因此营销人员有可能接触到中下层经理。远东地区文化强调合作与集体决策。在这些国家里，与营销人员打交道的不是个人而是集体。此时头衔或职位很重要，许多公司不允许以个人名义签发信函。在地中海地区，情况则相反，可以直接与负责事情的本人联系，而不是与一个官员或与一个有头衔的人进行接洽。

2. 谈判重点

同样是汽车这种产品，各个国家由于环境的不同，追求和谈判的重点也就不一样。有些人注重质量，有些注重式样，而有些注重价格。要注意商业谈判会受到政府直接或间接的影响和干预。因此，诸如通货的有效性、商品进出的审批、产品性能及包装、广告、雇员条件、利润补偿和其他因素都可能成为谈判的重点。

3. 礼节与效率

为人随和、不拘小节似乎是美国人的行为习惯，但这种表面上的随随便便并不表示工作上马马虎虎。一名英国经理这样评价过："在鸡尾酒会或晚宴上，美国人还在上班。当他们发现某人的谈吐和想法很重要时，会很快记录下来，以备后用。"急于想成功的营销人员必须学会控制自己的心理。拉丁美洲的商人很讲究友谊，即使如此，他们也不愿意把经营与个人生活扯在一起。相反，日本人喜欢把工作与个人生活结合起来。他们很有礼节，时而谈工作时而谈生活，慢条斯理，常常使美国人和欧洲人失去耐心和冷静。

4. 交流方式

语言是市场营销人员交流的基本工具。但有些人连一种语言的粗浅含义都无法理解,更谈不上对态度和倾向性意图的理解。大概没有任何语言能够轻而易举地被翻译成另一种语言,而且不同语言词义概念又相去甚远。日本人不愿意用日语写合同,喜欢用英语写合同,除了其他原因外,是因为日语在语义上有些含混,不太具体。语言交流,无论多么不准确,也能表达出一定的意思。但是,商业中大部分交流信息不是用语言表达的,而是隐含在其他交流信息中,如无声语言、肢体语言等。

5. 企业道德

道德随着社会环境的变化而有所不同,即使在同一国家内,也没有明确的道德标准和共同的参考依据。商业道德在国际市场上更为复杂,在一个国家被认为是正当的事情,在另一个国家可能完全不被接受。例如,馈赠礼品在世界上大多数国家被认可,但美国就不流行,甚至还会遭到谴责。礼品变为贿赂又是另外一种问题。世界各国都在试图区分礼品与贿赂之间的关系,简单的办法是规定一个金额范围,但这也难以界定。

笼统而言,企业道德是容易的,但是当你面对某些“独裁者”,要做出是否投资百万元且能保住自己的财产或利益时,就很难进行决策。正如一个外国商人所说:“这不是道德,这是在做生意。”一切道德问题都取决于个人或董事会在实用主义和绝对道德之间的取舍。

第三节　国际市场营销的政治环境分析

一、政治环境因素构成

（一）政府类型

各国政府对经济生活的干预一定程度上由政府的类型决定。政权的组织形式是多种多样的，归纳起来主要有君主制和共和制两种。

君主制是以君主为国家元首的一种统治形式，当前来看，世界上有20多个国家采用此种形式。这些国家的最高权力名义上或实际上属于君主。君主制国家又可分为君主专制制和君主立宪制两类。在君主专制制国家里，君主独揽国家的最高权力；在君主立宪制国家里，君主的权力受到宪法的限制，故称有限君主制。君主立宪制又可分为议会制和二元制。英国、荷兰、西班牙、泰国等是议会制。这些国家的行政权力由内阁掌握并对议会负责。二元君主制国家，如约旦、尼泊尔、摩洛哥等，政府和议会分掌权力。君主是最高统治者，君主权力只受宪法限制，其行为不仅不受议会约束，而且还可以解散议会。

共和制国家可分为两种：议会制共和国和总统制共和国。议会制共和国以议会为国家政治活动的中心，政府及其核心（内阁）由议会中占多数席位的一个政党或几个政党的联盟组成，并对议会负责，意大利及北欧诸国属此类型。在总统制国家里，国家最高行政权掌握在由全国直接或间接选举产生的总统手里。总统既是政府首脑又是国家元首，并统帅三军，直接任命，领导政府，政府只对总统负责。美国是典型的总统制共和国。

不同的政府类型代表不同的国家管理形式，了解一国的政府类型对国际营销人员来说很有必要。

（二）政党制度

对一国的政党制度进行考察有助于营销人员了解执政党的政策主张，以此推测政府是保守的、中立的还是激进的，是倾向于贸易保护还是贸易自由。以美国为例，通常人们认为民主党推崇自由贸易政策，而共和党则推崇贸易保护政策。

政党制度是一国政党行使政权或干预政治的各种形式的统称。政党制度有三种基本形式。

两党制是指势均力敌的两大政党轮流执政的制度。两党制的典型国家是英国和美国。

多党制是指由几个政党联合执政或轮流执政的政党制度。相比来看，多党制政府的更换更频繁。法国、意大利是典型的多党制国家。

一党制是指一个国家只有一个政党并掌握政权，或虽有几个政党，但仅有一个执政党。一党制在第三世界国家较普遍，墨西哥是典型的一党制国家。

营销人员应该了解执政党对外商的态度，同时也应了解其他主要政党的政策纲要，因为它们也能对政府政策产生影响。因此，有必要把一个国家的政党体制当作一个整体来考察，这在多党制国家更是如此。

（三）国民感情

东道国的国民感情对国际营销也会有一定影响。

企业在从事国际营销时，应尽量使营销策略当地化，建立起当地化的企业形象。为此应注意以下几点内容：第一，了解东道国人民是否具有民族主义倾向，对本国产品的忠诚程度如何，对外国事物以及领土外的国际关系中，不受信任产品的排斥程度如何。第二，必须认识到自己是在异国他乡，各种措施应尽量满足东道国的要求。第三，营销活动应与东道国大众利益相协调。同时,经营战略也应与东道国经济及文化发展相配合。第四,尊重当地风俗习惯并尽量使用当地语言。这有助于双方建立良好的关系。第五,营销人员及眷属的言谈举止应避免引起当地人的反感。第六,利润不应由其独占,而应与东道国人民及政府分享。

(四)政局的稳定性

目标市场国的政治稳定程度也是要考虑的一个重要因素。如果一国政治很不稳定、政策摇摆不定,国际营销企业就应慎重行事。通常,政局稳定性有两方面的含义,一方面是指政府确保自己当权的能力,另一方面是指政府政策的稳定性和持久性。现行政府政策是否稳定是外国经营者最为关心的政治因素。政府也许会更换,新的政党也许会上台,但不管哪个政党执政,国际营销所关心的是法规或行为准则的连续性。以下几项有助于评价一国政治稳定与否。

一是政权更迭的频率。政府的更迭,往往也代表企业政治环境的改变。若这种变化过于频繁,便会产生一连串的不确定性,使得企业无法及时地做出调整。

二是文化的分裂。文化分裂与政治的不稳定有密切关系。

三是宗教信仰的冲突。这是造成政治分裂、政治不稳定的重要原因。

四是暴力、示威等事件的多寡。

(五)东道国的国际关系

研究一国的政治环境时,该国的国际关系也需要考虑进来。东道国与企业母国的关系以及与其他国家的关系,都会对国际营销产生影响。主要包括以下方面。

其一,东道国与企业母国的关系。两国间良好的关系对企业在东道国开展经营活动是非常有利的。相反,如果东道国对企业母国持敌视态度,该国政府和民众就可能对国际企业采取不欢迎的态度，企业则面临着较大的政治风险。

其二，东道国与其他国家的关系。如果东道国与许多国家敌对，企业在该国投资就要谨慎。

其三，东道国参加国际组织的状况。例如，世界贸易组织成员方不得擅自增设新的贸易壁垒。一般来说，参加的国际组织和国际协定越多，其被束缚的方面就越多，它采取极端性措施的可能性就越小。

（六）行政效率及清廉程度

在对东道国行政效率与清廉程度进行考察时，首先要看当地政府是否建立了有效的制度来协助外商投资，包括简化海关手续、提供市场资讯以及其他有助于发展贸易的措施。最令国际营销人员感到厌烦的是有些国家政府机关关卡重重，事事刁难。但若上下贿赂得当，则立即通行无阻。

透明国际（Transparency International）成立于1993年，总部设立于德国柏林，是个旨在反对贪污腐败的国际非政府组织。该组织自1995年起制定公布全球清廉指数，用来反映一个国家（地区）政府官员的廉洁程度和受贿状况，以全球企业家、风险分析人员、学者、一般民众等为调查对象，据他们的经验和感觉对各国进行由0到10的评分，得分越高，表示腐败程度越低。与此同时，透明国际在衡量腐败程度上还有另一个指标“行贿指数”，主要反映一国（地区）的出口企业在国外行贿的意愿。

二、政治风险及其应对策略

（一）政治风险

1. 没收、征用和国有化

（1）没收

没收是指政府强迫企业交出财产，不给其任何经济补偿的行为。没收是国际企业面临的最严重的政治风险。投资可能在一夜之间丧失殆尽。对东道国来说,没收实在是一项最便宜的交易,故某些发展中国家往往不顾企业母国的警告,断然以一纸法令取得外资企业的财产。

(2)征用

随着国际投资的迅猛发展,东道国与外国投资者之间出现了一些利益冲突。征用是指东道国为保护本国环境免受投资活动的损害而强迫外国企业交出其财产,并给予一定补偿。但这种补偿与被征用企业的财产价值并不相等,甚至有的是象征性的。没收与征用的差别是征用会给予企业一定的补偿,而没收不给予任何补偿。

(3)国有化

国有化是指政府将企业的资产收归国有,由政府掌管。国有化与没收和征用的区别在于:在没收和征用的情况下,外资企业让出来的财产可能由政府来接管,也可能由私营企业来接管。而国有化的情况,财产只能由政府接管。

对外国投资进行没收、征用或国有化的根本原因是,东道国政府认为要实现本国的经济目标和维护国家利益,产权就必须归本国政府或国民所有,而不能由外国人掌握。某些行业的企业受到没收、征用和国有化的风险较大,如公共水电业经常成为没收、征用或国有化的目标,因为人们普遍认为,公共水电业对国民经济和国防至关重要。采矿、石油以及其他自然资源的开发也特别容易被没收、征用或国有化,因为这些往往被认为是国家财富之源泉。

但近些年来,采取这些极端措施的国家越来越少。这主要有三个原因:一是各国政府意识到外资对本国经济发展的巨大贡献;二是东道国政府的极端措施会遭到企业母国的强烈反对甚至严重的经济制裁;三是国际企业采取各种策略保护自己,如吸收当地公民投资入股等。

2. 本国化

东道国政府还有另一种将外国公司收为己有的方法,这也许更为巧妙:对外国公司进行多方面的限制,迫使该公司一步一步地出售股权,直至该公司由本国控制为止。这种本国化的结果与征用无异,只是不像征用那样突然和激烈。

东道国政府对外资企业进行本国化通常有如下措施:一是将所有权逐步转移到本国国民手中;二是提升一大批本国公民担任公司的高级管理职务;三是本国国民拥有更多的决策权;四是更多的产品在本国生产,以取代进口装配;五是设计特别的出口管制,以便控制外资企业在国际市场上的活动。

本国化对国际企业来说是重大的威胁,但是从东道国的角度看,本国化比征用更高明。这是因为:一是它可以避免因征用而造成在国际上的窘境;二是与征用不同,本国化不会影响东道国在国际金融机构中的信用等级;三是东道国不需要自己去管理这些外资企业;四是本国化有助于保持自身良好的政治气氛。

东道国政府的本国化措施对国际企业来说有时是灾难性的。如在规定时间内被迫出售股权是绝不会得到公平价格的,因为购股者知道对方是被迫出售的,可以在讨价还价中把价格压到和征用相差无几的程度。在国际企业中有时要求其高级管理职位应有一定的比例由东道国国民担任,这些“高级管理人员”能否称职是个很大的问题。另外,那些要求在东道国当地购买原材料和零部件的国际企业会发现,在东道国根本找不到质量合格的货源。国际企业不得不在东道国投入大量资本、技术和培训人员,以便在当地获得货源。

3. 其他形式的干涉

没收、征用、国有化和本国化是较少出现的极端性措施,国际企业经常遇到的风险是日常业务中的种种摩擦。虽然后果不那么严重,但却要为之付出代价。东道国政府还会通过外汇控制、进口限制、税收管制、价格管制、劳动力限制等多种限制措施对国际营销施加影响。

（1）外汇控制

外汇管制是指一国政府通过法律等形式，授权当地有关金融部门，对境内外汇资金的收付、买卖、借贷、转移和汇率进行严格审查和批准。外汇管制对企业生产经营活动尤其是国际营销活动产生重要影响。如所在国实行外汇管制，企业生产经营所需的原材料、机器设备和燃料等不能自由地从国外市场进口，企业的经营利润也不能随意汇回母国。

（2）进口限制

进口限制是指一个国家或地区出于某种原因做出对某些外国商品进入本国的限制。进口限制通常包括进口许可证制、外汇管制、最低限价、商品包装及标签规定，其中进口配额制是较为重要的措施之一。进口限制一般是为了限制危害性产品或是出于保护本国民族工业的需要等，确保本国企业在市场上的竞争优势。

（3）税收管制

税收管制是指一国通过税收来限制或鼓励外国产品进口和外商投资的措施，可以分为限制性税收管制和鼓励性税收管制。限制性税收管制是政府迅速方便获得资金的手段，也是政府实现宏观调控目的的手段。

（4）价格管制

价格管制是指限制外国企业价格。当一个国家发生了经济问题时，如经济危机、通货膨胀等，政府就会对某些重要物资，以至所有产品采取价格管制措施。政府实行价格管制通常是为了保护公众利益，保障公众的基本生活，但这种价格管制直接干预了企业的定价决策，影响企业的营销活动。价格管制主要包括防止倾销的最低限价以及防止获得超额利润的最高限价。

（5）劳动力限制

劳动力限制是指东道国的工会组织让政府制定相应的法律来限制外国企业的人事政策。

对中国企业来说,劳动力问题是从事国际营销需要高度关注的一个问题,有一些中国企业在国外经营时都面临这个挑战。在许多国家,工会由于得到了政府的大力支持,常常会有效地利用这种支持迫使企业方面做出一些让步,例如,不得随意解雇工人、利润必须与工人分享、必须为工人提供许许多多的服务等。事实上,在许多国家,外国公司被认为是消化国内劳动力供给的最佳对象,这也是一些国家外资和国际营销的准入条件之一。在法国,人们把充分就业看得和宗教一样神圣,因此,无论解雇多少工人,尤其是外国公司解雇工人,都被视为国家危机。

(二)国际企业的应对策略

1. 本地化

最常见的应对政治风险的策略是与东道国人士共同拥有合资企业的所有权。虽然双方联合投资,在服从和配合企业的全球经营战略方面存在一定的困难,但这样做可以利用合作伙伴在东道国的关系和影响力,使企业减少政治风险,也使企业比较容易跨越文化的障碍。若合作伙伴属政界人士,其保护作用则更加有效。不过,企业选择合作伙伴时一定要谨慎。本地化还有一个很重要的措施就是尽可能雇用当地劳动力。

2. 调整业务、减少固定资产的投资

国际企业可采取“有形”的资产与“无形”的营销技巧和生产技术分开的策略,让当地人士拥有固定资产,被东道国接管的风险就会减少。国际企业还可以考虑转移经营行业的类别。事实上,经营类别的转移,对许多国际企业来说是非常容易的。这是因为大多数国际企业的业务范围很广,可随各国环境的不同而变化。

3. 保持子公司对母公司的依赖

有些企业发现通过颁发许可证将技术有偿转让,能够消除一

定的政治风险。如果该技术独一无二且风险较高,那么,这种颁发许可证的方法就会非常有效。当然,这方法也并不是没有风险,因为许可证获得者可能拒绝支付应付的费用,但却继续使用该技术。国际企业可将产品的研究与开发放在母国进行,使东道国无法得到关键技术,从而形成技术上对母公司的依赖。如可口可乐公司始终控制其秘方。国际企业也可以在重要原料、零部件、市场等方面使子公司依赖于母公司。这样,东道国政府会明白即使接管了这些企业,自己也无法持续经营下去。采取这种方法可以大大减少东道国政治干预的风险。

4. 股权多国籍化

国际企业若能取得“多国籍”,或者在某国的投资活动由三国以上共同出资,其受到东道国不利管制的可能性就会减小。荷兰皇家壳牌石油公司就拥有英国和荷兰双重国籍。该公司发现这种特殊的身份时常能发挥出独特的作用。

5. 运用当地资金

与当地人合资的好处之一是可利用在当地的借款来取代自备资金的投资。而且若能保持相当数量的借款额度,东道国政府采取的不利行动会对当地经济产生较大的负面影响。这就使得东道国有所顾忌,不敢对国际企业贸然采取行动。但在当地借款并非总是可行的,东道国对外国企业的贷款多会有所限制。

6. 调整资本输出国的国籍

基于政治、法律、税务及管理上的需要,企业在国外的投资事业,可以以第三国子公司的名义出资。通过这种资本输出国国籍的调整,在东道国的营销活动中,企业可以取得较母国出资更为有利的政治法律地位。

7. 投保政治风险

向保险公司投保政治风险也是一种策略。对于政治风险高的项目、企业进行投保,可以把政治风险转嫁给政府设定的保险机构，从而减少风险给企业带来的负担。目前，许多国家对本国企业设在外国的资产均提供保险业务，具有代表性的有美国的外国私人投资公司（OPEG）和英国的伦敦劳埃德公司。美国外国私人投资公司对美在海外的私人新设的公司或新扩建企业，由于被征用或国有化、货币管制、战争、革命、起义等原因而遭到的损失进行赔偿，保险额一般在投资额的90%以内。伦敦劳埃德公司的业务中也承接投保政治风险，保险费率因地区和行业而异，通常保险金额不超过公司净资产的90%。中国出口信用保险公司于2003年9月16日签发了首张海外投资保险单，为我国大型国有企业在海外以建设、拥有、经营、移交方式投资提供海外投资保险和融资担保支持。

第四节 国际市场营销的法律环境分析

一、国际法系基础

（一）法律体系

世界上绝大多数法律体系均源于如下三大法律体系。

1. 大陆法系

大陆法系起源于罗马，是以古罗马特别完善的成文法典为基础建立起来的法律体系，因而又被称为罗马法和成文法。在大陆法系下，法律体系被分为商法、民法和刑法三个独立的法律。

2. 英美法系

英美法系起源于英国，现流行于英国、美国、加拿大以及曾经被英国殖民的国家和地区。英美法系因以传统为导向，尊重习惯和过去判例的做法，又被称为习惯法、判例法和不成文法。近几十年，英美法系的国家也对其法律体系做了许多修订和补充，合同与侵权行为依然受习惯法的约束。

3. 伊斯兰法系

伊斯兰法系基于《古兰经》的解释，是为所有个人规定具体的社会经济行为的完整体系，包括宗教职责与义务，也包括非宗教的对人类行为的法律约束，具体体现在产权、经济决策和经济自由化类型等的法律解释。其首要目标是实现社会正义，主张风险共担以及强调个人权利义务、产权和合同的神圣性，并强调伦理、道德、社会与宗教等因素以促进社会的平等与公正。伊斯兰法系的另一重要原则是禁止投资于违反伊斯兰教规的活动，包括酒类、赌博及卡西诺(一种纸牌赌博)赌场。

禁止支付利息是伊斯兰法系的核心，因此财产无法抵押，对房地产交易和银行业影响极为严重。不过一些惯例就成为重要的与法律具有同等效力的做法。这些惯例允许抬高价格买卖交易货物。

国际营销人员必须重视三大法律体系之间的差异。无论东道国采取哪一种法律体系，国际营销都需要事先了解有关国家管理经营活动的各种法律规范。

(二)司法管辖权

当发生商业争端时，决定哪种法律体系具有司法管辖权，是国际营销所面临的另一个问题。人们常常错误地认为不同国家国民之间的争端可由某种超国家的法律体系来裁决，但实际中并不存在司法机构来处理不同国家国民之间的商业争端。

从纠纷的裁判者角度看，管辖权是司法权或审判权的基础，司法权通过对管辖权的分配而特别授予；从受裁判者角度看，只有将具有可司法性或可裁判性的事项提交法院，才能够使纠纷通过司法途径获得解决。

发生法律争端通常有三种情况：政府之间、公司与政府之间、公司之间。政府之间的争端可由国际法庭裁决，而其他两种情形的争端必须由争端双方中的一方国家的法庭负责处理或通过仲裁来解决。除非商业争端牵涉到国家间的争议,否则国际法庭或任何类似的世界法庭都不会受理。

如果国际商业争端必须根据所涉国家中某一国的法律来解决,其最重要的问题是应采用哪国的法律。传统管辖权的根据,简单说来,包括以下方面:一是以当事人国籍为基础;二是以地域为基础,具体包括被告人的出现地、住所或惯常居所,被告财产所在地,诉讼标的所在地,法律事实发生地;三是以当事人意志为基础,包括明示协议管辖和默示协议管辖;四是以最低限度接触为基础;五是以法院裁量权为基础。

全球化计算机网络的广泛应用极大地削弱了地理位置与国内权力效能发挥之间的关系,以及地理位置与主权国家就涉网之人、事件或行为及物之属人、属地管辖权之间的关系,由此给世界各国将其立法管辖权、司法管辖权和执行管辖权,适用于跨国或全球性的社会关系带来新的冲击与挑战。在管辖权方面,网络空间的客观性、全球性以及管理的非中心化对于传统的管辖权理论与实践造成了极大的冲击,主要表现为:一是网络空间的全球性使司法管辖区域的界限变得模糊;二是网络空间的不确定性使传统的确定管辖权的根据难以适用。

二、国内法律和东道国法律

(一)国内法律

一个国家要想保障国内经济的正常健康运行发展,就必须要完善相应的法律法规。出于国际利益的考虑,各国都对产品的出口和资金的调出制定了明确的法规,或禁止,或限制,或鼓励。企业在国际市场的运营方面,国内法律集中体现以下三个方面。

1. 进口控制

进口控制是指一国政府在一定时期内,对特定商品的进口数量或金额加以管制的行为总称。进口限制政策是为了调节国际收支逆差,防止外国企业利用本国劳动力、原材料、技术等优势向进口国低价倾销商品,冲击民族产业。进口控制的政策手段主要为关税和非关税壁垒。

非关税壁垒通常包括进口配额制、进口许可证制、外汇管制、最低限价、歧视性的政府采购、复杂苛刻的技术安全、卫生检疫、商品包装及标签规定等。

2. 出口控制

出口控制是国家控制出口商品的一种管理制度,是一国对外经济政策在跨国贸易中的集中体现。控制的商品一般包括本国重要的技术、不可再生资源、文物和古董以及重要战略物资等。

一国进行出口控制,其目的主要集中在两个方面:一是保护或改善本国国际收支状况,缓解本国因跨国企业竞争而受到影响的行业,提升对外竞争能力;二是通过出口限制,控制进口国对核心物资的进口种类及数量,增强出口国在外交事务中的话语权。

3. 外汇管制

外汇管制是指一国政府为平衡国际收支和维持本国货币汇率而对外汇的供需和使用所实行的限制性措施。外汇管制的基本内容主要包括外汇供需和使用管制,包括限制本国出口商所能持有和获得的外汇数额,限制国外投资者所能汇出的利润数额等。

(二)东道国法律

国际营销人员在多个国家开展营销活动时,必须随时注意适应各国不同的法律体系。东道国的法律对国际营销活动有诸多的限制,而且不同国家法律对同一问题可能有截然相反的规定。对东道国法律的任何忽视都可能导致营销活动的大失败。东道国法律会对国际营销企业实施的产品策略、价格策略、渠道策略和促销策略等方面产生影响。

1. 对产品策略的影响

企业国际营销中的产品决策,必然会受到各国法律的影响。许多国家的法规要求产品的纯度、安全性、性能等物理、化学、生物指标符合要求。其中,欧盟关于商品标签及标志方面的法律法规数量众多,纷繁复杂。例如,出于对儿童安全的考虑,欧盟通过了 CR 法案即《儿童保护法》。该法案规定,凡向欧盟市场出口的一次性打火机必须加装防儿童开启装置以防意外;此外,所有新奇打火机,包括加装了防止儿童开启装置的新奇打火机将不得投放欧盟市场。

产品责任法、标准法、包装法、商标法等与产品策略也有着紧密的关系。最近几年关于产品废旧回收的法令也越来越多、越来越严格。电子产品更是如此,工信部的统计数据表明目前手机的回收率不足 2%,这说明电子废弃品的数量将进一步增长并成为一大隐患。

东道国制定这些法律除了保护消费者权益外,有时是为了保护国内市场,限制外国产品的进入。以美国苹果进入日本市场为例,尽管日本从 1995 年 1 月开始第一次进口华盛顿苹果,当然也是迫于美苹果种植者的压力,但是却设置了非常严格的限制条件。首先是限制进口两个品种,然后是提出严格的检验检疫标准。

2. 对价格策略的影响

多数国家都有控制物价的法规,但做法各不相同。发展中国家对价格的控制较为严格,相对地发达国家要松一些。通常的做法是规定最高限价、最低限价或限制价格变动。有些国家则是直接控制利润率。例如,就药品定价而言,日本、法国、加拿大、澳大利亚等国家对药品都由政府有关部门直接定价,进行严格的价格控制。德国政府制定参考价,并对药品零售价格实行差率控制。英国对与药品价格直接相关的企业利润率水平进行控制。产品价格的管制可能是全面性的,也可能只针对某一特定项目。

3. 对渠道策略的影响

渠道策略在营销组合策略中受到法律限制的程度是最轻微的。厂商依据不同市场可供利用的条件,往往能够很自由地选择其产品的分销渠道。独家分销的合法性是渠道管理上主要的法律问题。幸而,在大多数国家独家分销是合法的。此外谨慎地选择代理商或配销商是相当重要的。因为与代理商签订合同后,会有很多法律上的问题,终止合同将造成很大的损失。

4. 对促销策略的影响

各国法律对促销的规定比较多。广告是促销组合的主要方面,所以许多国家都制定了与广告有关的法规以加强管理。有关广告的法规有以下几类。

一是对广告的产品进行管制。政府对一些较敏感的产品往往会限制其促销活动。例如,欧洲委员会已经做出决定,要求欧盟国家全面禁止烟草广告。

二是对广告的信息进行限制。在美国,比较式广告比较普遍。据美国 PECHMEN 对美国电视广告的调查,美国的比较广告在广告中的比重日益扩大,分量曾经达到 80%。可是在德国,早在 20 世纪 20 年代末,德意志帝国法院便在一些裁判中对比较广告的合法性做出了限制。此后德国一直坚持"原则上禁止,例外的合法"原则,直到 1997 年的规定而不得不放弃坚持了 70 多年的"比较广告原则上属于不正当竞争"的基本立场。

三是对广告媒体进行限制或征税。有些国家禁止以电视或广播作为广告媒介,或者对广告播出进行限制,如欧盟拟立法限制电视广告,规定 45 分钟内不得插播广告。

除广告以外,销售促进、人员推销和公共关系等促销策略也受到法律的约束。例如,欧盟部长委员会于 2003 年通过法规禁止使用主动提供的电子邮件和所谓的惯性营销来促销金融服务,而美国只是通过了旨在禁止大多数互联网垃圾邮件以及为那些不愿意收到垃圾邮件的用户提供"不要传我垃圾邮件"注册服务的法案。

三、国际争端的解决途径

由于各种各样的原因,国际企业在国际市场上无法避免国际经贸争端。因此,如何通过适当途径合理地解决争端,是每一个营销人员应该了解的基本知识。解决国际经贸争端的途径主要有四个:协商、调解、仲裁和诉讼。

(一)协商

协商是指由双方当事人进行磋商,都做出一定的让步,在彼此认为可以接受的基础上解决纠纷的一种方式。一般双方都愿意采用协商的方式来解决问题。这是因为它无须经过司法程序,可省去仲裁或诉讼的费用与麻烦。而且,协商中气氛友好,双方灵活性较大,这有利于将来合作关系的发展。

(二)调解

调解是争议双方请求第三方来调解分歧差达成一个并不具有约束力的协议的一种方式。调解人的存在对争端的解决发挥着重要的作用。除了转达意见外,调解人还可以提出自己的方案以促使双方解决争端。调解灵活简便,避免了复杂烦琐的仲裁或诉讼程序。而且,由于调解达成的和解协议完全出于当事人的自愿,双方一般都能自觉履行。

调解以互谅互让的精神开始,同样是为了捍卫自己的正当权益,在法律规定下争取自身的合法利益,只是在友好、平和的气氛下进行。这对于当事人双方是很有益的。如原本是合作者,合作之中双方起了纠纷,有矛盾能合理解决就能进步。对于那些现在正在合作,以后还会合作的当事人,那些希望继续或持续合作的当事人,那些只想讨个说法的当事人,那些想尽快解决问题的当事人,那些已知有错愿意遵守知识产权法则同意协商和解的当事人,以及那些需要对于所涉及的技术秘密、商业秘密进行保密的当事人最适宜。

（三）仲裁

仲裁是双方当事人在发生争端后,达成书面协议,自愿将他们间的争议交给双方认可的仲裁机构,按照一定的程序进行审理并做出裁决,从而消除争议的一种方式。在大多数国家,经过正式调解达成的决定在法律上是有效的。

由于诉讼存在种种缺点,国际商事争端多是通过仲裁解决的。仲裁不同于调解,也不同于诉讼。调解是在第三者参与下,在双方自愿的基础上达成解决争议的协议。仲裁则是在双方自愿的基础上交给由双方当事人所选定或同意的第三者（仲裁员或仲裁庭）进行审理,仲裁庭有权做出仲裁裁决,仲裁裁决对双方都有约束力。如果败诉一方不自动执行仲裁裁决,胜诉一方有权向法院或其他执行机构提出申请,要求强制执行。仲裁既有它以自愿为基础的一面,又有要求强制执行的一面。

仲裁庭与法院的主要区别是:法院是国家的审判机关,是国家机器的重要组成部分,具有法定的管辖权。法院的法官都是由国家任命或选举产生的,争议双方的当事人都没有选择法官的权利;而仲裁机构一般都是民间性的组织,仲裁员不是由国家任命的,一般是由各常设仲裁机构列出仲裁员名单,由双方当事人在仲裁员名单中指定的。因此,对双方当事人来说,仲裁比诉讼更具灵活性。而且由于各国的仲裁员一般都是精通业务的专家和知名人士,对争议的审理要比诉讼更及时,费用也更低廉。同时,各国的仲裁裁决一般都是一审终局制,因而审理期也较短。

多数仲裁是在一家正式的国内或国际机构主持下进行的。国际上重要的正式仲裁机构有:巴黎的国际商会仲裁院、英国伦敦仲裁院、美国仲裁协会、瑞典斯德哥尔摩商会仲裁院、日本国际商事仲裁协会等。我国的正式仲裁机构是“中国国际经济贸易仲裁委员会”和“中国海事仲裁委员会”。

(四)诉讼

诉讼是解决争端的最后一步。诉讼指发生经济争端后,当事人一方向有管辖权的一国法院起诉,请求法院按法律规定做出判决,以解决争端。诉讼方式的最大特点是强制性。如果双方没有仲裁协议,一方当事人向法院起诉,无须征得他方的同意。法院做出的判决具有强制约束力,败诉方须无条件予以履行。

出于种种原因,人们尽力避免法庭诉讼。国际企业最不愿意通过诉讼来解决争端,它们只有在其他办法都失败的情况下才会采用诉讼这一最后步骤。究其原因:一是诉讼的时间长、费用高。二是诉讼易损害企业形象,影响公共关系。三是担心在外国法院受到不公正待遇。四是易泄露商业秘密。如在知识产权的诉讼案中,90% 是原告败诉,主要在于取证困难,而按照法律的基本原则,证据是至关重要的。

第七章　国际市场营销的策略研究

国际市场营销策略是指企业根据国内外市场环境及其内部条件所制定的具有全局性和长远性的营销目标和实现营销目标的途径。国际经营者研究国际市场营销策略有利于企业的协调发展,使企业的资源配置更加合理,进而增加企业利润,使企业在国际上立于不败之地,得到长久的生存和发展。

第一节　国际目标市场策略

一、国际市场细分

市场细分的概念是美国市场学家温德尔·史密斯(Wendell R.Smith)于1956年提出来的。按照消费者欲望与需求把因规模过大导致企业难以服务的总体市场划分成若干具有共同特征的子市场。进行细分是为了选择和确定企业的目标市场,然后针对目标市场需求,进行策略调整,提高企业竞争力,增加销售,提高市场占有率。

(一)国际市场细分的条件

1. 可衡量性

用来划分细分市场的大小和购买力的特性程度是能够测定的,如果设定的细分变数难以衡量,就无法界定市场,最终目标也会落空。

2. 可进入性

细分后的市场是企业可以进入和占领的,市场细分的目的是使企业能够利用自己的资源与力量进入目标市场,因此,在确定细分标志、进行市场细分时要注意结合企业的具体条件,保证企业能够利用现有的人力、物力、财力,发挥企业营销策略的作用,使企业顺利进入目标市场并能有效地开展经营。同时,消费者能够接受企业的产品,并能通过一定途径买到这些商品。

3. 差异性

市场细分后,不同细分市场消费者的需求应存在明显区别,各细分市场都有不同于其他细分市场的特征。而在每个细分市场内消费者的需求却具有类似性,有着共同的特征,表现出类似的购买行为,如老年市场和儿童市场是不同的细分市场,两个市场消费者的需求差异很大,但在儿童市场内,每个消费者的需求差别就很小了。

4. 相对稳定性

细分后的市场在一定时期内应保持相对稳定,以使企业能长期而有效地占领市场,有利于企业制订较长期的营销战略,减少企业经营风险,使企业取得长期稳定的发展。因为企业目标市场的改变必然带来经营设施和营销策略的改变,从而增加企业的投入,如果市场变化过快,变动幅度过大,则将会给企业带来风险和损失。

5. 盈利性

企业在进入细分市场后有利可图,并获得预期的利润,这就要求细分后确定的目标市场应有足够的规模和发展潜力,以保证企业不仅能在短时间内盈利,还能使企业取得较长期的经营效益。如果细分市场规模过小,市场容量有限,就没有开发的价值。

（二）国际市场细分的依据

在对国际市场进行细分的时候，首先涉及细分变量的问题，也就是说，用什么工具进行市场细分。一般来讲，市场细分的工具有以下五类。

1. 地理环境因素

跨国公司在开展国际营销时，常用大洲、国家、州进行市场划分。比如，有的企业将世界市场划分为南半球市场和北半球市场；有的则将世界市场划分为北美洲、欧洲、亚洲、非洲等市场。在所有地理细分变量中，国家的意义最为重大，因为，一般来讲，不同国家往往意味着不同的民族，不同的文化，不同的风俗习惯，不同的经济、政治、法律和社会环境。跨国公司需要同时在多个国家开展业务，所以必须根据不同国家的市场特点采取有针对性的营销策略。

按照地理特点进行市场细分优点主要有以下方面：第一，各子市场界限分明，便于管理。第二，处于同一区域的国家具有相似的经济、文化背景，可以从区域的角度制定通用的营销战略，可以在每一个地区设立一个分部来管理该地区的资源分配和具体的营销活动。

但地理细分也具有局限性：地理的接近并不保证各国市场在政治、经济、文化等方面一定相似，有的时候甚至相去甚远，制定统一的营销战略不见得有效果。例如欧盟成立后，将欧洲看成一个市场就不可行，要对欧洲市场进行适当的细分，因为各国在宗教、文化、生活习惯上的差异仍然存在。因此，跨国公司在按照地理因素划分区域市场时，必须兼顾经济、文化等其他影响因素，从而避免片面性。

2. 人口因素

根据人口统计特点，如年龄、家庭人数、性别、收入、职业、教育、宗教、社会阶层等变量，可以把消费者划分成不同的群体。

（1）年龄和生命周期阶段。消费者的消费欲望和能力随年龄而变化。因此，年龄自然就成为市场细分的常用工具，比如，宝洁公司有专门针对婴幼儿的护理用品，也生产专门供儿童使用的牙膏。

（2）收入。不同收入水平的人所具有的消费欲望和消费能力是大不相同的，在汽车、化妆品、旅游和服务行业尤其明显。中等收入的消费者群体在旅游、文体产品方面的支出较多，而低收入消费者群体在食品、服装和住房方面的支出较多。

（3）性别。性别细分一直运用于服装、理发、化妆品和杂志等领域。杂志市场是一个典型的例子，女性关注的问题与男性有很大的不同，男性关注政治、军事和体育，而女性关注娱乐和休闲。

（4）社会阶层。不同阶层的人在汽车、服装、家用电器、闲暇活动、阅读习惯等方面的偏爱明显不同。比如，高收入阶层倾向于炫耀性产品的消费。

3. 经济环境

根据运输、能源、农业生产、人均消费指数、国民生产总值、对外贸易、人口统计等特点，可将不同国家划分为几个大类。比如，美国芝加哥大学地理学研究小组把95个国家划分为五大类。在发达国家的消费者市场上，消费者较重视产品的款式、性能、特色等，因此，广告、销售促进、质量等方面的竞争效果好于价格竞争；超级市场和购物中心是消费者经常光顾的购买场所，因此，企业的营销应侧重于大规模的自助性零售机构。在发展中国家的消费者市场上，消费者既注重产品功能及实用性，更重视产品的价格，消费者习惯于就近零星购买。

4. 心理特点

这种细分市场的方法是根据购买者的生活方式或个性特点等变量，将购买者划分成不同的群体。

（1）生活方式。不同的生活方式决定人们对不同产品的偏好，同时，人们消费的商品也反映了他们的生活方式。在时下的中国城市里,人们对“乡村生活方式”的向往日益增加,房地产公司努力打造具有乡村特色的住宅,食品公司不断声明自己的产品是绿色天然的,而各种各样的乡村旅游也受到了广泛欢迎。

(2)个性。感情冲动、独立性强、具有男子汉气质、自信的人,与保守、谨慎、儒雅的人往往有明显不同的偏好。许多商家正是基于消费者个性的不同而开发出不同类型的产品,比如丰田公司的巡航舰越野车,就是专门针对那些喜欢旅游、愿意冒险的年轻人而开发的。

5. 购买行为特点

根据购买者对一件产品的了解程度、态度、使用情况或反应方式等变量,将他们划分成不同的群体。

(1)利益。购买者消费同样的产品,但是追求的利益可能完全不同,按照购买者追求利益的不同,可将其归入不同群体。例如,人们选择旅游有不同的利益追求,有的是为了全家去度假,有的是为了冒险和增长见识,有的是为了享乐。同样是每天刷牙,但不同的人群追求的目标是不同的。有的追求身体健康,有的追求美容,有的追求口气清新。

(2)时机。根据购买者产生需要、购买或使用产品的时机进行市场细分。例如,情人节的鲜花总是供不应求。国内的很多宾馆都会在春节、中秋时推出节日餐和为节日特制的蛋糕和食品。除了寻找产品的特定时机外,人们在一生中重要的特定事件,也会产生对特定产品的需求,比如结婚、购房、退休等。

(3)使用量。根据消费者对产品的使用程度,可以把市场细分为少量使用者、中度使用者和大量使用者群体。大量使用者的人数通常只占市场人数的一小部分,但是他们的消费量占总消费的比重却很大。营销者更愿意吸引那些大量使用者群体。

(4)使用者状况。根据消费者对产品的使用情况,可以把市场细分为从未使用者、曾经使用者、潜在使用者、首次使用者和经常使用者。市场份额高的公司重点是吸引潜在用户,而较小的公司则设法把市场领袖手中的客户争夺过来。为了保持市场份额，公司还应该在维护品牌知名度和阻止忠诚用户转移品牌上做大量的投入。

(5)忠诚状况。一个市场也可以用消费者的忠诚程度来进行细分，有些消费者是某些品牌或商店的坚定忠诚者，他们始终不渝地购买一个品牌的产品。而另一个极端是多变者，他们对任何品牌都不忠诚，总是尝试使用不同品牌的产品。也有很多消费者是介于二者之间的，是中度的忠诚者，他们忠诚于两种或三种品牌。啤酒和图书市场是典型的有相当多的品牌忠诚者的市场。在这样的市场推销新产品，或者想挤入这样的市场，通常前期会很艰难。

二、国际目标市场选择

(一)国际目标市场的选择

选择国际目标市场包括两个步骤：首先，在许多国家中确定某国和某地区作为大的目标市场；其次，在众多子市场中选择一个或几个作为具体营销的目标市场。

国际市场营销的目标市场必须具备以下三个条件：一是该市场具有未被满足的需求和销售潜力。二是本企业有能力满足这一潜在市场的需求，并且最好具有一定的竞争优势。三是企业进入该国际市场能获得利润。

有的企业选择的目标市场比较狭窄，集中服务于少量细分市场，而有的企业则面对为数众多的消费者，甚至所有消费者。

(二)国际目标市场的策略

企业的目标市场范围不同，采取的市场营销策略必须有所差别。企业的目标市场策略应该根据企业实力、产品同质性、市场同质性、产品生命周期、竞争者的营销策略等具体情况，进行策略选择。

1. 无差异市场营销策略

无差异市场营销策略是指企业把整体市场看作一个大的目标市场,认为市场上的所有消费者对本企业产品的需求不存在差别,或即使有差别但较小,可以忽略不计,因此,企业只向市场推出单一的标准化产品,并以统一的营销方式进行销售。

采用无差异市场营销策略的企业,必须具备如下条件:一是产品的市场需求面要宽,要能适应各个市场上不同购买者的需要,如食盐、毛巾等;二是产品既能大批量生产,又便于销售、储存和运输,适于同时向多个市场投放,对某些鲜活产品则不宜采用无差别市场营销策略;三是产品销售渠道要足够宽和足够长。

2. 差异性市场营销策略

差异性市场营销策略是指将整体市场划分为若干细分市场,针对每个细分市场制订一套独立的营销方案,以满足不同消费者的需求,扩大销售成果。随着经济不断发展和技术不断进步,国际生产领域和消费领域对商品的要求趋于多样化、专业化,企业如果只生产一两种产品,就不能适应广泛的需要,难以在市场竞争中取得有利地位。在这种情况下,应考虑采用差异性市场营销策略。

采用差异性市场营销策略的企业,必须具备如下条件:一是有一定的规模,人力、物力、财力比较雄厚;二是企业的技术水平、设计能力能够适应;三是企业的经营管理水平比较高。

3. 集中性市场营销策略

实行差异性市场营销策略和无差异市场营销策略,企业均是以整体市场为营销目标的,试图满足所有消费者在某一方面的需要。集中性市场营销策略不是以整体市场为营销目标,而是选择一个或几个细分化的专门市场为营销目标,集中企业的总体营销优势,实行专业化生产和销售,以充分满足某些消费者的需要,开拓市场。采用这种市场营销策略的企业，并不追求在整体市场上占有较大的份额，而是为了在一个或几个较小的细分市场上取得较大的占有率，甚至居于支配地位。其具体做法不是把力量分散在广大的市场上，而是集中企业的优势力量，对某细分市场采取攻势营销战略，以取得市场上的优势地位。

集中性市场营销策略一般适用于实力有限的中小企业。因为它适合企业专业化生产，使产品精益求精、产品成本不断下降，从而使企业在某一个或某几个细分市场上站稳脚跟，从总体上的弱者变为局部上的强者，进而在整个市场竞争中处于有利地位。这些企业往往能较好地满足消费者的需求，赢得消费者对其产品的喜爱，如果所选细分市场适当，企业就可以赚取较高的利润。

三、国际市场定位策略

（一）国际市场定位依据

1. 按产品特色定位

如果企业的产品在某个方面相对于竞争者的同类产品具有明显的差异性，就可以此为广告宣传的诉求点，进行市场定位。按产品特色定位，强调产品所特有的某种属性，会比较容易被顾客接受。

2. 按消费者类型定位

按消费者类型定位是指根据产品与某类消费者的生活形态和生活方式之间的关联作为定位的一种策略，如消费者的年龄、阶层、性格、生活方式、价值观等。例如，耐克和百事可乐针对年轻人的特点，分别传达了“运动、活力”“年轻、活泼、新一代”的市场定位。

3. 按顾客利益定位

按顾客利益定位就是根据产品给消费者带来的利益，从解决消费者的某些问题这一角度来进行定位。例如,柯达公司推出的全自动照相机消除了许多消费者不会操作照相机的烦恼,“只要一按快门,其余工作由我完成”的消费者利益诉求深入人心。

4. 按竞争者的产品定位

按竞争者的产品定位,企业有两种定位方法:一是可以通过与竞争产品进行针锋相对的对抗进行定位,把与竞争产品相同的特征作为定位依据,如可口可乐与百事可乐、麦当劳与肯德基;二是可以针对竞争产品进行回避定位,把与竞争产品在某一属性或特征上的不同作为定位依据,如统一冰红茶,强调自己是一种含茶的饮料,从而与其他饮料区别开来。

(二)国际市场定位的策略类型

1. 对抗定位

对抗定位是指企业在目标市场上选择与竞争对手接近或相同的定位方式来确定自身的产品位置,在产品、服务、宣传、价格等方面展开针锋相对的竞争。对抗定位适用于实力雄厚的大企业。采用这种策略需要具备三个条件:一是企业产品总体上优于竞争对手,或至少与竞争对手相当;二是目标市场具备相当的规模和潜力;三是该市场定位能充分发挥企业的资源条件和竞争优势。

2. 回避定位

回避定位是指企业避开与对手直接竞争,而选择竞争对手忽略的市场空白作为积极的定位依据。这种策略能使企业迅速占领市场,并在消费者心目中树立企业形象,风险较小,成功率较高,因此大多数企业采用本策略。

3. 重新定位

重新定位是指企业为了改变产品在消费者心目中的原有形象,采取一定的措施,重新建立产品在消费者心目中的新形象的行为。当企业原有的市场定位出现偏差或消费者的需求发生变化时,需要重新对产品进行定位。

4. 反向定位

反向定位是指企业主动公布自己的差距或缺陷,从而增加消费者对它的信任。例如,美国的AVIS汽车租赁公司,公开承认自己只是汽车租赁业的第二名,但强调自己会更加努力。进行反向定位策略后,该公司扭亏为盈。但反向定位风险较大,如果消费者喜欢最好的产品或服务,这种策略会让企业的愿望落空。因此,在使用这种策略时,要强调存在的差距并不影响消费者的利益。

5. 高级俱乐部定位

高级俱乐部定位是指企业把自己与行业中公认最强的几家企业划分为一个档次,强调自己是成员之一,借这几家企业来提升自己的市场地位。企业如果不能取得行业第一的位置或不具有某种独特的属性,可以采用这种策略。

第二节 国际市场营销产品策略

一、国际市场产品

(一)产品

现代市场营销理论对产品的认识,有别于偏重有形实体而忽略本质内涵的传统产品概念。菲利普·科特勒将产品定义为可提供于市场,以引起留意、获取、使用,并满足欲望或需要的一切东西。它包括商品、服务、事件、人、场所、组织、创意和体验等各种有形的或无形的形式。

国际营销学的产品整体概念,是广义的产品概念。它除了指具有特定物质形态和用途的物体之外，也包括一切能满足购买者某种需求和利益的非物质的服务。[①]它包括五个层次：(1)核心利益层次，是指产品能够提供给消费者的基本效用或益处，是消费者真正想要购买的基本效用或益处。(2)有形产品层次，是产品在市场上出现时的具体物质形态，主要表现在品质、特征、式样、商标、包装等方面，是核心利益的物质载体。(3)期望产品层次，就是顾客在购买产品前对所购产品的质量、使用方便程度、特点等方面的期望值。(4)延伸产品层次，是指由产品的生产者或经营者提供的购买者有需求的产品层次，主要是帮助用户更好地使用核心利益和服务。(5)潜在产品层次，是在延伸产品层次之外，由企业提供能满足顾客潜在需求的产品层次，它主要是产品的一种增值服务。

(二)国际产品的概念

国际产品的概念随着经济全球化的发展而变化，越来越多的企业向国际市场拓展，并努力将自身发展为全球性企业。在地域跨度方面，企业的典型做法是产品先在企业所处的当地市场上推广，然后再扩散到全国市场、区域市场，最后成长为全球产品。根据企业的产品从当地到全球的连续变化，可以将产品划分为以下四类。

1. 当地产品

当地产品是指在国内部分市场上生产和销售的产品。例如，我国各省的许多特色小吃仅在本省或本地区销售，它们就是一种当地产品。

2. 国家产品

国家产品是指某一特定的企业只在单一的国内市场生产和销售的产品。也有跨国公司为了迎合某些特殊国家的需求而推

① 韦莹，黄丽琴．浅论国际营销中的跨文化管理问题 [J]. 商场现代化，2006（10）：38.

出相应的国家产品,来提高在这些国家的销售额。例如,麦当劳进入我国市场后,根据我国消费者的饮食习惯和文化,对烹饪方法进行了一些调整,来迎合我国消费者。

3. 国际产品

国际产品是指在区域性的多个国家市场上销售的产品。处在这些区域内的国家一般具有相似的文化思维,并且具有人口的同质性和相似的经济发展速度。

4. 全球产品

全球产品是指可以销售到世界任何一个地区和任何一种发展程度国家的产品。全球产品的市场是全球。

二、国际产品的标准化与差异化

开展国际营销活动的企业在制定产品策略时要解决的第一个问题是产品的标准化与差异化问题。产品标准化策略指企业向全世界不同国家或地区的所有市场都提供相同的产品——标准化全球产品。产品差异化策略指企业向世界范围内不同国家或地区的市场提供不同的产品,以适应不同国家或地区市场的特殊需求。①

(一)标准化与差异化策略的优点

标准化策略的优点主要有三个方面:一是可使企业实现规模经济。二是有利于树立产品在世界上的统一形象。三是可使企业对全球营销进行有效的控制。

差异化策略的优点主要有三个方面:一是可以更好地满足消费者的个性需求。二是有利于树立企业良好的国际形象。三是企业开展国际市场营销的主流产品策略。

① 罗辉道.跨国公司产品策略研究——以中国市场为例[D].武汉科技大学，2002.

（二）产品标准化与差异化策略的影响因素

对于国际营销而言，最难的问题是如何决定标准化与差异化的程度，一般来说，产品标准化决策与差异化决策应主要考虑以下四个方面的影响因素。

1. 产品的需求特点

从全球消费者的角度来看，需求可分为两大类：一是全球消费者共同的与国别无关的共性需求；二是与各国环境相关的各国消费者的个性需求。在全球范围内销售的标准化产品一定是在全球具有相似需求的产品。消费者对任何一种国际产品的需求，都包括对产品无差别的共性需求和有差别的个性需求这两种成分。国际营销者应当正确识别消费者在产品需求中究竟是无差别的共性需求占主导地位还是有差别的个性需求占主导地位。对无差别的共性需求占主导地位的产品，宜采取产品标准化策略。

下列产品的需求特征表现为无差别的共性需求成分为主。大量的工业品，如各种原材料、生产设备、零部件等；某些日用消费品，如软饮料、胶卷、洗涤用品、化妆品、保健品、体育用品等；具有地方和民族特色的产品，如中国的丝绸，法国的香水、古巴的雪茄等。

2. 产品的生产特点

从产品生产来看，适宜于产品标准化的产品类别为在R&D、采购、制造和分销等方面获得较大规模经济效益的产品。具体表现为：技术标准化的产品，如电视机、录像机、音响等产品；研究开发成本高的技术密集型产品，这类产品必须采取全球标准化以补偿产品研究与开发的巨额投资。

3. 竞争条件

假如在国际目标市场上没有竞争对手出现，或市场竞争不激烈，企业就可以采用标准化策略，或者市场竞争虽很激烈，但本公司拥有独特的生产技能，且是其他公司无法效仿的，则可采用标准化产品策略。

4. 成本

严格根据收益情况来进行决策，产品、包装、品牌名称和促销宣传的标准化无疑都能大幅度降低成本，但只有对有大量需求的标准化产品才有意义。

此外，还应考虑各国的技术标准、法律要求及各国的营销支持系统，即各国为企业从事营销活动提供服务与帮助的机构和职能。如有的国家零售商没有保鲜设施，新鲜食品就很难在该国销售。尽管产品标准化策略对从事国际营销的企业有诸多有利的一面，但缺陷也是非常明显的，即很难满足不同市场消费者不同的需求。

三、国际产品的适应性要求和策略

（一）国际产品的适应性要求

企业销往国际市场的产品需要适应各国的市场营销环境的要求，这就使得出口企业对大多数的出口产品都要做一项或若干项修改，包括产品特点、名称、标签、包装、颜色、材料、价格、促销、广告主题、广告媒体、广告技巧等方面。改进产品会影响企业的规模经济效益增加成本、增加营销风险，但有些因素会迫使或吸引企业去改变出口产品。这些因素分以下两大类。

1. 强制性要求

强制性要求是指目标市场国要求国际企业改进其产品以适应该国的一些强制性因素。各国政府为保护本国消费者的利益，维护已有的商业习惯，会对进口商品制定一些特殊的法律、规则或要求，有些是永久性的，有些是临时性的。强制性要求体现在以下几个方面。①

其一，各国对进口产品的特殊规定。各国政府对进口产品在质量标准、包装、商标、安全等方面有特殊要求，特别是发达国家在这些方面的要求都非常高，不满足这些要求的产品无法进入该国市场。

其二，各国对计量标准和某些技术标准有特殊规定。有些国家使用国际单位制的计量标准，因此，采用非国际单位制计量标准的国家将产品出口到这些国家，则必须改变其计量标准。例如，英国、美国等国厂商出口到中国的产品必须将英制改为国际单位制。

其三，各国自然条件的特殊性。目标市场国的气候、地理资源等条件也是企业必须改变原有产品的强制因素之一。例如，加拿大是一个寒冷的国家，出口到该国的汽车轮胎必须采用与出口到热带国家的汽车轮胎不同的原料成分进行生产；松下电视机厂对出口到不同国家区域的电视机要进行专门的磁场校正，以确保能够获得最好的接收效果。

2. 非强制性要求

非强制性要求是指企业为了提高在国际市场上的竞争力，而主动改进产品，来适应目标市场的社会文化、收入水平、需求偏好、受教育程度等各方面的要求。国际企业要适应非强制性要求比适应强制性要求更难，因为非强制性要求的标准不明确、弹性很大，并且因企业而异。因非强制性的要求而改变产品是企业从事国际市场营销成败的关键因素。非强制性要求主要源于以下因素。②

其一，社会文化。消费者的价值观、道德规范、行为准则、宗教信仰、消费偏好和行为方式受社会文化的影响。国际目标市场上的消费者是否接受新产品和新行为方式，主要取决于目标市场

① 张卫东．国际市场营销的产品策略[J]. 企业改革与管理，2008（03）：64-65.
② 张卫东．国际市场营销的产品策略[J]. 企业改革与管理，2008（03）：64-65.

的社会文化。

其二,收入水平。收入水平的高低在很大程度上影响消费者对产品效用、功能、质量、包装以及品牌等的要求。低收入的消费者通常注重对产品基本性能的要求,如要求价格低廉、经久耐用,而对包装、品牌则不重视;收入高的消费者则更多地追求产品的优质、精美的包装、品牌的知名度等,对价格没有过多的要求。

其三,需求偏好。需求偏好一旦形成就很难改变。消费者需求偏好的差异主要体现在对产品的外观、包装、商标、品牌名称以及使用模式等方面,而很少体现在产品的物理或机械性方面。企业应使产品的外观样式、味道,以及包装的颜色、图案和文字等符合目标市场国消费者的偏好。

其四,受教育程度。发达国家的消费者平均受过十年以上的正规教育,生长在一个高度商业化、工业化和技术化的社会中,他们文化水平高,易于识别、掌握和使用技术复杂的产品;而在一些贫穷落后的国家,消费者受教育的程度有限,甚至许多是文盲,他们难以掌握技术复杂的产品。对于后者来说,国际企业生产的产品应该易于操作,如果操作复杂,可能就难以打开市场。

(二)国际产品的适应性策略

美国学者基根(Warren J. Keegan)教授认为,国际企业要进行产品市场地理空间的扩张,即把既有的产品销售到国外市场,或者为国外市场设计新产品并销售出去,根据国际市场的产品设计和信息沟通的结合情况,可以采用以下策略。①

1. 产品和促销直接延伸策略

产品和促销直接延伸策略是指企业对产品不加任何改变,直接进入国际市场,并在国际市场上采用相同的促销方式。如果使用得好,这是一种最经济、便捷的市场扩张方式,它可以大大降低企业的营销成本。如可口可乐公司,它在全世界各个国家的产品

① 张卫东.国际市场营销的产品策略[J].企业改革与管理,2008(03):64-65.

和广告都是标准化的。

2. 产品改变、促销直接延伸

产品改变、促销直接延伸是指对国内现有产品进行部分改进，而向消费者传递的信息不变。有些产品对国际消费者来说，用途、功效等基本相同，但消费习惯、使用条件有差异，所以企业必须对产品的式样、功能、包装、品牌、服务等稍加改变，以适应各国市场的需要。如洗衣粉在各国的用途都是清洁去污，但各国的使用条件不同，发达国家多用洗衣机洗涤，发展中国家多为人工洗涤，且各国的水质也不尽相同，因而销往不同国家的洗衣粉应根据各国的不同情况设计配方，但宣传策略不用改变。

3. 产品直接延伸、促销改变策略

产品直接延伸、促销改变策略是指企业向国际市场推出同一产品，但根据不同目标市场的国际消费者对产品的不同需求，采用适宜于国际消费者需求特征的方式进行宣传、促销，往往能达到很好的促销效果。

该策略的适用情况有两种：一种情况是产品本身具有多种功能和用途，而不同的国家和地区的消费者倾向于不同的功能和用途，企业可以保持产品不变，只改变宣传信息。例如，化妆品、保健品、食品饮料及药品等类产品可以采用这种产品策略。另一种情况是由于各国语言文字和风俗习惯不同，为了让消费者接受，需要在促销方式上做必要的调整。

4. 产品与促销双重改变策略式

产品与促销双重改变策略是指改变进入国际市场的产品的某些方面，同时改变促销方式。例如，通用公司销往不同国家的咖啡采用不同的混合配方，英国人喜欢喝加牛奶的咖啡，法国人喜欢喝不加牛奶或糖的浓咖啡，而拉丁美洲人喜欢喝巧克力味的咖啡。与此相应采用不同的广告宣传内容。

5. 产品创新策略

产品创新策略是指企业针对国际目标市场需求研究和开发新产品，并配以专门的广告宣传。新产品如果能够开发成功，获利将会很大。但是，新产品开发的风险也很大。企业通常对现有产品进行改进，如果仍然不能满足目标市场的需求，且目标市场发展前景好，企业又有能力去开发新产品，在此前提下，才采取产品创新策略。

第三节　国际市场定价策略

一、影响国际市场定价的主要因素

（一）企业内部因素

1. 企业目标

企业所从事的每一次活动，都是为了对企业实现自己的目标有所帮助，产品定价也是如此。在国际市场上，企业的经营目标可能与国内市场有很大的差异。而在不同的国外市场之间，企业目标也可能不一样。企业目标在不同市场的差异会导致定价时采取不同的战略。一般来说，企业将国内市场作为自己的主导市场，而将国外市场作为国内市场的延伸或补充。当国外市场被当作次要市场时，企业的定价战略往往会显得没有足够的进取心。

企业对各国外市场设定的不同目标在很大程度上影响着定价战略。在迅速发展的市场上，企业可能看重市场占有率的增长而采取低价渗透策略。在竞争不激烈的市场上，企业很可能采取高价榨取策略。与当地厂商合资的国际企业，在定价上除了考虑自己本身的目标外，还必须考虑合作伙伴的想法和要求。

2. 定价目标和营销组合策略

国际营销企业定价目标有两大选择：一是把定价看作实现营销目标的积极工具，二是把定价视为企业营销策略中的一个静态因素。如果价格被视为积极工具，那么，就应该用价格去实现特定的目标，不管这种目标是利润目标、市场占有率目标还是其他类的目标。如果把定价视为静态因素，那么，企业可能仅仅是出口剩余的库存，并不十分重视海外业务，把出口额看成是对销售收入波动的贡献。

产品策略、渠道策略、促销策略等也会对企业的定价产生实质性的影响。Business International 的一项研究发现，在欧盟市场内，收音机和电视机在德国的定价最低，熟食在意大利较贵而在荷兰比较便宜，这种差异归因于零售渠道结构的不同。

3. 成本

企业必须及时补偿成本以便继续经营，因此成本核算在定价中十分重要。不同去向的产品的成本组成也不一样。事实上，出口产品与内销产品的国内生产成本并不完全一样。如果出口产品为了适应外国的度量制度、电力系统或其他因素而必须做出改动，产品成本就可能增加。当然，与之相反，如果出口产品被简化或者删除了某些功能，生产成本可能会降低。

虽然国际营销的成本项目与国内营销大致相同，但其重要性可能差异很大。例如保险费、包装等在国际营销成本上占有较大比重。另外一些成本项目为国际营销所有，如关税、报关、文件处理等。

（二）竞争和市场因素

1. 市场需求

市场需求是价格决策时需要考虑的一个重要因素。决定需求的因素有很多，价格仅是其中之一，其他因素包括消费者购买力、购买欲望、产品在消费者生活方式中的地位、替代品价格、产品潜在市场、非价格竞争的性质、一般消费行为和细分市场消费行为，所有这些因素都是相互依存的，可能不易准确确定它们之间的关系。

需求在定价中的影响是不可忽视的，它决定于喜欢企业产品的消费者的数量和他们的收入水平。低收入的消费者如对某产品迫切需要，也会高价购买该产品。这就要求国际企业进行深入的市场调研，掌握消费者的需求状况，随时对价格进行调整。但光有购买欲望还不够，消费者还需要以支付能力做后盾。最能说明支付能力的指标是人均收入，当然一个国家的人均收入并不一定代表企业目标市场中顾客的人均收入。如果定价不能满足国外消费者要求降价的愿望，那么企业可以通过对产品的改动，如减少功能、简化产品或使产品实用而不追求豪华等措施，以助一臂之力。

2. 竞争

在一个竞争者较少的市场，企业可能有较多的定价自由。但是在一个充分竞争的市场上，企业的定价必然受到其他竞争者定价策略的影响。例如，当某汽车厂商降低汽车价格时，同行竞争者纷纷效仿，最后该厂商还是达不到扩大销售的目的。国外竞争与国内竞争对定价的影响稍有差别：与国内市场不同，企业在不同的国外市场面对着不同的竞争形势和对手，竞争者的定价策略也千差万别。因而，企业需要针对不同的竞争状况制定不同的定价策略。一些美日汽车厂商愿意在德国而不是在法国进行竞争。因为法国雷诺等汽车厂商是国有企业，除了利润外，它们还要实现维持就业等其他目标。所以，雷诺等法国公司在定价时为了实现其他目标，宁可亏损也要压低价格，它们常常逼得竞争者将价格压到无利可图的水平。而德国的汽车公司与美国的汽车公司一样，利润最大化是其唯一的目标，这就允许国外竞争者在德国市场制定更有利可图的价格。由此可以看出竞争者的定价策略对企业定价的影响。

(三)环境管控因素

1. 政府干预

企业在进行国际营销时可能会遇到许多干预定价的政府行为。为了控制价格,政府可能采取规定毛利、限定最高和最低售价、限制价格变化、参与市场竞争、给予补贴,以及购买垄断和销售垄断等多种手段。政府还可能允许甚至鼓励企业串通起来操纵价格。某些基本商品的生产国和消费国政府通过签订协议对国际价格施加越来越大的影响,如国际咖啡协定、国际可可协定、国际食糖协定等,小麦的国际价格长久以来基本上是由有关国家政府通过谈判决定的。

许多国家的公平交易法(或反不正当竞争法)都严格禁止价格协定,而各国消费者组织对不正常的涨价,常常构成强有力的社会抑制力量。企业出口价格也有可能被进口国核发进口许可证的部门认为过高或过低而拒绝其进口。过高可能被认为浪费进口国宝贵的外汇或利用转移定价逃避税收、转移利润;过低则可能被认为是倾销,打击本国民族工业。

2. 国际价格协定

管制定价试图为整个市场制定价格。这种价格可能是通过与竞争者的合作,或者通过一国的中央政府或地方政府,或者通过国际性协议来制定的。通常来说,实行管制定价的最终是为了减少或者消除价格竞争的不利影响。企业实行限定价格是不允许的,但如果政府进行价格限定,则是出于保护公众利益,减少破坏性竞争的考虑。

管制价格的表现形式有很多,有定价协议、价格安排、企业联盟、共谋、卡特尔共同利益集团、利润联合体、许可证贸易、同业公会、首发定价、习惯定价、公司间正式协议等。其中卡特尔最为普遍。

卡特尔是生产同类产品的不同企业为了控制其产品的销售而进行的合作。卡特尔组织可以采用正式协议的形式来确定价格、规定成员企业的产品产量和销售量、划分市场范围，甚至可以对利润实现再分配。在有些情况中，卡特尔组织本身接管了全部销售职能，销售各成员企业生产的产品，并负责分配利润。

二、国际市场定价的程序和方法

（一）国际市场定价的程序

国际营销企业定价要按照一定的基本程序，在此以新产品的定价为例进行阐述，其定价决策过程如图 7-1 所示。

首先这一模型假设最终价格直接影响用户的需求。企业还应注意对最终用户所实施的价格应与国际营销企业的目标和计划保持一致。企业还需要充分了解国外市场的定价环境。由此才能知道究竟采取哪些相应的行动才能影响当地市场。企业除了对不同层次的分销商报价外，还应当给零售商推荐最终的市场价格。同时还应决定在多大程度上对分销渠道实施管理和控制，这也是在定价决策中应解决的问题。

作为国际营销企业，定价的总体框架与程序应当在企业总战略和地方性的营销战略制定之后做出决定。此外，在定价决策过程中，需要考虑的最重要的相关营销环境与变量有销售额和利润（国际营销企业会更多地考虑较长时期的市场销售额和利润潜力），还有市场占有率目标、市场细分、市场定位以及产品的促销、分销及服务等方面的政策，而且国际营销企业仔细地评价了市场环境，就可根据企业的全球战略框架和当地市场范围的特殊因素，制定产品的最初价格。初始的价格至少应使企业在产品生命周期的前期或中期获得比较满意的利润回报。如果国际营销企业从事出口，必须将初始价格的预期收入与成本做好比较进而确定盈利与否。

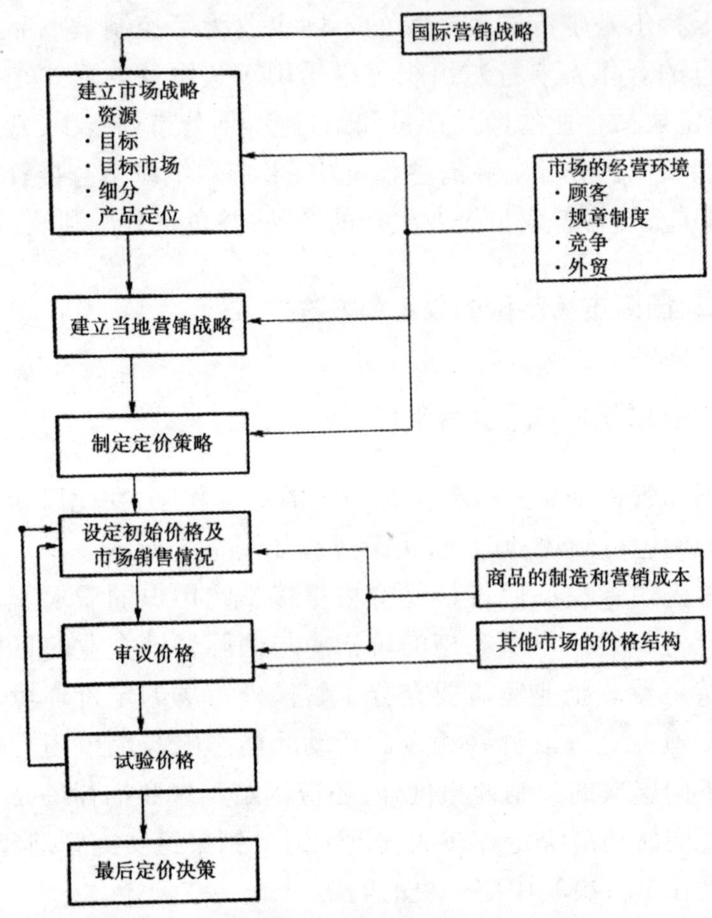

图 7-1　国际营销新产品的定价决策过程

成本要素是关键变量。通常，国际营销企业可以从生产、采购和营销人员那里得到较为准确的成本数据。然而，在不同的国外市场用不同的价格来预测销售收入是件很困难的事情。因为，国外市场的竞争会受到很多因素的影响，而某些方面的影响难以预测。

当初始价格在执行一个时期之后，还需要根据各种条件的变化对其进行修正和调整，调整后的价格仍需进行市场测试，因为价格和其他营销变量需要受到现实市场的约束。实际这种试验是相当复杂的，因为所有的营销要素及环境因素都不可能静止，这种动态会在不同程度上影响我们在价格变化时对需求影响的单项检测。即使如此,我们仍能得出一些与价格和需求相关的数据,以此来检验经过调整的价格。

国际营销企业还应对环境变化或成本变化做出相应的反应,并由此对国外市场有更充分的了解。同时,还应注意价格的变动对竞争者及当地政府所产生的影响。

全球市场型企业和国家市场型企业遵循上述定价战略的框架及程序进行价格决策。但由于这两类国际营销企业在实现全球目标时所执行的战略和采用的方法不同,因此,对定价决策的框架在理解上和执行过程中也会有所偏重。对于以全球市场为战略着眼点的企业来讲,定价决策将更多地考虑和侧重某些一致性的市场因素。如对那些更具普遍性和共同性的全球性的需求,全球市场型企业将为世界各国提供一系列普遍适用的标准化产品及服务体系,它们在各国将采用标准化的分销与促销模式。显然在此情形下的定价决策将更多地体现一致性的特点,无论对哪一区域或哪一目标国市场,将保持基本一致的价格或价格幅度。而对于以国际区域市场为战略着眼点的企业来说,环境的特殊性对目标国市场的实现影响更大。因此,建立在国家环境差异和需求差异基础上的价格决策对各国市场也将更多地表现出差异性的特征。企业的定价决策也将更多地对所在国家的环境和需求保持较高的适应性。价格决策无论是对需求还是竞争反应都比较敏感。

(二)国际市场定价的方法

1. 成本导向定价法

成本导向定价法是指直接以成本为依据的定价方法。对于初步确立了国际市场地位的跨国公司而言,在国际市场主要国家选择以成本为中心的定价方法,有着很强的实用性。成本导向定价法在技术上更易实现,也更易获取盈利。在跨国公司实施国际营销战略的初期,国际市场的竞争地位还没有完全稳固;公司的利润水平还不是很高,公司希望通过国际市场成本定价实现预期利润。因此,该阶段更适合采取成本导向定价法。此外,国际市场成本定价的选择还会依行业特征而决定。在比较典型的产业市场或需求弹性较低的一般日用消费品市场,国际市场成本定价的作用空间也比较大。以下分别讨论成本导向定价法的两种实现方式。

(1)成本加成定价法

成本加成定价法是在产品总成本的基础上,加上一个所在行业认同的比较通用的加成比例。如格兰仕微波炉付给制造商 20 美元,然后按照行业比较通用的 50% 的加成率,以 30 美元的零售价出售,那么零售商的销售毛利是 10 美元。如果每台微波炉的零售成本是 6 美元,零售商就得到了 4 美元的净利润。同样的思路也能用在制造商给零售商或出口商等中间渠道的厂家定价中。

成本加成定价法运用于跨国公司的国际市场定价,其最大的优势是简单易行。特别是在会计成本数据比较容易确定和方便得到的情况下,报价比较迅速。通常情况下,一些大宗产品的出口商普遍采用此定价方法。究其原因主要有两个:一是他们对海外市场机会和竞争的识别能力极其有限,很难对海外市场变化做出积极和恰当的反应;二是由于加入全球产业制造链的出口规模经济效应,使其通过相对稳定的加成比例就可以获得比较可观的利润水平。但加成定价法最大的不足是几乎完全忽略了市场需求和竞争的因素。制造商更多位于全球产业链的下游,缺乏对最接近海外市场的产业链上游营销信息的了解,这影响了其在国际市场上更大的发展和从产业链更多的盈利点上获取更高的收益。

(2)目标利润定价法

目标利润定价法是成本导向定价法的另一种实现方式,是跨国公司在总成本和预计总销量的基础上,加上一定比例的目标利润率进行定价。如福特汽车公司在全球定价中以目标利润定价为中心,公司就会把汽车价格定在能够产生 15% ~ 20% 的目标利润水平上。目标利润定价法的优点是当公司在国际市场进行大规模生产和销售时,有助于公司在国际市场范围内的利润核算和管理,更容易对公司总体投资回报进行预期。其局限性表现在公司基本上以预计销量的总成本加上加成比例,制定价格。而现实中,价格和销量之间存在弹性关系,如果公司的成本超过了行业的平均成本或目标利润率过高,则定价在市场上缺乏竞争力,会导致预计的销量无法实现。那么,公司的利润也就无法实现。

2. 需求导向定价法

需求导向定价法是以全球主要国家市场顾客对产品的价值感知和需求强度为依据进行定价的一种方法。该方法目前在公司的国际市场定价中受到普遍重视,是一种最有潜力的国际市场定价方法。特别是在以消费者自我感知为主的全球顾客成长潜力高的市场上,国际市场需求定价法已经成为一种主导型的定价策略。国际市场需求定价法也有两种实现方式。

(1)理解价值定价法

理解价值定价法也叫作认知或感受价值定价,是指公司不是基于产品成本,而是基于顾客对产品价值的理解和感知来定价。实施理解或认知定价的公司并非处于被动地位来等待消费者对自身产品的评价,而是积极主动地通过全球产品竞争分析和市场调研等营销工具,寻找那些有潜力的全球产品定位,并通过国际广告塑造全球品牌,将公司的国际产品价值最大限度地传递给国际市场目标顾客群体。因此,如果定位准确并传播有力,会在国际市场目标顾客群中引起强烈的反响和普遍的认知。换言之,国际市场顾客对公司国际品牌所确定的产品定位的接受过程,也就是其接受公司价格的过程。

在实际中,如果公司要运用此定价方法,就需要了解全球主要国家顾客对产品价值的心理感知的共同性和差异性;再者,理解价值定价法的运用与国际市场产品定位、国际市场品牌核心价值的传播等都高度关联,需要通过高超的国际市场营销活动的协调和配合才能实现。

（2）反向定价法

反向定价法是指公司在估测顾客能够接受的产品的最终价格的基础上，通过扣除成本、利润后，逆向推算出产品的最终销售价格。反向定价法有着较强的实用性，这主要是由国际市场定价决策的复杂性决定的。实施此定价方法的公司，首先需要对全球主要国家市场的顾客需求和竞争关系进行分析，并对顾客可以接受的有竞争力的价格进行评估和确定；然后再扣除中间商的利润、关税、运费等全球成本费用，以此倒推出产品的价格。

3. 竞争导向定价法

竞争导向定价法是跨国公司以主要竞争对手的价格为依据的定价方法，比多国营销下的定价有更大的市场适用范围。国际市场竞争定价法与多国营销下的定价的另一个不同点是，国际市场竞争定价所分析和衡量的竞争层面不仅在国家层面展开，而且要把不同国家在竞争上的协调以及在价格上的反应等因素加以考虑。

（1）跟随领先者定价法

跟随领先者定价法是指跨国公司依据所在行业市场领导者的价格进行定价的方法。通常在钢铁、煤炭、化工等典型的全球产业市场上采取这种定价方式，这类市场拥有以下特征：产品生产周期长；固定成本和变动成本不仅价值高，分摊也比较复杂；有许多由产业周期特征和通货膨胀、汇率波动等引起的一些难以预测的成本；跨国公司实际很难像在消费者市场那样实现产品差别化和形象化。因此，在这些典型的全球产业市场上，价格是极其敏锐的竞争要素。在此情形下，公司一种谨慎且可行的定价方式，就是跟随所在行业中的全球领先者定价。

（2）攻击竞争对手定价法

攻击竞争对手定价法是指跨国公司在某一时期的全球主要国家市场上，以击败主要国际市场竞争对手为目标的定价方法。

这种定价方法通常是国际市场挑战企业为了从全球领先企业手中争夺市场份额而采取的一种直接定价方法。采用此方法定价的企业一般提供和竞争对手相同或类似价值的产品或服务，但以低于竞争对手的低价渗透策略进入市场。该方法在市场对价格特别敏感的状态下更有利于实现。当然，此价格战略并非长久之策，在公司通过低价实现了对竞争者市场的渗透或在全球主要国家市场上的竞争地位和市场份额得到稳固后，便将根据定价目标将价格调整至正常水平。

4.新产品定价法

公司的新产品在进入全球主要国家市场时，依据国际市场营销战略和为实现此战略所确定的定价目标，新产品定价策略主要有两个。

（1）撇脂定价法

撇脂定价法是针对那些能够承受和愿意支付新产品溢价的国际市场顾客制定的定价法。此方法将使最初的新产品以远高于成本的极高价格投入国际市场。除了弥补最初的投入外，公司希望从全球市场的高价格策略中攫取最大利润。就像从牛奶中撇取奶油，故称为撇脂定价。一些处于典型全球产业的高科技跨国公司在新产品进入市场的最初阶段，即产品引入期多运用撇脂定价法。尤其是在新产品对早期全球创新型消费者有极大吸引力并有专利技术保护的情形下，跨国公司通过成功的全球市场细分，可以实现跨国界的全球顾客群的聚集，并分析他们共同的年龄、收入、受教育背景和职业等人口统计变量和消费行为变量等，制定最恰当的全球营销战略、战术组合。

撇脂定价法对跨国公司的好处有三个方面：一是跨国公司可以充分地利用新产品的技术领先和专利保护等，特别是那些创新性强的新产品一般会伴随着相对漫长的市场引入周期，这意味着跨国公司可以通过漫长的产品引入期和全球顾客聚集的规模效应来获取高额的利润；二是当产品进入标准化阶段以后，最先进入的公司又可以通过已获取高额利润的优势,再度进行新一轮的技术创新,以保持在全球行业的领先地位;三是随着价值链的重心向制造和营销方面转移,显然,领先的企业又可以通过降低价格和实施全球品牌、全球广告、渠道拓展等全球营销战略扩大市场份额等。当然,在产品线向下延伸扩展的过程中要防止品牌定位的模糊等现象。

(2)渗透定价法

渗透定价法是公司的新产品进入国际市场一些国家时,针对竞争者采取的一种低价渗透策略。该方法在应对竞争者已经建立的市场优势、争取国际新市场和赢得其他国际市场竞争企业的顾客方面,有显著的作用。特别当市场对价格敏感时更是如此。

和撇脂定价法不同,渗透定价的市场应用条件也与前者有显著不同。主要适用于以下条件下的全球市场。

一是在公司进入的新市场上已有其他竞争对手领先一步。该对手不仅在该市场上有可观的市场份额,其国际市场品牌地位和声誉也已经先声夺人。在此条件下,如果公司认定该市场在全球的战略性潜力和重要地位,而竞争实力与领先企业又难以直接抗衡或者抗衡成本太高,得不偿失,在这种情况下以低价渗透到竞争者市场上是一种很好的选择。

二是公司发明了一种全球领先的新产品,并且认定该产品的全球市场潜力非常巨大。但与撇脂定价条件下全球顾客群最大的不同点是,顾客对价格是敏感的,价格的高低在很大程度上会影响他们对新产品的使用和普及率的提高。

三是公司通过一个时期的低价渗透策略,市场销售及产品的规模经济效应得到了充分的体现,获取长期、满意的利润。当然,没有一成不变的定价策略。低价渗透策略在塑造和建立全球品牌形象方面的局限,使公司在全球市场获取了稳固的市场份额和理想的收入后,一般会将品牌向上延伸。

第四节　国际市场分销渠道策略

一、国际市场分销渠道结构

生产商和消费者分别是分销系统的起点和终点。当企业采取不同的分销策略进入国际市场时，产品或服务从生产者向消费者的转移就会经过不同的营销中介机构，从而形成不同类型的国际分销模式。出口企业的一个目标是将产品有效地从生产国转移到产品销售国市场；另一个目标则是参与销售国的市场竞争，以实现产品的销售和获取利润。为了实现这两个目标，国际市场分销渠道要经过出口国国内、由出口国进入进口国和进口国国内三个阶段。

企业产品在进入国际市场时，应针对各国复杂的环境（不同的经济发展水平、市场特点、竞争状况及历史背景等）慎重地选择和调整分销渠道模式。一般而言，直接出口更利于出口国企业接触和了解东道国的市场情况，便于对环境变化做出及时反应，而且控制力较强，流通环节少、费用低，但需要企业具有相应的资源（能力）和抗风险能力。与直接出口相比，间接出口虽然渠道较为冗长，但通过利用国内中间商出色的专业能力和良好的市场资源，即使是国际市场营销经验和能力不足的企业，也能够成功地覆盖凭自己的力量到达不了的市场，并能够有效地规避风险。

二、国际市场分销渠道的设计

在国际市场营销中，拥有一个低成本、高效率、顺畅的国际分销渠道有助于企业获取竞争优势，也是企业赢得市场的重要保证，因此进行科学的国际分销渠道的设计是企业国际市场营销活动中的一项重要决策。

国际分销渠道设计的核心问题是确定到达国际目标市场的最佳途径，国际分销渠道的设计主要有四个步骤。

（一）确定国际分销渠道的目标

确定国际分销渠道的目标是国际分销渠道设计的首要任务。渠道目标是指在企业营销总体目标下，选择分销渠道预期达到的顾客服务水平（如何、何时、何地对国际目标顾客提供产品或服务）以及中间商应执行的职能等。在国际市场营销过程中，每一个企业都必须在顾客、产品、中间商、企业政策和环境等形成的限制条件下，确定国际分销渠道目标。

（二）分析影响国际分销渠道的因素

影响国际分销渠道的因素比较多，企业在选择国际分销渠道时主要考虑六个具体因素：成本、资金、控制、市场覆盖面、特征及连续性。企业在决定选择分销渠道时，需要对所要达到的市场目标和各种影响因素进行综合考虑。

（三）明确国际分销渠道的备选方案

1. 直接分销渠道与间接分销渠道

直接分销渠道是生产企业直接向消费者或用户出售产品而不经过任何中间环节的一种分销渠道。直接分销渠道可以使企业迅速获得信息的反馈，及时了解国际市场的动态，据以制定适宜的营销策略。企业通过直接分销渠道参与国际市场的竞争，建立和开拓自己的销售网络，独立地进行出口管理，对国外的营销有了较大的控制权，有利于企业根据自己的战略目标，对国外的营销活动做出适宜的调整。

如果在生产者与消费者两者中加一个环节，这样的分销渠道即为间接分销渠道。是否增加中间环节，取决于产品是否适合生产者直接向用户销售。目前，许多生活和生产资料，满足国内或国际市场的商品都是通过间接分销渠道来完成流通过程的。当决定采用间接分销渠道后，就需要对中间商的选择问题进行考虑。

直接分销渠道和间接分销渠道都有其各自的优缺点及适用范围，如表 7-1 所示。

表 7-1　直接分销渠道与间接分销渠道的适用范围及优缺点

渠道类型	适用范围	优点	缺点
直接渠道	主要适用于生产资料（工业原料）的销售	销售环节少、流通时间短、流通费用低；可以直接为消费者服务、掌握市场动态便于售后服务等	增设销售机构、增加了销售费用、提高企业的经营成本；市场风险大等
间接渠道	主要适用于绝大部分生活消费品的销售	迅速将产品推向国外市场、节省人力、物力和财力；减少服务成本；提高市场占有率等	市场信息获得不及时、信息反馈差；限制了企业在国外市场上的经营销售能力的扩大等

2. 长渠道与短渠道

分销渠道的长短是相对来说的，它由是否选用中间商，以及选用多少中间商构成几个中间环节来决定。从长短来看没有中间环节的分销渠道是最短的，而包括所有中间环节（如出口商、进口商、代理商、批发商、零售商）的分销渠道是最长的。随着分销渠道的延长，企业对价格、销售量、促销方式和销售方式等方面的控制会变得越来越弱，当企业的产品需要运用长渠道来实现产品从生产到消费的转移时，企业通常不得不放弃控制，将产品交给中间商，听凭他们将产品在国际市场上分销。

长渠道和短渠道都有其各自的优缺点及适用范围，如表 7-2 所示。

表 7–2 长渠道与短渠道的适用范围及优缺点

渠道类型	适用范围	优点	缺点
长渠道	适合日用品的分销	市场覆盖面广；厂商可利用中间商的丰富资源广布网点	厂商对渠道的控制程度较低；产品流通成本较高、价格竞争力低；对渠道成员的管理难度大
短渠道	适合专用品、时尚品、鲜活品和顾客较集中的市场	对渠道的控制程度较高；流通成本较低	厂商需承担大部分或全部渠道职能；市场的延伸力度有限，覆盖面较窄

3. 宽渠道与窄渠道

分销渠道的宽度由渠道中间环节上中间商数目的多少决定，中间商数目越多，则分销渠道越宽；否则，分销渠道越窄。分销渠道的备选方案主要有以下三种方案：密集性分销、独家分销和选择性分销。

（1）密集性分销

密集性分销又称为广泛性或普通性分销，是指国际企业选用尽可能多的中间商经销自己的产品，以达到最广泛地占领目标市场的目的。在国际市场中，价格不高但购买频率高的日用品、大部分食品、工业品中的标准化和通用化商品、易耗品等多采用这种分销方案。

（2）独家分销

独家分销是指在特定的市场区域选择一家中间商经销其产品，这是一种最为极端的专营性分销。由于产品本身技术性强，使用方法复杂而独特，所以需要一系列的售后服务和特殊的推销措施相配套，使国际企业在一个目标市场只选择一个中间商来经销或代销它的产品。在国际市场中，如汽车、家用电器、计算机和办公设备、照相器材等多采用这种分销方案。

（3）选择性分销

选择性分销是介于密集性分销和独家分销两种渠道之间的一种宽渠道策略。国际企业在特定的时期和市场区域内，从愿意合作的众多中间商中选择少数几个条件好的批发、零售企业作为自己的分销商。消费品中的选购品、特殊品,以及工业品中专业性较强,对售后有一定要求的设备和配件多采用这种分销方案。

密集性分销、独家分销和选择性分销的优缺点,如表 7–3 所示。

表 7–3　密集性分销、独家分销和选择性分销的优缺点

分销类型	优点	缺点
密集性分销	市场覆盖率高	产生的费用较大;中间商数目较多,企业难以控制渠道行为
独家分销	容易控制渠道行为;有利于维持市场的稳定性;提高产品身价和销售效率	缺乏竞争,顾客满意度可能受到影响;中间商对厂商的反控力较强
选择性分销	相对节约成本并能较好地控制渠道行为;可以集中使用资源,获得更多利益	市场渗透力比密集性分销有所减弱

(四)评估国际分销渠道方案

从实质来看,国际分销渠道评估就是从那些看起来似乎合理但又相互排斥的方案中选择最能满足企业国际分销渠道目标的方案。每一种国际分销备选方案,都是产品送达国外消费者的可能路程。如何选出最能满足企业国际分销渠道目标的方案,这需要一定的评估标准,主要有以下三项标准。

1. 经济性标准

经济性标准是首要标准,因为企业经营的最终目的是追求利润,而不是追求渠道的控制性和适应性。经济性标准主要是比较每个方案可能达到的销售额及费用水平。这项标准包含几个方面:一是选择的渠道必须能够保证商品向消费者的流动是合理的;二是渠道环节尽可能少,并且渠道组合是合理的;三是选择的渠道能够用最少的成本、最快的速度、最短的时间、最短的路线转移产品;四是选择的渠道要具有稳定性,以节省开辟新渠道的费用。

2. 控制性标准

在考虑经济效益时,还应该考虑企业能否对其分销渠道实行有效的控制。因为分销渠道是否稳定对于企业能否维持其市场份额,实现其长远目标是至关重要的。企业对于自建的分销系统是最容易控制的,但是由于成本较高,市场覆盖面较窄,不可能完全利用这一系统来进行分销。而利用中间商分销,就应该充分考虑所选择的中间商的可控程度。一般而言,特许经营、独家代理方式比较容易控制,但企业也需要相应做出授予商标、技术、管理模式以及在同一地区不再使用其他中间商的承诺。在这样的情况下,中间商的销售能力对企业影响很大,选择时必须十分慎重。

但对分销渠道控制能力的要求并不是绝对的,并非所有企业、所有产品都必须对其分销渠道实行完全的控制。如市场面较广、购买频率较高、消费偏好不明显的一般日用消费品就无须过分强调控制;而购买频率低、消费偏好明显、市场竞争激烈的高级耐用消费品,对分销渠道的控制就十分重要。总之,对分销渠道的控制应讲究适度,应将控制的必要性与控制成本做好比较,以求达到最佳的控制效果。

3. 适应性标准

分销渠道是否具有地区、时间、中间商等适应性也是需要考虑的问题。地区适应性要求企业在某一地区建立产品的分销渠道,应充分考虑该地区的消费水平、购买习惯和市场环境,并据此建立与之相适应的分销渠道。时间适应性要求企业根据产品在市场上不同时期的适销状况采取不同的分销渠道与之相适应。中间商适应性要求企业应根据各个市场上中间商的不同状态采取不同的分销渠道。

三、国际市场分销渠道的管理

通过科学的国际分销渠道的设计,可以选出最能满足企业目标的国际分销渠道方案,之后企业还必须对国际分销渠道进行科学的管理,才能拥有一个低成本、高效率、顺畅的国际分销渠道。国际分销渠道管理主要是对渠道成员的管理,具体包括对渠道成员的选择、培训、激励、评估和调整。

(一)选择

选择渠道成员,就是从众多的相同类型的分销成员中选出适合公司渠道结构的能有效帮助完成公司分销目标的分销伙伴的过程。选择渠道成员,也就是在选择成本、选择利润,因为每一个成员的素质与行为直接影响着合作效率。在选择渠道成员之前,需要先确定渠道成员的选择标准。但是,这个标准依企业差异、产品特征而有所不同。一般情况下,选择渠道成员的标准主要有:财务实力、销售能力、产品组合特征、管理效率、公司文化以及合作态度。

(二)培训

选择好渠道成员后,企业还必须重视和加强对渠道成员进行统一的培训。通过培训提高渠道成员的整体素质。许多企业开始邀请专家为渠道成员进行实战培训,一方面作为企业对渠道成员的一种福利;另一方面通过培训使企业的营销理念在整个渠道中更好地贯彻,使渠道更顺畅。

(三)激励

激励渠道成员是渠道管理的重要内容之一,对渠道成员的激励是否有效,直接关系到渠道管理目标能否顺利实现。对渠道成员的激励不仅包括给予丰厚的物质奖励,还包括信息沟通、感情交流、独家专营、共同开展促销等。在很多情况下,很多企业只注重物质奖励的刺激,如销售利润、折扣、奖赏等。如果这些未能发生作用,则改用惩罚的办法,甚至中止双方的合作关系。高物质奖励方法的代价很高却又往往不见得有很大的成效。因此,企业应更多地保持与渠道成员的沟通与联系,努力与其建立长久的良好的合作关系。

(四)评估

评估渠道成员是指企业定期按一定标准对渠道成员的表现进行评估。如果渠道成员不能达到标准,必须迅速找到主要原因,采取改进措施。如果在一定期限内无法改进,就要考虑放弃或更换渠道成员。评估渠道成员主要考虑以下因素:各渠道成员资信情况、销售配额完成情况、平均存货水平、对损坏与遗失货物的处理、人员促销水平、与企业的促销和培训计划的合作情况、向顾客交货的时间等。

(五)调整

市场环境并不是一成不变的,而是不断变化的,变化的市场环境一方面对渠道成员的经营理念、经营战略管理水平和人员素质提出了严峻的挑战;另一方面要求企业不断地对渠道成员进行调整。因此,优胜劣汰是渠道成员必须面对的现实选择。

企业设计出合理的、高效的国际分销渠道就可以在国际市场营销中不断获取竞争优势,但这并不是说就可以一劳永逸了。因为国际分销渠道并非一成不变,需要根据市场需求、营销环境、竞争态势和中间商等的变化而变化,这就需要不断加强对国际分销渠道的管理。

第五节　国际市场促销决策

一、国际市场促销的内涵和功能

（一）国际市场促销的内涵

国际市场促销是指国际企业以多种方式向国际目标市场传递企业及其产品信息，通过加强与消费者的沟通，吸引并促成顾客购买企业产品的一切活动。国际市场促销是企业与国际客户之间的一种信息沟通行为，与国内市场营销一样，国际市场促销是国际市场营销组合的一个重要因素。

在国际市场营销中，由于生产者不可能完全清楚谁需要什么商品、何地需要、何时需要、何种价格消费者能够接受等；同时广大消费者也不可能完全清楚什么商品由谁供应、何地供应、何时供应、价格高低等。正因为客观上存在着这种生产者与消费者间“信息分离”的“产”“销”矛盾，所以国际企业必须通过沟通活动，利用各种促销手段，把生产、产品等信息传递给消费者和用户，以增进其了解、信赖并购买企业产品，从而达到扩大销售的目的。①

（二）国际市场促销的功能

1. 告知信息功能

国际企业可以通过各类促销手段告知消费者或市场中介产品（或公司）的存在、产品的工作原理、如何获得产品以及产品的价格等有关信息，从而引起消费者的兴趣，激发他们的购买欲望，促进消费者的购买行为的发生。

① 朱连翔.NF纺织集团营销策略诊断[D].郑州大学，2010.

2. 说服与劝说功能

一个新产品刚刚进入国际市场，难免受到目标公众的质疑。国际市场促销的目的是通过各种有效的方式，说服目标公众，使其坚定购买的决心。例如，国际市场中的同类产品往往只有细微的差别，用户难以察觉。企业通过促销活动，宣传自己产品的特点，使用户认识到企业的产品可能给他们带来的特殊效用和利益，并劝说他们进行品牌转换，购买本企业的产品。

3. 扩大需求功能

随着国际市场竞争的日益激烈，国际企业加大了新产品开发研究的力度，新产品产生的数量和速度大大超过以往，而消费者往往意识不到新产品在满足其潜在需求方面的作用。企业必须利用各种促销手段向消费者提供新产品或产品的新用途等信息，以激发和引导消费者需求，把潜在的需求转化成现实的需求。

4. 树立企业形象功能

由于种种原因，企业产品的销售量并不会保持一致，可能时高时低，出现波动，这是产品市场地位不稳的反映。企业通过运用促销手段，在消费者心目中树立良好的产品形象和企业形象，巩固和培养消费者对企业及其产品的信心和偏好，从而达到稳定或增加产品销售量的目的。

二、国际市场促销组合的基本要素

在国际市场营销活动中，企业为了实现销售目标，需要整合多种促销手段，搭配和协调使用促销组合。国际市场营销环境复杂多变，企业必须因时因地制宜，细心规划、执行和协调各种促销沟通手段，使其形成系统的促销策略，从而达到促进企业与消费者沟通、推动产品销售的目的。国际促销组合的基本组成要素有以下几个。

其一，广告。广告是指以付费的形式，通过大众媒体向目标顾客和公众进行信息沟通,以达到促进产品销售的一种非人员促销活动。广告能够树立企业形象、沟通市场和产品信息,且具有覆盖面广、渗透力强等特点,是企业促销的主要手段之一。

其二,公共关系。公共关系是指企业为改善与社会公众的关系,通过新闻报道、赞助、新闻发布会等一系列活动促进公众对企业的认识、理解和支持。公共关系能争取对企业有利的宣传报道、树立良好的企业形象和声誉,以及消除和处理对企业不利的谣言和事件。

其三,销售促进。销售促进又称营业推广,是指企业为了刺激需求、扩大销售而采取的能迅速产生激励作用的促销措施。销售促进以让利的形式诱导消费者迅速地做出购买反应,对刺激需求具有立竿见影的效果。

其四,人员推销。人员推销又称派员推销或直接推销,是指企业派出或委托推销人员向国际市场顾客和潜在顾客(包括中间商和用户)面对面地宣传产品,以促进购买。这是一种虽然古老但很重要的促销方式。

上述四种促销方式各有优缺点,如表 7–4 所示。

表 7–4　各种促销方式的优缺点比较

促销工具	优点	缺点
广告	抵达面广;单次联系相对成本低;能针对微细分市场;对最后的信息能严格控制	总成本高;效果难以衡量
公共关系	创造对产品(组织)的正面态度;提升产品(企业)的声誉	无法准确衡量效果
销售促进	产生即时顾客回应;容易有量效果;增加短期销量;引起品牌注意	难以与其他竞争者区分,易被模仿、报复
人员推销	容易衡量效果;产生即时顾客回应;为顾客量身定制信息	受销售人员能力差异的影响;单次接触成本高

国际企业为了实现促销目标,将以上各种促销方式予以合理选择、有机搭配,使各种促销工具相辅相成、取长补短,从而实现整体最佳效能,即为促销组合。企业正确地选择和运用促销组合,

即为促销组合策略。而在每一种促销工具下,促销组合又可以划分成多种具体的形式,如表 7–5 所示。

表 7–5　促销组合及其具体形式

广告	公共关系	销售促进	人员推销
电视和电台广告 报纸和杂志广告 网络广告 包装广告 邮寄广告 海报和招贴广告 路牌广告 陈列广告 POP 广告 灯箱广告 交通广告	赞助 捐赠 宣传手册 研讨会 新闻发布会 公益活动 参观工厂 社区活动 年度报告	竞赛 抽奖 优惠券 加量不加价 赠品派送 展销(览) 示范表演 销售竞赛 折扣 低息融资 以旧换新	推销人员演示 现场试用 电话推销 家庭聚会

三、促销组合决策的影响因素

国际企业在开展促销活动时,必须根据总体分销目标的要求制订相应的促销方案,综合运用多种促销方式,以取得最佳沟通效果。为制定最佳促销组合,必须综合考虑以下主要影响因素。

(一)促销目标

企业促销的目标并不是单一的,如提高企业和产品的知名度,使顾客了解本企业的产品并产生信任感,扩大产品销量和提高市场占有率,等等。相同的促销手段在实现这些不同的促销目标上,或不同的促销手段在实现同一促销目标上,其成本效益大不相同。广告和国际会展在提高企业知名度和声望方面远远超过人员推销;在促进顾客对企业及产品的了解方面,广告和人员推销的成本效益最好;在促销订货方面,人员推销的成本效益最大,国际会展则发挥着协调辅助作用。

(二)目标市场的特征

目标市场的特征决定了其对信息的接受能力和反应规律,国际企业面对不同的市场状况,应采取不同的促销组合。

第一,应考虑市场的地理位置和范围大小。规模小、距离近的本地市场,应以人员推销为主,而在较大规模的市场(如全国市场)进行促销时,则应采用广告和公共关系进行宣传。

第二,应考虑市场类型。消费品市场的买主多而分散,不可能由推销人员与消费者广泛接触,主要靠广告宣传介绍产品来吸引顾客;工业品市场的用户数量少但购买量却很大,应以人员推销为主。

第三,还应考虑市场上不同类型潜在顾客的数量。

(三)产品的性质

各种促销方式对不同类型的产品所起的作用不尽相同,因此,产品的性质会最终影响企业促销组合的选择。通常,工业品购买者希望在掌握大量信息的基础上进行选择,人员推销可以更好地满足这方面的要求,其次是销售促进、广告和公共关系常用作辅助手段。

如果购买者更多注重产品的形象,则高知名度的产品容易被接受,这时广告的促销效果就比较明显,其次是销售促进、人员推销和公共关系。

(四)产品生命周期

企业对处在生命周期不同阶段的产品,促销活动的目标与侧重点是不一样的,促销方式的组合也不尽相同。在产品的导入期,企业的促销目标主要是提高产品的知名度,而促销方式主要以广告为主,辅之以相应的公共关系。为了鼓励消费者试用产品,可在销售地点进行适度的销售促进活动。在成长期,促销目标是增加消费者的兴趣,促使他们购买产品。因此,广告仍是企业促销活动的主要手段,但在内容和形式上应有所改变,例如,以说服型广告为主,应把促销重点放在产品的差异化优势上,以建立和维护消费者对于品牌的忠诚度。在成熟期,市场竞争更加激烈,促销目标是培养消费者对企业品牌的偏好,增加产品的使用量,销售促进的作用则进一步增强,并逐渐成为主要的促销手段,这时广告作用会下降,主要起到提醒消费者对品牌的注意和加深印象、加强偏好的作用。在衰退期,促销目标是维持市场销售量,因此销售促进是企业促销活动的主要方式,以维持日渐下降的销售量,广告作为辅助手段,起到提醒消费者购买的作用。

(五)促销费用

促销费用经常会制约促销组合策略的制定,因为任何一种促销方式的运用都要花费一定的成本,如果没有一定数量的促销费用,再好的促销方式也难以实施。而各种促销方式的费用又高低不同,不同的促销组合所需费用往往相差很大。因此,企业在选择促销方式、制定促销组合策略时,应当考虑企业的资金承受能力。应当指出,企业促销策略仅仅是市场营销策略的一个组成部分,它们都必须为企业的营销战略服务。因此,企业制定的促销策略必须与产品策略、渠道策略和定价策略密切配合,做到目标统一、步骤协调。

总的来说,国际促销策略的制定除受到上述一般因素的影响外,还受到许多特殊因素的影响,如不同的国家和地区对促销方式、宣传媒体、广告信息等的控制程度和限制政策有很大的差异。不同国家消费者的收入水平、消费习惯、语言文化等也有明显的不同。这些环境条件的差异使得同一种促销组合在甲国可能行之有效,而在乙国则可能收效甚微或者根本行不通。因此,企业必须针对不同国家的环境条件来制定与之相适应的国际促销策略。

四、促销的基本策略

(一)推动策略

推动策略是指企业以中间商为主要促销对象,通过推销人员的工作，把产品推进分销渠道，最终推向目标市场，推向消费者。

推动策略的运用条件是企业与中间商对商品的市场前景一致看好，双方愿意合作。运用推动策略对企业来说风险较小、销售周期短、资金回收快，但同时需要中间商的理解与配合。一般来说，推动策略多用于以下情况的市场促销：一是传播对象比较集中，目标市场的区域范围较小的产品；二是处于平销状态，市场趋于饱和的产品；三是品牌知名度较低的产品；四是投放市场已有较长时间的品牌；五是需求有较强选择性的产品，如化妆品；六是顾客购买容易疲软的产品；七是购买动机偏于理性的产品；八是需要较多介绍消费和使用知识的产品。

(二)拉引策略

拉引策略是指以最终消费者为主要促销对象，通过运用广告、营业推广、公共关系等促销手段，向消费者展开强大的促销攻势，使之产生强烈的兴趣和购买欲望，纷纷向经销商询购这种商品，而中间商看到这种商品需求量大，就会向制造商进货。

当新产品上市时，中间商往往因过高估计市场风险而不愿经销，这时企业只能先向消费者直接推销，然后拉引中间商经销。因此，拉引策略多用于：一是目标市场范围较大、销售区域广泛的产品；二是销量正在迅速上升和初步打开销路的品牌；三是有较高知名度的品牌、感情色彩较浓的产品；四是容易掌握使用方法的产品和有选择性的产品；五是经常需要的产品。

参考文献

[1] 袁晓玲 . 国际市场营销学 [M]. 西安：西安交通大学出版社，2018.

[2] 阳林，李青 . 国际市场营销 [M]. 北京：中国轻工业出版社，2018.

[3] 朱雪芹，成爱武 . 国际市场营销学 [M]. 北京：机械工业出版社，2017.

[4] 宋海英，魏兴民，胡跃，冯涛 . 国际贸易理论与实务 [M]. 北京：机械工业出版社，2017.

[5] 郭国庆，陈凤超 . 国际营销 [M]. 北京：高等教育出版社，2017.

[6] 程杨，白海霞 . 国际贸易实务 [M]. 北京：北京理工大学出版社，2017.

[7] 韩玉军 . 国际贸易学 [M]. 北京：中国人民大学出版社，2017.

[8] 闵海燕 . 国际贸易实务 [M]. 北京：北京理工大学出版社，2017.

[9] 姜文学 . 国际贸易 [M]. 大连：东北财经大学出版社，2017.

[10] 李雁玲 . 国际贸易理论与实务 [M]. 北京：机械工业出版社，2017.

[11] 孙莉莉 . 国际贸易理论与政策 [M]. 北京：北京理工大学出版社，2017.

[12] 黄高余 . 国际贸易 [M]. 北京：清华大学出版社，2017.

[13] 路敏,冯明 . 国际贸易实务 [M]. 南京:南京大学出版社,2017.

[14] 林珏 . 国际技术贸易 [M]. 北京:北京大学出版社,2016.

[15] 王莉,苏盟,林建 . 国际市场营销 [M]. 北京:清华大学出版社,2016.

[16] 崔日明,王厚双,徐春祥 . 国际贸易 [M]. 北京:机械工业出版社,2016.

[17] 栗丽 . 国际服务贸易 [M]. 北京:中国人民大学出版社,2016.

[18] 黄晓玲 . 中国对外贸易教程 [M]. 北京:机械工业出版社,2015.

[19] 王佃凯 . 国际服务贸易 [M]. 北京:首都经济贸易大学出版社,2015.

[20] 吴国新,郭峥嵘 . 国际贸易理论与实务 [M]. 北京:清华大学出版社,2015.

[21] (美)迈克尔 · 钦科陶,伊卡 · 龙凯宁著;曾伏娥,池韵佳译 . 国际市场营销学 [M]. 北京:中国人民大学出版社,2015.

[22] 喻志军 . 国际贸易 [M]. 北京:企业管理出版社,2015.

[23] 张鸿,文娟 . 国际贸易 [M]. 上海:华东师范大学出版社,2015.

[24] 顾国达,陆菁 . 中国对外贸易概论 [M]. 北京:北京大学出版社,2015.

[25] 董瑾 . 国际贸易学 [M]. 北京:机械工业出版社,2015.

[26] 刘慧芳 . 国际贸易理论政策与实务 [M]. 北京:中国经济出版社,2014.

[27] 李虹 . 国际技术贸易 [M]. 大连:东北财经大学出版社,2013.

[28] 陈宪,殷凤 . 国际服务贸易 [M]. 北京:机械工业出版社,2013.

[29] 全锐，张宏程．国际服务贸易 [M]. 天津：天津大学出版社，2013.

[30] 蔡宏波．国际服务贸易 [M]. 北京：北京师范大学出版社，2013.

[31] 冯宗宪，郭根龙．国际服务贸易 [M]. 西安：西安交通大学出版社，2013.

[32] 李军．国际技术与服务贸易 [M]. 北京：中国人民大学出版社，2012.

[33] 李小牧．国际服务贸易 [M]. 北京：电子工业出版社，2012.

[34] 张相文，曹亮．国际贸易理论与实务 [M]. 武汉：武汉大学出版社，2011.

[35] 卓骏．国际贸易实务 [M]. 北京：对外经济贸易大学出版社，2010.

[36] 张建辉，宁丽芝．国际贸易理论与实务 [M]. 北京：清华大学出版社、北京交通大学出版社，2010.

[37] 冯德连，徐松．国际贸易教程 [M]. 北京：高等教育出版社，2009.

[38] 韩玉军．国际贸易学 [M]. 北京：中国人民大学出版社，2009.

[39] 郭波．国际贸易：理论与政策 [M]. 北京：中国社会科学出版社，2009.

[40] 史京炜．文化差异对国际营销策略的影响研究 [J]. 现代营销(下旬刊)，2018（02）：7–8.

[41] 黄静．新形势下国际贸易所面对的机遇与挑战 [J]. 中国市场，2018（28）：3–4.

[42] 杨正竹．新贸易保护理论及其对我国国际贸易的影响 [J]. 中国商论，2018（22）：70–71.

[43] 王多娇．论国际贸易理论的体系与发展 [J]. 经贸实践，2018（12）：87–88.

[44] 苏冉 . 西方国际贸易理论发展 [J]. 商场现代化,2018（09）: 24–25.

[45] 李娟 . 经济全球化视角下国际市场营销策略分析 [J]. 商业经济研究,2016（19）: 46–48.